BÚLGARO
VOCABULÁRIO

PALAVRAS MAIS ÚTEIS

PORTUGUÊS
BÚLGARO

Para alargar o seu léxico e apurar
as suas competências linguísticas

9000 palavras

Vocabulário Português-Búlgaro - 9000 palavras

Por Andrey Taranov

Os vocabulários da T&P Books destinam-se a ajudar a aprender, a memorizar, e a rever palavras estrangeiras. O dicionário é dividido em temas, cobrindo todas as principais esferas de atividades quotidianas, negócios, ciência, cultura, etc.

O processo de aprendizagem, utilizando os dicionários baseados em temáticas da T&P Books dá-lhe as seguintes vantagens:

- Informação de origem corretamente agrupada predetermina o sucesso em fases subsequentes da memorização de palavras
- Disponibilização de palavras derivadas da mesma raiz, o que permite a memorização de unidades de texto (em vez de palavras separadas)
- Pequenas unidades de palavras facilitam o processo de estabelecimento de vínculos associativos necessários para a consolidação do vocabulário
- O nível de conhecimento da língua pode ser estimado pelo número de palavras aprendidas

T&P Books Publishing
www.tpbooks.com

ISBN: 978-1-78400-846-8

Este livro também está disponível em formato E-book.
Por favor visite www.tpbooks.com ou as principais livrarias on-line.

VOCABULÁRIO BÚLGARO
palavras mais úteis

Os vocabulários da T&P Books destinam-se a ajudar a aprender, a memorizar, e a rever palavras estrangeiras. O vocabulário contém mais de 9000 palavras de uso comum organizadas tematicamente.

O vocabulário contém as palavras mais comummente usadas
Recomendado como adicional para qualquer curso de línguas
Satisfaz as necessidades dos iniciados e dos alunos avançados de línguas estrangeiras
Conveniente para o uso diário, sessões de revisão e atividades de auto-teste
Permite avaliar o seu vocabulário

Características especias do vocabulário

· As palavras estão organizadas de acordo com o seu significado, e não por ordem alfabética
· As palavras são apresentadas em três colunas para facilitar os processos de revisão e auto-teste
· As palavras compostas são divididas em pequenos blocos para facilitar o processo de aprendizagem
· O vocabulário oferece uma transcrição simples e adequada de cada palavra estrangeira

O vocabulário contém 256 tópicos incluindo:

Conceitos básicos, Números, Cores, Meses, Estações do ano, Unidades de medida, Roupas & Acessórios, Alimentos & Nutrição, Restaurante, Membros da Família, Parentes, Caráter, Sentimentos, Emoções, Doenças, Cidade, Passeios, Compras, Dinheiro, Casa, Lar, Escritório, Trabalho no Escritório, Importação & Exportação, Marketing, Pesquisa de Emprego, Desportos, Educação, Computador, Internet, Ferramentas, Natureza, Países, Nacionalidades e muito mais ...

TABELA DE CONTEÚDOS

GUIA DE PRONUNCIAÇÃO

Alfabeto fonético T&P	Exemplo Búlgaro	Exemplo Português
[a]	сладък [sládək]	chamar
[e]	череша [tʃeréʃa]	metal
[i]	килим [kilím]	sinónimo
[o]	отломка [otlómka]	lobo
[u]	улуча [ulútʃa]	bonita
[ə]	въже [vəʒé]	O xevá, som vocálico neutro
[ja], [ʲa]	вечеря [vetʃérʲa]	Himalaias
[ʲu]	ключ [klʲutʃ]	nacional
[ʲo]	фризьор [frizʲór]	ioga
[ja], [ʲa]	история [istórija]	Himalaias
[b]	събота [sébota]	barril
[d]	пладне [pládne]	dentista
[f]	парфюм [parfʲúm]	safári
[g]	гараж [garáʒ]	gosto
[ʒ]	мрежа [mréʒa]	talvez
[j]	двубой [dvubój]	géiser
[h]	храбър [hrábər]	[h] aspirada
[k]	колело [koleló]	kiwi
[l]	паралел [paralél]	libra
[m]	мяукам [mʲaúkam]	magnólia
[n]	фонтан [fontán]	natureza
[p]	пушек [púʃek]	presente
[r]	крепост [krépost]	riscar
[s]	каса [kása]	sanita
[t]	тютюн [tʲutʲún]	tulipa
[v]	завивам [zavívam]	fava
[ts]	църква [tsérkva]	tsé-tsé
[ʃ]	шапка [ʃápka]	mês
[tʃ]	чорапи [tʃorápi]	Tchau!
[w]	уиски [wíski]	página web
[z]	зарзават [zarzavát]	sésamo

ABREVIATURAS
usadas no vocabulário

Abreviaturas do Português

adj	-	adjetivo
adv	-	advérbio
anim.	-	animado
conj.	-	conjunção
desp.	-	desporto
etc.	-	etecetra
ex.	-	por exemplo
f	-	nome feminino
f pl	-	feminino plural
fem.	-	feminino
inanim.	-	inanimado
m	-	nome masculino
m pl	-	masculino plural
m, f	-	masculino, feminino
masc.	-	masculino
mat.	-	matemática
mil.	-	militar
pl	-	plural
prep.	-	preposição
pron.	-	pronome
sb.	-	sobre
sing.	-	singular
v aux	-	verbo auxiliar
vi	-	verbo intransitivo
vi, vt	-	verbo intransitivo, transitivo
vr	-	verbo reflexivo
vt	-	verbo transitivo

Abreviaturas do Búlgaro

ж	-	nome feminino
ж мн	-	feminino plural
м	-	nome masculino
м мн	-	masculino plural
м, ж	-	masculino, feminino
мн	-	plural
с	-	neutro
с мн	-	neutro plural

CONCEITOS BÁSICOS

Conceitos básicos. Parte 1

1. Pronomes

eu	аз	[az]
tu	ти	[ti]

ele	той	[toj]
ela	тя	[tʲa]
ele, ela (neutro)	то	[to]

nós	ние	[níe]
vocês	вие	[víe]
eles, elas	те	[te]

2. Cumprimentos. Saudações. Despedidas

Olá!	Здравей!	[zdravéj]
Bom dia! (formal)	Здравейте!	[zdravéjte]
Bom dia! (de manhã)	Добро утро!	[dobró útro]
Boa tarde!	Добър ден!	[dóbər den]
Boa noite!	Добър вечер!	[dóbər vétʃer]

cumprimentar (vt)	поздравявам	[pozdravʲávam]
Olá!	Здрасти!	[zdrásti]
saudação (f)	поздрав (m)	[pózdrav]
saudar (vt)	приветствувам	[privétstvuvam]
Como vai?	Как си?	[kak si]
O que há de novo?	Какво ново?	[kakvó nóvo]

Até à vista!	Довиждане!	[dovíʒdane]
Até breve!	До скора среща!	[do skóra sréʃta]
Adeus!	Сбогом!	[zbógom]
despedir-se (vr)	сбогувам се	[sbogúvam se]
Até logo!	До скоро!	[do skóro]

Obrigado! -a!	Благодаря!	[blagodarʲá]
Muito obrigado! -a!	Много благодаря!	[mnógo blagodarʲá]
De nada	Моля.	[mólʲa]
Não tem de quê	Няма нищо.	[nʲáma níʃto]
De nada	Няма за какво.	[nʲáma za kakvó]

Desculpa!	Извинявай!	[izvinʲávaj]
Desculpe!	Извинявайте!	[izvinʲávajte]
desculpar (vt)	извинявам	[izvinʲávam]

desculpar-se (vr)	извинявам се	[izvinʲávam se]
As minhas desculpas	Моите извинения.	[móite izvinénija]
Desculpe!	Прощавайте!	[proʃtávajte]
por favor	моля	[mólʲa]

Não se esqueça!	Не забравяйте!	[ne zabrávʲajte]
Certamente! Claro!	Разбира се!	[razbíra se]
Claro que não!	Разбира се, не!	[razbíra se ne]
Está bem! De acordo!	Съгласен!	[seglásen]
Basta!	Стига!	[stíga]

3. Como se dirigir a alguém

senhor	Господине	[gospodíne]
senhora	Госпожо	[gospóʒo]
rapariga	Госпожице	[gospóʒitse]
rapaz	Младежо	[mladéʒo]
menino	Момче	[momtʃé]
menina	Момиче	[momítʃe]

4. Números cardinais. Parte 1

zero	нула (ж)	[núla]
um	едно	[ednó]
dois	две	[dve]
três	три	[tri]
quatro	четири	[tʃétiri]

cinco	пет	[pet]
seis	шест	[ʃest]
sete	седем	[sédem]
oito	осем	[ósem]
nove	девет	[dévet]

dez	десет	[déset]
onze	единадесет	[edinádeset]
doze	дванадесет	[dvanádeset]
treze	тринадесет	[trinádeset]
catorze	четиринадесет	[tʃetirinádeset]

quinze	петнадесет	[petnádeset]
dezasseis	шестнадесет	[ʃesnádeset]
dezassete	седемнадесет	[sedemnádeset]
dezoito	осемнадесет	[osemnádeset]
dezanove	деветнадесет	[devetnádeset]

vinte	двадесет	[dvádeset]
vinte e um	двадесет и едно	[dvádeset i ednó]
vinte e dois	двадесет и две	[dvádeset i dve]
vinte e três	двадесет и три	[dvádeset i tri]
trinta	тридесет	[trídeset]
trinta e um	тридесет и едно	[trídeset i ednó]

trinta e dois	тридесет и две	[trídeset i dve]
trinta e três	тридесет и три	[trídeset i tri]
quarenta	четиридесет	[ʧetírideset]
quarenta e um	четиридесет и едно	[ʧetírideset i ednó]
quarenta e dois	четиридесет и две	[ʧetírideset i dve]
quarenta e três	четиридесет и три	[ʧetírideset i tri]
cinquenta	петдесет	[petdesét]
cinquenta e um	петдесет и едно	[petdesét i ednó]
cinquenta e dois	петдесет и две	[petdesét i dve]
cinquenta e três	петдесет и три	[petdesét i tri]
sessenta	шестдесет	[ʃestdesét]
sessenta e um	шестдесет и едно	[ʃestdesét i ednó]
sessenta e dois	шестдесет и две	[ʃestdesét i dve]
sessenta e três	шестдесет и три	[ʃestdesét i tri]
setenta	седемдесет	[sedemdesét]
setenta e um	седемдесет и едно	[sedemdesét i ednó]
setenta e dois	седемдесет и две	[sedemdesét i dve]
setenta e três	седемдесет и три	[sedemdesét i tri]
oitenta	осемдесет	[osemdesét]
oitenta e um	осемдесет и едно	[osemdesét i ednó]
oitenta e dois	осемдесет и две	[osemdesét i dve]
oitenta e três	осемдесет и три	[osemdesét i tri]
noventa	деветдесет	[devetdesét]
noventa e um	деветдесет и едно	[devetdesét i ednó]
noventa e dois	деветдесет и две	[devetdesét i dve]
noventa e três	деветдесет и три	[devetdesét i tri]

5. Números cardinais. Parte 2

cem	сто	[sto]
duzentos	двеста	[dvésta]
trezentos	триста	[trísta]
quatrocentos	четиристотин	[ʧétiri·stótin]
quinhentos	петстотин	[pét·stótin]
seiscentos	шестстотин	[ʃést·stótin]
setecentos	седемстотин	[sédem·stótin]
oitocentos	осемстотин	[ósem·stótin]
novecentos	деветстотин	[dévet·stótin]
mil	хиляда (ж)	[hilʲáda]
dois mil	две хиляди	[dve hílʲadi]
três mil	три хиляди	[tri hílʲadi]
dez mil	десет хиляди	[déset hílʲadi]
cem mil	сто хиляди	[sto hílʲadi]
um milhão	милион (м)	[milión]
mil milhões	милиард (м)	[miliárt]

6. Números ordinais

primeiro	първи	[pérvi]
segundo	втори	[ftóri]
terceiro	трети	[tréti]
quarto	четвърти	[ʧetvérti]
quinto	пети	[péti]
sexto	шести	[ʃésti]
sétimo	седми	[sédmi]
oitavo	осми	[ósmi]
nono	девети	[devéti]
décimo	десети	[deséti]

7. Números. Frações

fração (f)	дроб (м)	[drop]
um meio	една втора	[edná ftóra]
um terço	една трета	[edná tréta]
um quarto	една четвърта	[edná ʧetvérta]
um oitavo	една осма	[edná ósma]
um décimo	една десета	[edná deséta]
dois terços	две трети	[dve tréti]
três quartos	три четвърти	[tri ʧetvérti]

8. Números. Operações básicas

subtração (f)	изваждане (c)	[izváʒdane]
subtrair (vi, vt)	изваждам	[izváʒdam]
divisão (f)	деление (c)	[delénie]
dividir (vt)	деля	[delʲá]
adição (f)	събиране (c)	[səbírane]
somar (vt)	събера	[səberá]
adicionar (vt)	прибавям	[pribávʲam]
multiplicação (f)	умножение (c)	[umnoʒénie]
multiplicar (vt)	умножавам	[umnoʒávam]

9. Números. Diversos

algarismo, dígito (m)	цифра (ж)	[tsífra]
número (m)	число (c)	[ʧisló]
numeral (m)	числително име (c)	[ʧislítelno íme]
menos (m)	минус (м)	[mínus]
mais (m)	плюс (м)	[plʲus]
fórmula (f)	формула (ж)	[fórmula]
cálculo (m)	изчисление (c)	[istʧislénie]
contar (vt)	броя	[brojá]

| calcular (vt) | преброявам | [prebrojávam] |
| comparar (vt) | сравнявам | [sravnʲávam] |

Quanto, -os, -as?	Колко?	[kólko]
soma (f)	сума (ж)	[súma]
resultado (m)	резултат (м)	[rezultát]
resto (m)	остатък (м)	[ostátək]

alguns, algumas ...	няколко	[nʲákolko]
um pouco de ...	малко ...	[málko]
resto (m)	остатък (м)	[ostátək]
um e meio	един и половина	[edín i polovína]
dúzia (f)	дузина (ж)	[duzína]

ao meio	наполовина	[napolovína]
em partes iguais	поравно	[porávno]
metade (f)	половина (ж)	[polovína]
vez (f)	път (м)	[pət]

10. Os verbos mais importantes. Parte 1

abrir (vt)	отварям	[otvárʲam]
acabar, terminar (vt)	приключвам	[priklʲútʃvam]
aconselhar (vt)	съветвам	[səvétvam]
adivinhar (vt)	отгатна	[otgátna]
advertir (vt)	предупреждавам	[predupreʒdávam]

ajudar (vt)	помагам	[pomágam]
almoçar (vi)	обядвам	[obʲádvam]
alugar (~ um apartamento)	наемам	[naémam]
amar (vt)	обичам	[obítʃam]
ameaçar (vt)	заплашвам	[zapláʃvam]

anotar (escrever)	записвам	[zapísvam]
apanhar (vt)	ловя	[lovʲá]
apressar-se (vr)	бързам	[bérzam]
arrepender-se (vr)	съжалявам	[səʒalʲávam]
assinar (vt)	подписвам	[potpísvam]

atirar, disparar (vi)	стрелям	[strélʲam]
brincar (vi)	шегувам се	[ʃegúvam se]
brincar, jogar (crianças)	играя	[igrája]
buscar (vt)	търся	[térsʲa]
caçar (vi)	ловувам	[lovúvam]

cair (vi)	падам	[pádam]
cavar (vt)	ровя	[róvʲa]
cessar (vt)	прекратявам	[prekratʲávam]
chamar (~ por socorro)	викам	[víkam]
chegar (vi)	пристигам	[pristígam]
chorar (vi)	плача	[plátʃa]

| começar (vt) | започвам | [zapótʃvam] |
| comparar (vt) | сравнявам | [sravnʲávam] |

compreender (vt)	разбирам	[razbíram]
concordar (vi)	съгласявам се	[səglasʲávam se]
confiar (vt)	доверявам	[doverʲávam]

confundir (equivocar-se)	обърквам	[obérkvam]
conhecer (vt)	познавам	[poznávam]
contar (fazer contas)	броя	[brojá]
contar com (esperar)	разчитам на ...	[rasʧítam na]
continuar (vt)	продължавам	[prodəlʒávam]

controlar (vt)	контролирам	[kontrolíram]
convidar (vt)	каня	[kánʲa]
correr (vi)	бягам	[bʲágam]
criar (vt)	създам	[səzdám]
custar (vt)	струвам	[strúvam]

11. Os verbos mais importantes. Parte 2

dar (vt)	давам	[dávam]
dar uma dica	намеквам	[namékvam]
decorar (enfeitar)	украсявам	[ukrasʲávam]
defender (vt)	защитавам	[zaʃtitávam]
deixar cair (vt)	изтървавам	[istərvávam]

descer (para baixo)	слизам	[slízam]
desculpar (vt)	извинявам	[izvinʲávam]
dirigir (~ uma empresa)	ръководя	[rəkovódʲa]
discutir (notícias, etc.)	обсъждам	[obséʒdam]
dizer (vt)	кажа	[káʒa]

duvidar (vt)	съмнявам се	[səmnʲávam se]
encontrar (achar)	намирам	[namíram]
enganar (vt)	лъжа	[léʒa]
entrar (na sala, etc.)	влизам	[vlízam]
enviar (uma carta)	изпращам	[ispráʃtam]

errar (equivocar-se)	греша	[greʃá]
escolher (vt)	избирам	[izbíram]
esconder (vt)	крия	[kríja]
escrever (vt)	пиша	[píʃa]
esperar (o autocarro, etc.)	чакам	[ʧákam]

esperar (ter esperança)	надявам се	[nadʲávam se]
esquecer (vt)	забравям	[zabrávʲam]
estudar (vt)	изучавам	[izuʧávam]
exigir (vt)	изисквам	[izískvam]
existir (vi)	съществувам	[səʃtestvúvam]

explicar (vt)	обяснявам	[obʲasnʲávam]
falar (vi)	говоря	[govórʲa]
faltar (clases, etc.)	пропускам	[propúskam]
fazer (vt)	правя	[právʲa]
ficar em silêncio	мълча	[məlʧá]
gabar-se, jactar-se (vr)	хваля се	[hválʲa se]

gostar (apreciar)	харесвам	[harésvam]
gritar (vi)	викам	[víkam]
guardar (cartas, etc.)	съхранявам	[səhranʲávam]
informar (vt)	информирам	[informíram]
insistir (vi)	настоявам	[nastojávam]

insultar (vt)	оскърбявам	[oskərbʲávam]
interessar-se (vr)	интересувам се	[interesúvam se]
ir (a pé)	вървя	[vərvʲá]
ir nadar	къпя се	[kəpʲa se]
jantar (vi)	вечерям	[vetʃérʲam]

12. Os verbos mais importantes. Parte 3

ler (vt)	чета	[tʃeta]
libertar (cidade, etc.)	освобождавам	[osvoboʒdávam]
matar (vt)	убивам	[ubívam]
mencionar (vt)	споменавам	[spomenávam]
mostrar (vt)	показвам	[pokázvam]

mudar (modificar)	сменям	[sménʲam]
nadar (vi)	плувам	[plúvam]
negar-se (vt)	отказвам се	[otkázvam se]
objetar (vt)	възразявам	[vəzrazʲávam]

observar (vt)	наблюдавам	[nablʲudávam]
ordenar (mil.)	заповядвам	[zapovʲádvam]
ouvir (vt)	чувам	[tʃúvam]
pagar (vt)	плащам	[pláʃtam]
parar (vi)	спирам се	[spíram se]

participar (vi)	участвам	[utʃástvam]
pedir (comida)	поръчвам	[porétʃvam]
pedir (um favor, etc.)	моля	[mólʲa]
pegar (tomar)	взимам	[vzímam]
pensar (vt)	мисля	[míslʲa]

perceber (ver)	забелязвам	[zabelʲázvam]
perdoar (vt)	прощавам	[proʃtávam]
perguntar (vt)	питам	[pítam]
permitir (vt)	разрешавам	[razreʃávam]
pertencer (vt)	принадлежа ...	[prinadleʒá]

planear (vt)	планирам	[planíram]
poder (vi)	мога	[móga]
possuir (vt)	владея	[vladéja]
preferir (vt)	предпочитам	[pretpotʃítam]
preparar (vt)	готвя	[gótvʲa]

prever (vt)	предвиждам	[predvíʒdam]
prometer (vt)	обещавам	[obeʃtávam]
pronunciar (vt)	произнасям	[proiznásʲam]
propor (vt)	предлагам	[predlágam]
punir (castigar)	наказвам	[nakázvam]

13. Os verbos mais importantes. Parte 4

quebrar (vt)	чупя	[tʃúpʲa]
queixar-se (vr)	оплаквам се	[oplákvam se]
querer (desejar)	искам	[ískam]
recomendar (vt)	съветвам	[səvétvam]
repetir (dizer outra vez)	повтарям	[poftárʲam]

repreender (vt)	ругая	[rugája]
reservar (~ um quarto)	резервирам	[rezervíram]
responder (vt)	отговарям	[otgovárʲam]
rezar, orar (vi)	моля се	[mólʲa se]
rir (vi)	смея се	[sméja se]

roubar (vt)	крада	[kradá]
saber (vt)	знам	[znam]
sair (~ de casa)	излизам	[izlízam]
salvar (vt)	спасявам	[spasʲávam]
seguir ...	вървя след ...	[varvʲá slet]

sentar-se (vr)	сядам	[sʲádam]
ser necessário	трябвам	[trʲábvam]
ser, estar	съм, бъда	[səm], [bəda]
significar (vt)	означавам	[oznatʃávam]

sorrir (vi)	усмихвам се	[usmíhvam se]
subestimar (vt)	недооценявам	[nedootsenʲávam]
surpreender-se (vr)	удивлявам се	[udivlʲávam se]
tentar (vt)	опитвам се	[opítvam se]

ter (vt)	имам	[ímam]
ter fome	искам да ям	[ískam da jam]
ter medo	страхувам се	[strahúvam se]
ter sede	искам да пия	[ískam da píja]

tocar (com as mãos)	пипам	[pípam]
tomar o pequeno-almoço	закусвам	[zakúsvam]
trabalhar (vi)	работя	[rabótʲa]
traduzir (vt)	превеждам	[prevéʒdam]
unir (vt)	обединявам	[obedinʲávam]

vender (vt)	продавам	[prodávam]
ver (vt)	виждам	[víʒdam]
virar (ex. ~ à direita)	завивам	[zavívam]
voar (vi)	летя	[letʲá]

14. Cores

cor (f)	цвят (м)	[tsvʲat]
matiz (m)	оттенък (м)	[otténək]
tom (m)	тон (м)	[ton]
arco-íris (m)	небесна дъга (ж)	[nebésna dəgá]
branco	бял	[bʲal]

| preto | черен | [ʧéren] |
| cinzento | сив | [siv] |

verde	зелен	[zelén]
amarelo	жълт	[ʒəlt]
vermelho	червен	[ʧervén]

azul	син	[sin]
azul claro	небесносин	[nebesnosín]
rosa	розов	[rózov]
laranja	оранжев	[oránʒev]
violeta	виолетов	[violétov]
castanho	кафяв	[kafʲáv]

| dourado | златен | [zláten] |
| prateado | сребрист | [srebríst] |

bege	бежов	[béʒov]
creme	кремав	[krémaf]
turquesa	тюркоазен	[tʲurkoázen]
vermelho cereja	вишнев	[víʃnev]
lilás	лилав	[liláf]
carmesim	малинов	[malínov]

claro	светъл	[svétəl]
escuro	тъмен	[tə́men]
vivo	ярък	[járək]

de cor	цветен	[tsvéten]
a cores	цветен	[tsvéten]
preto e branco	черно-бял	[ʧérno-bʲal]
unicolor	едноцветен	[edno·tsvéten]
multicor	многоцветен	[mnogo·tsvéten]

15. Questões

Quem?	Кой?	[koj]
Que?	Какво?	[kakvó]
Onde?	Къде?	[kədé]
Para onde?	Къде?	[kədé]
De onde?	Откъде?	[otkədé]
Quando?	Кога?	[kogá]
Para quê?	За какво?	[za kakvó]
Porquê?	Защо?	[zaʃtó]
Para quê?	За какво?	[za kakvó]
Como?	Как?	[kak]
Qual? (entre dois ou mais)	Кой?	[koj]

A quem?	На кого?	[na kogó]
Sobre quem?	За кого?	[za kogó]
Do quê?	За какво?	[za kakvó]
Com quem?	С кого?	[s kogó]
Quanto, -os, -as?	Колко?	[kólko]
De quem? (masc.)	Чий?	[ʧij]

16. Preposições

com (prep.)	с ...	[s]
sem (prep.)	без	[bez]
a, para (exprime lugar)	в, във	[v], [vəf]
sobre (ex. falar ~)	за	[za]
antes de ...	преди	[predí]
diante de ...	пред ...	[pret]
sob (debaixo de)	под	[pot]
sobre (em cima de)	над	[nat]
sobre (~ a mesa)	върху	[vərhú]
de (vir ~ Lisboa)	от	[ot]
de (feito ~ pedra)	от	[ot]
dentro de (~ dez minutos)	след	[slet]
por cima de ...	през	[pres]

17. Palavras funcionais. Advérbios. Parte 1

Onde?	Къде?	[kədé]
aqui	тук	[tuk]
lá, ali	там	[tam]
em algum lugar	някъде	[nʲákəde]
em lugar nenhum	никъде	[níkəde]
ao pé de ...	до ...	[do]
ao pé da janela	до прозореца	[do prozóretsa]
Para onde?	Къде?	[kədé]
para cá	тук	[tuk]
para lá	нататък	[natátək]
daqui	оттук	[ottúk]
de lá, dali	оттам	[ottám]
perto	близо	[blízo]
longe	далече	[dalétʃe]
perto de ...	до	[do]
ao lado de	редом	[rédom]
perto, não fica longe	недалече	[nedalétʃe]
esquerdo	ляв	[lʲav]
à esquerda	отляво	[otlʲávo]
para esquerda	вляво	[vlʲávo]
direito	десен	[désen]
à direita	отдясно	[otdʲásno]
para direita	вдясно	[vdʲásno]
à frente	отпред	[otprét]
da frente	преден	[préden]

em frente (para a frente)	напред	[naprét]
atrás de ...	отзад	[otzát]
por detrás (vir ~)	отзад	[otzát]
para trás	назад	[nazát]

meio (m), metade (f)	среда (ж)	[sredá]
no meio	по средата	[po sredáta]

de lado	встрани	[fstraní]
em todo lugar	навсякъде	[nafsʲákəde]
ao redor (olhar ~)	наоколо	[naókolo]

de dentro	отвътре	[otvétre]
para algum lugar	някъде	[nʲákəde]
diretamente	направо	[naprávo]
de volta	обратно	[obrátno]

de algum lugar	откъдето и да е	[otkədéto i da e]
de um lugar	отнякъде	[otnʲákəde]

em primeiro lugar	първо	[pérvo]
em segundo lugar	второ	[ftóro]
em terceiro lugar	трето	[tréto]

de repente	изведнъж	[izvednéʃ]
no início	в началото	[f natʃáloto]
pela primeira vez	за пръв път	[za prəv pét]
muito antes de ...	много време преди ...	[mnógo vréme predí]
de novo, novamente	наново	[nanóvo]
para sempre	завинаги	[zavínagi]

nunca	никога	[níkoga]
de novo	пак	[pak]
agora	сега	[segá]
frequentemente	често	[tʃésto]
então	тогава	[togáva]
urgentemente	срочно	[srótʃno]
usualmente	обикновено	[obiknovéno]

a propósito, ...	между другото ...	[méʒdu drúgoto]
é possível	възможно	[vəzmóʒno]
provavelmente	вероятно	[verojátno]
talvez	може би	[móʒe bi]
além disso, ...	освен това, ...	[osvén tová]
por isso ...	затова	[zatová]
apesar de ...	въпреки че ...	[vépreki tʃe]
graças a ...	благодарение на ...	[blagodarénie na]

que (pron.)	какво	[kakvó]
que (conj.)	че	[tʃe]
algo	нещо	[néʃto]
alguma coisa	нещо	[néʃto]
nada	нищо	[níʃto]

quem	кой	[koj]
alguém (~ teve uma ideia ...)	някой	[nʲákoj]

alguém	някой	[nʲákoj]
ninguém	никой	[níkoj]
para lugar nenhum	никъде	[níkəde]
de ninguém	ничий	[nítʃij]
de alguém	нечий	[nétʃij]
tão	така	[taká]
também (gostaria ~ de …)	също така	[séʃto taká]
também (~ eu)	също	[séʃto]

18. Palavras funcionais. Advérbios. Parte 2

Porquê?	Защо?	[zaʃtó]
por alguma razão	кой знае защо	[koj znáe zaʃtó]
porque …	защото …	[zaʃtóto]
por qualquer razão	кой знае защо	[koj znáe zaʃtó]
e (tu ~ eu)	и	[i]
ou (ser ~ não ser)	или	[ilí]
mas (porém)	но	[no]
para (~ a minha mãe)	за	[za]
demasiado, muito	прекалено	[prekaléno]
só, somente	само	[sámo]
exatamente	точно	[tótʃno]
cerca de (~ 10 kg)	около	[ókolo]
aproximadamente	приблизително	[priblizítelno]
aproximado	приблизителен	[priblizítelen]
quase	почти	[potʃtí]
resto (m)	остатък (м)	[ostátək]
o outro (segundo)	друг	[druk]
outro	друг	[druk]
cada	всеки	[fséki]
qualquer	всеки	[fséki]
muito	много	[mnógo]
muitas pessoas	много	[mnógo]
todos	всички	[fsítʃki]
em troca de …	в обмяна на …	[v obmʲána na]
em troca	в замяна	[v zamʲána]
à mão	ръчно	[rétʃno]
pouco provável	едва ли	[edvá li]
provavelmente	вероятно	[verojátno]
de propósito	специално	[spetsiálno]
por acidente	случайно	[slutʃájno]
muito	много	[mnógo]
por exemplo	например	[naprímer]
entre	между	[meʒdú]
entre (no meio de)	сред	[sret]
tanto	толкова	[tólkova]
especialmente	особено	[osóbeno]

Conceitos básicos. Parte 2

19. Dias da semana

segunda-feira (f)	понеделник (м)	[ponedélnik]
terça-feira (f)	вторник (м)	[ftórnik]
quarta-feira (f)	сряда (ж)	[srʲáda]
quinta-feira (f)	четвъртък (м)	[ʧetvártek]
sexta-feira (f)	петък (м)	[pétek]
sábado (m)	събота (ж)	[sébota]
domingo (m)	неделя (ж)	[nedélʲa]

hoje	днес	[dnes]
amanhã	утре	[útre]
depois de amanhã	вдругиден	[vdrugidén]
ontem	вчера	[vʧéra]
anteontem	завчера	[závʧera]

dia (m)	ден (м)	[den]
dia (m) de trabalho	работен ден (м)	[rabóten den]
feriado (m)	празничен ден (м)	[prázniʧen den]
dia (m) de folga	почивен ден (м)	[poʧíven dén]
fim (m) de semana	почивни дни (м мн)	[poʧívni dni]

o dia todo	цял ден	[tsʲal den]
no dia seguinte	на следващия ден	[na slédvaʃtija den]
há dois dias	преди два дена	[predí dva déna]
na véspera	в навечерието	[v naveʧérieto]
diário	всекидневен	[fsekidnéven]
todos os dias	всекидневно	[fsekidnévno]

semana (f)	седмица (ж)	[sédmitsa]
na semana passada	през миналата седмица	[pres mínalata sédmitsa]
na próxima semana	през следващата седмица	[pres slédvaʃtata sédmitsa]
semanal	седмичен	[sédmiʧen]
cada semana	седмично	[sédmiʧno]
duas vezes por semana	два пъти на седмица	[dva pɐtí na sédmitsa]
cada terça-feira	всеки вторник	[fséki ftórnik]

20. Horas. Dia e noite

manhã (f)	сутрин (ж)	[sútrin]
de manhã	сутринта	[sutrintá]
meio-dia (m)	пладне (с)	[pládne]
à tarde	следобед	[sledóbet]

noite (f)	вечер (ж)	[véʧer]
à noite (noitinha)	вечер	[véʧer]

25

noite (f)	нощ (ж)	[noʃt]
à noite	нощем	[nóʃtem]
meia-noite (f)	полунощ (ж)	[polunóʃt]

segundo (m)	секунда (ж)	[sekúnda]
minuto (m)	минута (ж)	[minúta]
hora (f)	час (м)	[ʧas]
meia hora (f)	половин час (м)	[polovín ʧas]
quarto (m) de hora	четвърт (ж) час	[ʧétvərt ʧas]
quinze minutos	петнадесет минути	[petnádeset minúti]
vinte e quatro horas	денонощие (с)	[denonóʃtie]

nascer (m) do sol	изгрев слънце (с)	[ízgrev sléntsə]
amanhecer (m)	разсъмване (с)	[rassémvane]
madrugada (f)	ранна сутрин (ж)	[ránna sútrin]
pôr do sol (m)	залез (м)	[zález]

de madrugada	рано сутрин	[ráno sútrin]
hoje de manhã	тази сутрин	[tázi sútrin]
amanhã de manhã	утре сутрин	[útre sútrin]

hoje à tarde	днес през деня	[dnes pres denʲá]
à tarde	следобед	[sledóbet]
amanhã à tarde	утре следобед	[útre sledóbet]

hoje à noite	довечера	[dovétʃera]
amanhã à noite	утре вечер	[útre vétʃer]

às três horas em ponto	точно в три часа	[tótʃno v tri ʧasá]
por volta das quatro	около четири часа	[ókolo ʧétiri ʧasá]
às doze	към дванадесет часа	[kəm dvanádeset ʧasá]

dentro de vinte minutos	след двадесет минути	[slet dvádeset minúti]
dentro duma hora	след един час	[slet edín ʧas]
a tempo	навреме	[navréme]

menos um quarto	без четвърт ...	[bes ʧétvərt]
durante uma hora	в течение на един час	[v teʧénie na edín ʧas]
a cada quinze minutos	на всеки петнадесет минути	[na fséki petnádeset minúti]
as vinte e quatro horas	цяло денонощие	[tsʲálo denonóʃtie]

21. Meses. Estações

janeiro (m)	януари (м)	[januári]
fevereiro (m)	февруари (м)	[fevruári]
março (m)	март (м)	[mart]
abril (m)	април (м)	[apríl]
maio (m)	май (м)	[maj]
junho (m)	юни (м)	[júni]

julho (m)	юли (м)	[júli]
agosto (m)	август (м)	[ávgust]
setembro (m)	септември (м)	[septémvri]

outubro (m)	октомври (м)	[októmvri]
novembro (m)	ноември (м)	[noémvri]
dezembro (m)	декември (м)	[dekémvri]

primavera (f)	пролет (ж)	[prólet]
na primavera	през пролетта	[prez prolettá]
primaveril	пролетен	[próleten]

verão (m)	лято (с)	[lʲáto]
no verão	през лятото	[prez lʲátoto]
de verão	летен	[léten]

outono (m)	есен (ж)	[ésen]
no outono	през есента	[prez esentá]
outonal	есенен	[ésenen]

inverno (m)	зима (ж)	[zíma]
no inverno	през зимата	[prez zímata]
de inverno	зимен	[zímen]

mês (m)	месец (м)	[mésets]
este mês	през този месец	[pres tózi mésets]
no próximo mês	през следващия месец	[prez slédvaʃtija mésets]
no mês passado	през миналия месец	[prez mínalija mésets]

há um mês	преди един месец	[predí edín mésets]
dentro de um mês	след един месец	[slet edín mésets]
dentro de dois meses	след два месеца	[slet dva mésetsa]
todo o mês	цял месец	[tsʲal mésets]
um mês inteiro	цял месец	[tsʲal mésets]

mensal	месечен	[mésetʃen]
mensalmente	месечно	[mésetʃno]
cada mês	всеки месец	[fséki mésets]
duas vezes por mês	два пъти на месец	[dva péti na mésets]

ano (m)	година (ж)	[godína]
este ano	тази година	[tázi godína]
no próximo ano	през следващата година	[prez slédvaʃtata godína]
no ano passado	през миналата година	[prez mínalata godína]

há um ano	преди една година	[predí edná godína]
dentro dum ano	след една година	[slet edná godína]
dentro de 2 anos	след две години	[slet dve godíni]
todo o ano	цяла година	[tsʲála godína]
um ano inteiro	цяла година	[tsʲála godína]

cada ano	всяка година	[fsʲáka godína]
anual	ежегоден	[eʒegóden]
anualmente	ежегодно	[eʒegódno]
quatro vezes por ano	четири пъти годишно	[tʃétiri péti godíʃno]

data (~ de hoje)	число (с)	[tʃisló]
data (ex. ~ de nascimento)	дата (ж)	[dáta]
calendário (m)	календар (м)	[kalendár]
meio ano	половин година	[polovín godína]

seis meses	полугодие (c)	[polugódie]
estação (f)	сезон (м)	[sezón]
século (m)	век (м)	[vek]

22. Tempo. Diversos

tempo (m)	време (c)	[vréme]
momento (m)	миг (м)	[mik]
instante (m)	мигновение (c)	[mignovénie]
instantâneo	мигновен	[mignovén]
lapso (m) de tempo	отрязък (м)	[otrʲázək]
vida (f)	живот (м)	[ʒivót]
eternidade (f)	вечност (ж)	[vétʃnost]

época (f)	епоха (ж)	[epóha]
era (f)	ера (ж)	[éra]
ciclo (m)	цикъл (м)	[tsíkəl]
período (m)	период (м)	[períot]
prazo (m)	срок (м)	[srok]

futuro (m)	бъдеще (c)	[bədeʃte]
futuro	бъдещ	[bədeʃt]
da próxima vez	следващия път	[slédvaʃtija pət]

passado (m)	минало (c)	[mínalo]
passado	минал	[mínal]
na vez passada	миналия път	[mínalija pət]

mais tarde	по-късно	[po-késno]
depois	след това	[slet tová]
atualmente	сега	[segá]
agora	сега	[segá]
imediatamente	незабавно	[nezabávno]
em breve, brevemente	скоро	[skóro]
de antemão	предварително	[predvarítelno]

| há muito tempo | отдавна | [otdávna] |
| há pouco tempo | неотдавна | [neotdávna] |

destino (m)	съдба (ж)	[sədbá]
recordações (f pl)	памет (ж)	[pámet]
arquivo (m)	архив (м)	[arhív]

durante ...	по времето на ...	[po vrémeto na]
durante muito tempo	дълго	[délgo]
pouco tempo	недълго	[nedélgo]

| cedo (levantar-se ~) | рано | [ráno] |
| tarde (deitar-se ~) | късно | [késno] |

para sempre	завинаги	[zavínagi]
começar (vt)	започвам	[zapótʃvam]
adiar (vt)	отложа	[otlóʒa]
simultaneamente	едновременно	[ednovrémenno]

permanentemente	постоянно	[postojánno]
constante (ruído, etc.)	постоянен	[postojánen]
temporário	временен	[vrémenen]

às vezes	понякога	[ponʲákoga]
raramente	рядко	[rʲátko]
frequentemente	често	[ʧésto]

23. Opostos

| rico | богат | [bogát] |
| pobre | беден | [béden] |

| doente | болен | [bólen] |
| são | здрав | [zdrav] |

| grande | голям | [golʲám] |
| pequeno | малък | [málək] |

| rapidamente | бързо | [bérzo] |
| lentamente | бавно | [bávno] |

| rápido | бърз | [bərz] |
| lento | бавен | [báven] |

| alegre | весел | [vésel] |
| triste | тъжен | [téʒen] |

| juntos | заедно | [záedno] |
| separadamente | поотделно | [pootdélno] |

| em voz alta (ler ~) | на глас | [na glás] |
| para si (em silêncio) | на ум | [na úm] |

| alto | висок | [visók] |
| baixo | нисък | [nísək] |

| profundo | дълбок | [dəlbók] |
| pouco fundo | плитък | [plítək] |

| sim | да | [da] |
| não | не | [ne] |

| distante (no espaço) | далечен | [daléʧen] |
| próximo | близък | [blízək] |

| longe | далече | [daléʧe] |
| perto | близо | [blízo] |

| longo | дълъг | [délək] |
| curto | къс | [kəs] |

| bom, bondoso | добър | [dobér] |
| mau | зъл | [zəl] |

| casado | женен | [ʒénen] |
| solteiro | ерген | [ergén] |

| proibir (vt) | забранявам | [zabraniávam] |
| permitir (vt) | разрешавам | [razreʃávam] |

| fim (m) | край (м) | [kraj] |
| começo (m) | начало (с) | [natʃálo] |

| esquerdo | ляв | [liav] |
| direito | десен | [désen] |

| primeiro | първи | [pérvi] |
| último | последен | [posléden] |

| crime (m) | престъпление (с) | [prestəplénie] |
| castigo (m) | наказание (с) | [nakazánie] |

| ordenar (vt) | заповядвам | [zapoviádvam] |
| obedecer (vt) | подчиня се | [podtʃiniá se] |

| reto | прав | [prav] |
| curvo | крив | [kriv] |

| paraíso (m) | рай (м) | [raj] |
| inferno (m) | ад (м) | [at] |

| nascer (vi) | родя се | [rodiá se] |
| morrer (vi) | умра | [umrá] |

| forte | силен | [sílen] |
| fraco, débil | слаб | [slap] |

| idoso | стар | [star] |
| jovem | млад | [mlat] |

| velho | стар | [star] |
| novo | нов | [nov] |

| duro | твърд | [tvərt] |
| mole | мек | [mek] |

| tépido | топъл | [tópəl] |
| frio | студен | [studén] |

| gordo | дебел | [debél] |
| magro | слаб | [slap] |

| estreito | тесен | [tésen] |
| largo | широк | [ʃirók] |

| bom | добър | [dobér] |
| mau | лош | [loʃ] |

| valente | храбър | [hrábər] |
| cobarde | страхлив | [strahlíf] |

24. Linhas e formas

quadrado (m)	квадрат (м)	[kvadrát]
quadrado	квадратен	[kvadráten]
círculo (m)	кръг (м)	[krək]
redondo	кръгъл	[krégəl]
triângulo (m)	триъгълник (м)	[triégəlnik]
triangular	триъгълен	[triégələn]

oval (f)	овал (м)	[ovál]
oval	овален	[oválen]
retângulo (m)	правоъгълник (м)	[pravoégəlnik]
retangular	правоъгълен	[pravoégələn]

pirâmide (f)	пирамида (ж)	[piramída]
rombo, losango (m)	ромб (м)	[romp]
trapézio (m)	трапец (м)	[trapéts]
cubo (m)	куб (м)	[kup]
prisma (m)	призма (ж)	[prízma]

circunferência (f)	окръжност (ж)	[okréʒnost]
esfera (f)	сфера (ж)	[sféra]
globo (m)	кълбо (с)	[kəlbó]
diâmetro (m)	диаметър (м)	[diámetər]
raio (m)	радиус (м)	[rádius]
perímetro (m)	периметър (м)	[perímetər]
centro (m)	център (м)	[tséntər]

horizontal	хоризонтален	[horizontálen]
vertical	вертикален	[vertikálen]
paralela (f)	паралел (м)	[paralél]
paralelo	паралелно	[paralélno]

linha (f)	линия (ж)	[línija]
traço (m)	черта (ж)	[tʃertá]
reta (f)	права (ж)	[práva]
curva (f)	крива (ж)	[kríva]
fino (linha ~a)	тънък	[ténək]
contorno (m)	контур (м)	[kóntur]

interseção (f)	пресичане (с)	[presítʃane]
ângulo (m) reto	прав ъгъл (м)	[prav égəl]
segmento (m)	сегмент (м)	[segmént]
setor (m)	сектор (м)	[séktor]
lado (de um triângulo, etc.)	страна (ж)	[straná]
ângulo (m)	ъгъл (м)	[égəl]

25. Unidades de medida

peso (m)	тегло (с)	[tegló]
comprimento (m)	дължина (ж)	[dəʒiná]
largura (f)	широчина (ж)	[ʃirotʃiná]
altura (f)	височина (ж)	[visotʃiná]

profundidade (f)	дълбочина (ж)	[dəlbotʃiná]
volume (m)	обем (м)	[obém]
área (f)	площ (ж)	[ploʃt]

grama (m)	грам (м)	[gram]
miligrama (m)	милиграм (м)	[miligrám]
quilograma (m)	килограм (м)	[kilográm]
tonelada (f)	тон (м)	[ton]
libra (453,6 gramas)	фунт (м)	[funt]
onça (f)	унция (ж)	[úntsija]

metro (m)	метър (м)	[métər]
milímetro (m)	милиметър (м)	[milimétər]
centímetro (m)	сантиметър (м)	[santimétər]
quilómetro (m)	километър (м)	[kilométər]
milha (f)	миля (ж)	[míl'a]

polegada (f)	дюйм (м)	[d'ujm]
pé (304,74 mm)	фут (м)	[fut]
jarda (914,383 mm)	ярд (м)	[jart]

metro (m) quadrado	квадратен метър (м)	[kvadráten métər]
hectare (m)	хектар (м)	[hektár]

litro (m)	литър (м)	[lítər]
grau (m)	градус (м)	[grádus]
volt (m)	волт (м)	[volt]
ampere (m)	ампер (м)	[ampér]
cavalo-vapor (m)	конска сила (ж)	[kónska síla]

quantidade (f)	количество (c)	[kolítʃestvo]
um pouco de ...	малко ...	[málko]
metade (f)	половина (ж)	[polovína]
dúzia (f)	дузина (ж)	[duzína]
peça (f)	брой (м)	[broj]

dimensão (f)	размер (м)	[razmér]
escala (f)	мащаб (м)	[maʃtáp]

mínimo	минимален	[minimálen]
menor, mais pequeno	най-малък	[naj-málək]
médio	среден	[sréden]
máximo	максимален	[maksimálen]
maior, mais grande	най-голям	[naj-gol'ám]

26. Recipientes

boião (m) de vidro	буркан (м)	[burkán]
lata (~ de cerveja)	тенекия (ж)	[tenekíja]
balde (m)	кофа (ж)	[kófa]
barril (m)	бъчва (ж)	[bétʃva]

bacia (~ de plástico)	леген (м)	[legén]
tanque (m)	резервоар (м)	[rezervoár]

cantil (m) de bolso	манерка (ж)	[manérka]
bidão (m) de gasolina	туба (ж)	[túba]
cisterna (f)	цистерна (ж)	[tsistérna]

caneca (f)	чаша (ж)	[tʃáʃa]
chávena (f)	чаша (ж)	[tʃáʃa]
pires (m)	чинийка (ж)	[tʃiníjka]
copo (m)	стакан (м)	[stakán]
taça (f) de vinho	чаша (ж) за вино	[tʃáʃa za víno]
panela, caçarola (f)	тенджера (ж)	[téndʒera]

garrafa (f)	бутилка (ж)	[butílka]
gargalo (m)	гърло (с) на бутилка	[gérlo na butílka]

jarro, garrafa (f)	гарафа (ж)	[garáfa]
jarro (m) de barro	кана (ж)	[kána]
recipiente (m)	съд (м)	[set]
pote (m)	гърне (с)	[gerné]
vaso (m)	ваза (ж)	[váza]

frasco (~ de perfume)	шишенце (с)	[ʃiʃéntse]
frasquinho (ex. ~ de iodo)	шишенце (с)	[ʃiʃéntse]
tubo (~ de pasta dentífrica)	тубичка (ж)	[túbitʃka]

saca (ex. ~ de açúcar)	чувал (м)	[tʃuvál]
saco (~ de plástico)	плик (м)	[plik]
maço (m)	кутия (ж)	[kutíja]

caixa (~ de sapatos, etc.)	кутия (ж)	[kutíja]
caixa (~ de madeira)	щайга (ж)	[ʃtájga]
cesta (f)	кошница (ж)	[kóʃnitsa]

27. Materiais

material (m)	материал (м)	[materiál]
madeira (f)	дърво (с)	[dervó]
de madeira	дървен	[dérven]

vidro (m)	стъкло (с)	[stekl6]
de vidro	стъклен	[stéklen]

pedra (f)	камък (м)	[kámek]
de pedra	каменен	[kámenen]

plástico (m)	пластмаса (ж)	[plastmása]
de plástico	пластмасов	[plastmásov]

borracha (f)	гума (ж)	[gúma]
de borracha	гумен	[gúmen]

tecido, pano (m)	плат (м)	[plat]
de tecido	от плат	[ot plát]
papel (m)	хартия (ж)	[hartíja]
de papel	хартиен	[hartíen]

| cartão (m) | картон (м) | [kartón] |
| de cartão | картонен | [kartónen] |

polietileno (m)	полиетилен (м)	[polietilén]
celofane (m)	целофан (м)	[tselofán]
contraplacado (m)	шперплат (м)	[ʃperplát]

porcelana (f)	порцелан (м)	[portselán]
de porcelana	порцеланов	[portselánof]
barro (f)	глина (ж)	[glína]
de barro	глинен	[glínen]
cerâmica (f)	керамика (ж)	[kerámika]
de cerâmica	керамичен	[kerámitʃen]

28. Metais

metal (m)	метал (м)	[metál]
metálico	метален	[metálen]
liga (f)	сплав (м)	[splav]

ouro (m)	злато (с)	[zláto]
de ouro	златен	[zláten]
prata (f)	сребро (с)	[srebró]
de prata	сребърен	[srébəren]

ferro (m)	желязо (с)	[ʒelʲázo]
de ferro	железен	[ʒelézen]
aço (m)	стомана (ж)	[stomána]
de aço	стоманен	[stománen]
cobre (m)	мед (ж)	[met]
de cobre	меден	[méden]

alumínio (m)	алуминий (м)	[alumínij]
de alumínio	алуминиев	[alumíniev]
bronze (m)	бронз (м)	[bronz]
de bronze	бронзов	[brónzov]

latão (m)	месинг (м)	[mésink]
níquel (m)	никел (м)	[níkel]
platina (f)	платина (ж)	[platína]
mercúrio (m)	живак (м)	[ʒivák]
estanho (m)	калай (м)	[kaláj]
chumbo (m)	олово (с)	[olóvo]
zinco (m)	цинк (м)	[tsink]

O SER HUMANO

O ser humano. O corpo

29. Humanos. Conceitos básicos

ser (m) humano	човек (м)	[ʧovék]
homem (m)	мъж (м)	[məʒ]
mulher (f)	жена (ж)	[ʒená]
criança (f)	дете (с)	[deté]
menina (f)	момиче (с)	[momíʧe]
menino (m)	момче (с)	[momʧé]
adolescente (m)	тинейджър (м)	[tinéjdʒər]
velho, ancião (m)	старец (м)	[stárets]
velha, anciã (f)	старица (ж)	[stáritsa]

30. Anatomia humana

organismo (m)	организъм (м)	[organízəm]
coração (m)	сърце (с)	[sərtsé]
sangue (m)	кръв (ж)	[krəv]
artéria (f)	артерия (ж)	[artérija]
veia (f)	вена (ж)	[véna]
cérebro (m)	мозък (м)	[mózək]
nervo (m)	нерв (м)	[nerv]
nervos (m pl)	нерви (м мн)	[nérvi]
vértebra (f)	прешлен (м)	[préʃlen]
coluna (f) vertebral	гръбнак (м)	[grəbnák]
estômago (m)	стомах (м)	[stomáh]
intestinos (m pl)	стомашно-чревен тракт (м)	[stomáʃno-ʧréven trakt]
intestino (m)	черво (с)	[ʧervó]
fígado (m)	черен дроб (м)	[ʧéren drop]
rim (m)	бъбрек (м)	[bébrek]
osso (m)	кост (ж)	[kost]
esqueleto (m)	скелет (м)	[skélet]
costela (f)	ребро (с)	[rebró]
crânio (m)	череп (м)	[ʧérep]
músculo (m)	мускул (м)	[múskul]
bíceps (m)	бицепс (м)	[bítseps]
tríceps (m)	трицепс (м)	[trítseps]
tendão (m)	сухожилие (с)	[suhoʒílie]
articulação (f)	става (ж)	[stáva]

pulmões (m pl)	бели дробове (м мн)	[béli dróbove]
órgãos (m pl) genitais	полови органи (м мн)	[pólovi órgani]
pele (f)	кожа (ж)	[kóʒa]

31. Cabeça

cabeça (f)	глава (ж)	[glavá]
cara (f)	лице (с)	[litsé]
nariz (m)	нос (м)	[nos]
boca (f)	уста (ж)	[ustá]

olho (m)	око (с)	[okó]
olhos (m pl)	очи (с мн)	[otʃí]
pupila (f)	зеница (ж)	[zénitsa]
sobrancelha (f)	вежда (ж)	[véʒda]
pestana (f)	мигла (ж)	[mígla]
pálpebra (f)	клепач (м)	[klepátʃ]

língua (f)	език (м)	[ezík]
dente (m)	зъб (м)	[zəp]
lábios (m pl)	устни (ж мн)	[ústni]
maçãs (f pl) do rosto	скули (ж мн)	[skúli]
gengiva (f)	венец (м)	[venéts]
paladar (m)	небце (с)	[nebtsé]

narinas (f pl)	ноздри (ж мн)	[nózdri]
queixo (m)	брадичка (ж)	[bradítʃka]
mandíbula (f)	челюст (ж)	[tʃélʲust]
bochecha (f)	буза (ж)	[búza]

testa (f)	чело (с)	[tʃeló]
têmpora (f)	слепоочие (с)	[slepoótʃie]
orelha (f)	ухо (с)	[uhó]
nuca (f)	тил (м)	[til]
pescoço (m)	шия (ж)	[ʃíja]
garganta (f)	гърло (с)	[gérlo]

cabelos (m pl)	коса (ж)	[kosá]
penteado (m)	прическа (ж)	[pritʃéska]
corte (m) de cabelo	подстригване (с)	[potstrígvane]
peruca (f)	перука (ж)	[perúka]

bigode (m)	мустаци (м мн)	[mustátsi]
barba (f)	брада (ж)	[bradá]
usar, ter (~ barba, etc.)	нося	[nósʲa]
trança (f)	коса (ж)	[kosá]
suíças (f pl)	бакенбарди (мн)	[bakenbárdi]

ruivo	червенокос	[tʃervenokós]
grisalho	беловлас	[belovlás]
calvo	плешив	[pleʃív]
calva (f)	плешивина (ж)	[pleʃiviná]
rabo-de-cavalo (m)	опашка (ж)	[opáʃka]
franja (f)	бретон (м)	[bretón]

32. Corpo humano

mão (f)	китка (ж)	[kítka]
braço (m)	ръка (ж)	[rəká]

dedo (m)	пръст (м)	[prəst]
dedo (m) do pé	пръст (м) на крак	[prəst na krak]
polegar (m)	палец (м)	[pálets]
dedo (m) mindinho	кутре (с)	[kutré]
unha (f)	нокът (м)	[nókət]

punho (m)	юмрук (м)	[jumrúk]
palma (f) da mão	длан (ж)	[dlan]
pulso (m)	китка (ж)	[kítka]
antebraço (m)	предмишница (ж)	[predmíʃnitsa]
cotovelo (m)	лакът (м)	[lákət]
ombro (m)	рамо (с)	[rámo]

perna (f)	крак (м)	[krak]
pé (m)	ходило (с)	[hodílo]
joelho (m)	коляно (с)	[kolʲáno]
barriga (f) da perna	прасец (м)	[praséts]
anca (f)	бедро (с)	[bedró]
calcanhar (m)	пета (ж)	[petá]

corpo (m)	тяло (с)	[tʲálo]
barriga (f)	корем (м)	[korém]
peito (m)	гръд (ж)	[grəd]
seio (m)	женска гръд (ж)	[ӡénska grəd]
lado (m)	страна (ж)	[straná]
costas (f pl)	гръб (м)	[grəp]
região (f) lombar	кръст (м)	[krəst]
cintura (f)	талия (ж)	[tálija]

umbigo (m)	пъп (м)	[pəp]
nádegas (f pl)	седалище (с)	[sedáliʃte]
traseiro (m)	задник (м)	[zádnik]

sinal (m)	бенка (ж)	[bénka]
sinal (m) de nascença	родилно петно (с)	[rodílno petnó]
tatuagem (f)	татуировка (ж)	[tatuirófka]
cicatriz (f)	белег (м)	[bélek]

Vestuário & Acessórios

33. Roupa exterior. Casacos

roupa (f)	облекло (c)	[oblekl̍ó]
roupa (f) exterior	горни дрехи (ж мн)	[górni dréhi]
roupa (f) de inverno	зимни дрехи (ж мн)	[zímni dréhi]
sobretudo (m)	палто (c)	[paltó]
casaco (m) de peles	кожено палто (c)	[kóʒeno paltó]
casaco curto (m) de peles	полушубка (ж)	[poluʃúpka]
casaco (m) acolchoado	пухено яке (c)	[púheno jáke]
casaco, blusão (m)	яке (c)	[jáke]
impermeável (m)	шлифер (м)	[ʃlífer]
impermeável	непромокаем	[nepromokáem]

34. Vestuário de homem & mulher

camisa (f)	риза (ж)	[ríza]
calças (f pl)	панталон (м)	[pantalón]
calças (f pl) de ganga	дънки, джинси (мн)	[dénki], [dʒínsi]
casaco (m) de fato	сако (c)	[sakó]
fato (m)	костюм (м)	[kostʲúm]
vestido (ex. ~ vermelho)	рокля (ж)	[róklʲa]
saia (f)	пола (ж)	[polá]
blusa (f)	блуза (ж)	[blúza]
casaco (m) de malha	жилетка (ж)	[ʒilétka]
casaco, blazer (m)	сако (c)	[sakó]
T-shirt, camiseta (f)	тениска (ж)	[téniska]
calções (Bermudas, etc.)	къси панталони (м мн)	[kési pantalóni]
fato (m) de treino	анцуг (м)	[ántsuk]
roupão (m) de banho	хавлиен халат (м)	[havlíen halát]
pijama (m)	пижама (ж)	[piʒáma]
suéter (m)	пуловер (м)	[pulóver]
pulôver (m)	пуловер (м)	[pulóver]
colete (m)	елек (м)	[elék]
fraque (m)	фрак (м)	[frak]
smoking (m)	смокинг (м)	[smóking]
uniforme (m)	униформа (ж)	[unifórma]
roupa (f) de trabalho	работно облекло (c)	[rabótno oblekl̍ó]
fato-macaco (m)	гащеризон (м)	[gaʃterizón]
bata (~ branca, etc.)	бяла престилка (ж)	[bʲála prestílka]

35. Vestuário. Roupa interior

roupa (f) interior	бельо (c)	[belló]
cuecas boxer (f pl)	боксер (м)	[boksér]
cuecas (f pl)	прашка (ж)	[práʃka]
camisola (f) interior	потник (м)	[pótnik]
peúgas (f pl)	чорапи (м мн)	[ʧorápi]
camisa (f) de noite	нощница (ж)	[nóʃtnitsa]
sutiã (m)	сутиен (м)	[sutién]
meias longas (f pl)	чорапи три четвърт (м мн)	[ʧorápi tri ʧétvərt]
meias-calças (f pl)	чорапогащник (м)	[ʧorapogáʃtnik]
meias (f pl)	чорапи (м мн)	[ʧorápi]
fato (m) de banho	бански костюм (м)	[bánski kostʲúm]

36. Adereços de cabeça

chapéu (m)	шапка (ж)	[ʃápka]
chapéu (m) de feltro	шапка (ж)	[ʃápka]
boné (m) de beisebol	шапка (ж) с козирка	[ʃápka s kozirká]
boné (m)	каскет (м)	[kaskét]
boina (f)	барета (ж)	[baréta]
capuz (m)	качулка (ж)	[katʃúlka]
panamá (m)	панама (ж)	[panáma]
gorro (m) de malha	плетена шапка (ж)	[plétena ʃápka]
lenço (m)	кърпа (ж)	[kérpa]
chapéu (m) de mulher	шапка (ж)	[ʃápka]
capacete (m) de proteção	каска (ж)	[káska]
bivaque (m)	пилотка (ж)	[pilótka]
capacete (m)	шлем (м)	[ʃlem]
chapéu-coco (m)	бомбе (c)	[bombé]
chapéu (m) alto	цилиндър (м)	[tsilíndər]

37. Calçado

calçado (m)	обувки (ж мн)	[obúfki]
botinas (f pl)	ботинки (мн)	[botínki]
sapatos (de salto alto, etc.)	обувки (ж мн)	[obúfki]
botas (f pl)	ботуши (м мн)	[botúʃi]
pantufas (f pl)	чехли (м мн)	[ʧéhli]
ténis (m pl)	маратонки (ж мн)	[maratónki]
sapatilhas (f pl)	кецове (м мн)	[kétsove]
sandálias (f pl)	сандали (мн)	[sandáli]
sapateiro (m)	обущар (м)	[obuʃtár]
salto (m)	ток (м)	[tok]

par (m)	чифт (м)	[ʧift]
atacador (m)	връзка (ж)	[vréska]
apertar os atacadores	връзвам	[vrézvam]
calçadeira (f)	обувалка (ж)	[obuválka]
graxa (f) para calçado	крем (м) за обувки	[krem za obúfki]

38. Têxtil. Tecidos

algodão (m)	памук (м)	[pamúk]
de algodão	от памук	[ot pamúk]
linho (m)	лен (м)	[len]
de linho	от лен	[ot len]

seda (f)	коприна (ж)	[koprína]
de seda	коприжен	[koprínen]
lã (f)	вълна (ж)	[vélna]
de lã	вълнен	[vélnen]

veludo (m)	кадифе (с)	[kadifé]
camurça (f)	велур (м)	[velúr]
bombazina (f)	кадифе (с)	[kadifé]

náilon (m)	найлон (м)	[najlón]
de náilon	от найлон	[ot najlón]
poliéster (m)	полиестер (м)	[poliéster]
de poliéster	полиестерен	[poliésteren]

couro (m)	кожа (ж)	[kóʒa]
de couro	кожен	[kóʒen]
pele (f)	кожа (ж)	[kóʒa]
de peles, de pele	кожен	[kóʒen]

39. Acessórios pessoais

luvas (f pl)	ръкавици (ж мн)	[rəkavítsi]
mitenes (f pl)	ръкавици (ж мн) с един пръст	[rəkavítsi s edín pərst]
cachecol (m)	шал (м)	[ʃal]

óculos (m pl)	очила (мн)	[otʃilá]
armação (f) de óculos	рамка (ж) за очила	[rámka za otʃilá]
guarda-chuva (m)	чадър (м)	[ʧadér]
bengala (f)	бастун (м)	[bastún]
escova (f) para o cabelo	четка (ж) за коса	[ʧétka za kosá]
leque (m)	ветрило (с)	[vetrílo]

gravata (f)	вратовръзка (ж)	[vratovrézka]
gravata-borboleta (f)	папийонка (ж)	[papijónka]
suspensórios (m pl)	тиранти (мн)	[tiránti]
lenço (m)	носна кърпичка (ж)	[nósna kérpiʧka]
pente (m)	гребен (м)	[grében]
travessão (m)	шнола (ж)	[ʃnóla]

gancho (m) de cabelo	фиба (ж)	[fíba]
fivela (f)	катарама (ж)	[kataráma]

cinto (m)	колан (м)	[kolán]
correia (f)	ремък (м)	[rémək]

mala (f)	чанта (ж)	[tʃánta]
mala (f) de senhora	чантичка (ж)	[tʃántitʃka]
mochila (f)	раница (ж)	[ránitsa]

40. Vestuário. Diversos

moda (f)	мода (ж)	[móda]
na moda	модерен	[modéren]
estilista (m)	моделиер (м)	[modeliér]

colarinho (m), gola (f)	яка (ж)	[jaká]
bolso (m)	джоб (м)	[dʒop]
de bolso	джобен	[dʒóben]
manga (f)	ръкав (м)	[rəkáv]
presilha (f)	закачалка (ж)	[zakatʃálka]
braguilha (f)	копчелък (м)	[koptʃelék]

fecho (m) de correr	цип (м)	[tsip]
fecho (m), colchete (m)	закопчалка (ж)	[zakoptʃálka]
botão (m)	копче (с)	[kóptʃe]
casa (f) de botão	илик (м)	[ilík]
saltar (vi) (botão, etc.)	откъсна се	[otkésna se]

coser, costurar (vi)	шия	[ʃíja]
bordar (vt)	бродирам	[brodíram]
bordado (m)	бродерия (ж)	[brodérija]
agulha (f)	игла (ж)	[iglá]
fio (m)	конец (м)	[konéts]
costura (f)	тегел (м)	[tegél]

sujar-se (vr)	изцапам се	[istsápam se]
mancha (f)	петно (с)	[petnó]
engelhar-se (vr)	смачкам се	[smátʃkam se]
rasgar (vt)	скъсам	[skésam]
traça (f)	молец (м)	[moléts]

41. Cuidados pessoais. Cosméticos

pasta (f) de dentes	паста (ж) за зъби	[pásta za zébi]
escova (f) de dentes	четка (ж) за зъби	[tʃétka za zébi]
escovar os dentes	мия си зъбите	[míja si zébite]

máquina (f) de barbear	бръснач (м)	[brəsnátʃ]
creme (m) de barbear	крем (м) за бръснене	[krem za brésnene]
barbear-se (vr)	бръсна се	[brésna se]
sabonete (m)	сапун (м)	[sapún]

champô (m)	шампоан (м)	[ʃampoán]
tesoura (f)	ножица (ж)	[nóʒitsa]
lima (f) de unhas	пиличка (ж) за нокти	[pílitʃka za nókti]
corta-unhas (m)	ножичка (ж) за нокти	[nóʒitʃka za nókti]
pinça (f)	пинсета (ж)	[pinséta]

cosméticos (m pl)	козметика (ж)	[kozmétika]
máscara (f) facial	маска (ж)	[máska]
manicura (f)	маникюр (м)	[manikʲúr]
fazer a manicura	правя маникюр	[právʲa manikʲúr]
pedicure (f)	педикюр (м)	[pedikʲúr]

mala (f) de maquilhagem	козметична чантичка (ж)	[kozmetítʃna tʃántitʃka]
pó (m)	пудра (ж)	[púdra]
caixa (f) de pó	пудриера (ж)	[pudriéra]
blush (m)	руж (ж)	[ruʃ]

perfume (m)	парфюм (м)	[parfʲúm]
água (f) de toilette	тоалетна вода (ж)	[toalétna vodá]
loção (f)	лосион (м)	[losión]
água-de-colónia (f)	одеколон (м)	[odekolón]

sombra (f) de olhos	сенки (ж мн) за очи	[sénki za otʃí]
lápis (m) delineador	молив (м) за очи	[móliv za otʃí]
máscara (f), rímel (m)	спирала (ж)	[spirála]

batom (m)	червило (с)	[tʃervílo]
verniz (m) de unhas	лак (м) за нокти	[lak za nókti]
laca (f) para cabelos	лак (м) за коса	[lak za kosá]
desodorizante (m)	дезодорант (м)	[dezodoránt]

creme (m)	крем (м)	[krem]
creme (m) de rosto	крем (м) за лице	[krem za litsé]
creme (m) de mãos	крем (м) за ръце	[krem za rətsé]
creme (m) antirrugas	крем (м) срещу бръчки	[krem sreʃtú brétʃki]
creme (m) de dia	дневен крем (м)	[dnéven krem]
creme (m) de noite	нощен крем (м)	[nóʃten krem]
de dia	дневен	[dnéven]
da noite	нощен	[nóʃten]

tampão (m)	тампон (м)	[tampón]
papel (m) higiénico	тоалетна хартия (ж)	[toalétna hartíja]
secador (m) elétrico	сешоар (м)	[seʃoár]

42. Joalheria

joias (f pl)	скъпоценности (ж мн)	[skəpotsénnosti]
precioso	скъпоценен	[skəpotsénen]
marca (f) de contraste	проба (ж)	[próba]

anel (m)	пръстен (м)	[présten]
aliança (f)	халка (ж)	[halká]
pulseira (f)	гривна (ж)	[grívna]
brincos (m pl)	обеци (ж мн)	[obetsí]

colar (m)	огърлица (ж)	[ogərlítsa]
coroa (f)	корона (ж)	[koróna]
colar (m) de contas	гердан (м)	[gerdán]

diamante (m)	диамант (м)	[diamánt]
esmeralda (f)	изумруд (м)	[izumrút]
rubi (m)	рубин (м)	[rubín]
safira (f)	сапфир (м)	[sapfír]
pérola (f)	бисер (м)	[bíser]
âmbar (m)	кехлибар (м)	[kehlibár]

43. Relógios de pulso. Relógios

relógio (m) de pulso	часовник (м)	[ʧasóvnik]
mostrador (m)	циферблат (м)	[tsiferblát]
ponteiro (m)	стрелка (ж)	[strelká]
bracelete (f) em aço	гривна (ж)	[grívna]
bracelete (f) em pele	каишка (ж)	[kaíʃka]

pilha (f)	батерия (ж)	[batérija]
descarregar-se	батерията се изтощи	[batérijata se istoʃtí]
trocar a pilha	сменям батерия	[sménʲam batérija]
estar adiantado	избързвам	[izbérzvam]
estar atrasado	изоставам	[izostávam]

relógio (m) de parede	стенен часовник (м)	[sténen ʧasóvnik]
ampulheta (f)	пясъчен часовник (м)	[pʲásəʧen ʧasóvnik]
relógio (m) de sol	слънчев часовник (м)	[sléntʃev ʧasóvnik]
despertador (m)	будилник (м)	[budílnik]
relojoeiro (m)	часовникар (м)	[ʧasovnikár]
reparar (vt)	поправям	[poprávʲam]

Alimantação. Nutrição

44. Comida

carne (f)	месо (с)	[mesó]
galinha (f)	кокошка (ж)	[kokóʃka]
frango (m)	пиле (с)	[píle]
pato (m)	патица (ж)	[pátitsa]
ganso (m)	гъска (ж)	[géska]
caça (f)	дивеч (ж)	[dívetʃ]
peru (m)	пуйка (ж)	[pújka]

carne (f) de porco	свинско (с)	[svínsko]
carne (f) de vitela	телешко месо (с)	[téleʃko mesó]
carne (f) de carneiro	агнешко (с)	[ágneʃko]
carne (f) de vaca	говеждо (с)	[govéʒdo]
carne (f) de coelho	питомен заек (м)	[pítomen záek]

chouriço, salsichão (m)	салам (м)	[salám]
salsicha (f)	кренвирш (м)	[krénvirʃ]
bacon (m)	бекон (м)	[bekón]
fiambre (f)	шунка (ж)	[ʃúnka]
presunto (m)	бут (м)	[but]

patê (m)	пастет (м)	[pastét]
fígado (m)	черен дроб (м)	[tʃéren drop]
carne (f) moída	кайма (ж)	[kajmá]
língua (f)	език (м)	[ezík]

ovo (m)	яйце (с)	[jajtsé]
ovos (m pl)	яйца (с мн)	[jajtsá]
clara (f) do ovo	белтък (м)	[belték]
gema (f) do ovo	жълтък (м)	[ʒəlték]

peixe (m)	риба (ж)	[ríba]
marisco (m)	морски продукти (м мн)	[mórski prodúkti]
caviar (m)	хайвер (м)	[hajvér]

caranguejo (m)	морски рак (м)	[mórski rak]
camarão (m)	скарида (ж)	[skarída]
ostra (f)	стрида (ж)	[strída]
lagosta (f)	лангуста (ж)	[langústa]
polvo (m)	октопод (м)	[oktopót]
lula (f)	калмар (м)	[kalmár]

esturjão (m)	есетра (ж)	[esétra]
salmão (m)	сьомга (ж)	[sʲómga]
halibute (m)	палтус (м)	[páltus]
bacalhau (m)	треска (ж)	[tréska]
cavala, sarda (f)	скумрия (ж)	[skumríja]

atum (m)	риба тон (м)	[ríba ton]
enguia (f)	змиорка (ж)	[zmiórka]
truta (f)	пъстърва (ж)	[pəstérva]
sardinha (f)	сардина (ж)	[sardína]
lúcio (m)	щука (ж)	[ʃtúka]
arenque (m)	селда (ж)	[sélda]
pão (m)	хляб (м)	[hlʲap]
queijo (m)	кашкавал (м)	[kaʃkavál]
açúcar (m)	захар (ж)	[záhar]
sal (m)	сол (ж)	[sol]
arroz (m)	ориз (м)	[oríz]
massas (f pl)	макарони (мн)	[makaróni]
talharim (m)	юфка (ж)	[jufká]
manteiga (f)	краве масло (с)	[kráve masló]
óleo (m) vegetal	олио (с)	[ólio]
óleo (m) de girassol	слънчогледово масло (с)	[slənʧoglédovo máslo]
margarina (f)	маргарин (м)	[margarín]
azeitonas (f pl)	маслини (ж мн)	[maslíni]
azeite (m)	зехтин (м)	[zehtín]
leite (m)	мляко (с)	[mlʲáko]
leite (m) condensado	сгъстено мляко (с)	[sgəsténo mlʲáko]
iogurte (m)	йогурт (м)	[jógurt]
nata (f)	сметана (ж)	[smetána]
nata (f) do leite	каймак (м)	[kajmák]
maionese (f)	майонеза (ж)	[majonéza]
creme (m)	крем (м)	[krem]
grãos (m pl) de cereais	грис, булгур (м)	[gris], [bulgúr]
farinha (f)	брашно (с)	[braʃnó]
enlatados (m pl)	консерви (ж мн)	[konsérvi]
flocos (m pl) de milho	царевичен флейкс (м)	[tsárevitʃen flejks]
mel (m)	мед (м)	[met]
doce (m)	конфитюр (м)	[konfitʲúr]
pastilha (f) elástica	дъвка (ж)	[défka]

45. Bebidas

água (f)	вода (ж)	[vodá]
água (f) potável	питейна вода (ж)	[pitéjna vodá]
água (f) mineral	минерална вода (ж)	[minerálna vodá]
sem gás	негазирана	[negazíran]
gaseificada	газирана	[gazíran]
com gás	газирана	[gazíran]
gelo (m)	лед (м)	[let]
com gelo	с лед	[s let]

sem álcool	безалкохолен	[bezalkohólen]
bebida (f) sem álcool	безалкохолна напитка (ж)	[bezalkohólna napítka]
refresco (m)	разхладителна напитка (ж)	[rashladítelna napítka]
limonada (f)	лимонада (ж)	[limonáda]

bebidas (f pl) alcoólicas	спиртни напитки (ж мн)	[spírtni napítki]
vinho (m)	вино (с)	[víno]
vinho (m) branco	бяло вино (с)	[bʲálo víno]
vinho (m) tinto	червено вино (с)	[ʧervéno víno]

licor (m)	ликьор (м)	[likʲór]
champanhe (m)	шампанско (с)	[ʃampánsko]
vermute (m)	вермут (м)	[vermút]

uísque (m)	уиски (с)	[wíski]
vodka (f)	водка (ж)	[vótka]
gim (m)	джин (м)	[dʒin]
conhaque (m)	коняк (м)	[konʲák]
rum (m)	ром (м)	[rom]

café (m)	кафе (с)	[kafé]
café (m) puro	черно кафе (с)	[ʧérno kafé]
café (m) com leite	кафе (с) с мляко	[kafé s mlʲáko]
cappuccino (m)	кафе (с) със сметана	[kafé səs smetána]
café (m) solúvel	разтворимо кафе (с)	[rastvorímo kafé]

leite (m)	мляко (с)	[mlʲáko]
coquetel (m)	коктейл (м)	[koktéjl]
batido (m) de leite	млечен коктейл (м)	[mléʧen koktéjl]

sumo (m)	сок (м)	[sok]
sumo (m) de tomate	доматен сок (м)	[domáten sok]
sumo (m) de laranja	портокалов сок (м)	[portokálov sok]
sumo (m) fresco	фреш (м)	[freʃ]

cerveja (f)	бира (ж)	[bíra]
cerveja (f) clara	светла бира (ж)	[svétla bíra]
cerveja (f) preta	тъмна бира (ж)	[témna bíra]

chá (m)	чай (м)	[ʧaj]
chá (m) preto	черен чай (м)	[ʧéren ʧaj]
chá (m) verde	зелен чай (м)	[zelén ʧaj]

46. Vegetais

| legumes (m pl) | зеленчуци (м мн) | [zelenʧútsi] |
| verduras (f pl) | зарзават (м) | [zarzavát] |

tomate (m)	домат (м)	[domát]
pepino (m)	краставица (ж)	[krástavitsa]
cenoura (f)	морков (м)	[mórkof]
batata (f)	картофи (мн)	[kartófi]
cebola (f)	лук (м)	[luk]
alho (m)	чесън (м)	[ʧésən]

couve (f)	зеле (c)	[zéle]
couve-flor (f)	карфиол (м)	[karfiól]
couve-de-bruxelas (f)	брюкселско зеле (c)	[br'úkselsko zéle]
brócolos (m pl)	броколи (c)	[brókoli]

beterraba (f)	цвекло (c)	[tsveklɔ́]
beringela (f)	патладжан (м)	[patladʒán]
curgete (f)	тиквичка (ж)	[tíkvitʃka]
abóbora (f)	тиква (ж)	[tíkva]
nabo (m)	ряпа (ж)	[r'ápa]

salsa (f)	магданоз (м)	[magdanóz]
funcho, endro (m)	копър (м)	[kópər]
alface (f)	салата (ж)	[saláta]
aipo (m)	целина (ж)	[tsélina]
espargo (m)	аспержа (ж)	[aspérʒa]
espinafre (m)	спанак (м)	[spanák]

ervilha (f)	грах (м)	[grah]
fava (f)	боб (м)	[bop]
milho (m)	царевица (ж)	[tsárevitsa]
feijão (m)	фасул (м)	[fasúl]

pimentão (m)	пипер (м)	[pipér]
rabanete (m)	репичка (ж)	[répitʃka]
alcachofra (f)	ангинар (м)	[anginár]

47. Frutos. Nozes

fruta (f)	плод (м)	[plot]
maçã (f)	ябълка (ж)	[jábəlka]
pera (f)	круша (ж)	[krúʃa]
limão (m)	лимон (м)	[limón]
laranja (f)	портокал (м)	[portokál]
morango (m)	ягода (ж)	[jágoda]

tangerina (f)	мандарина (ж)	[mandarína]
ameixa (f)	слива (ж)	[slíva]
pêssego (m)	праскова (ж)	[práskova]
damasco (m)	кайсия (ж)	[kajsíja]
framboesa (f)	малина (ж)	[malína]
ananás (m)	ананас (м)	[ananás]

banana (f)	банан (м)	[banán]
melancia (f)	диня (ж)	[dín'a]
uva (f)	грозде (c)	[grózde]
ginja (f)	вишна (ж)	[víʃna]
cereja (f)	череша (ж)	[tʃeréʃa]
meloa (f)	пъпеш (м)	[pépeʃ]

toranja (f)	грейпфрут (м)	[gréjpfrut]
abacate (m)	авокадо (c)	[avokádo]
papaia (f)	папая (ж)	[papája]
manga (f)	манго (c)	[mángo]

romã (f)	нар (м)	[nar]
groselha (f) vermelha	червено френско грозде (с)	[ʧervéno frénsko grózde]
groselha (f) preta	черно френско грозде (с)	[ʧérno frénsko grózde]
groselha (f) espinhosa	цариградско грозде (с)	[tsarigrátsko grózde]
mirtilo (m)	боровинки (ж мн)	[borovínki]
amora silvestre (f)	къпина (ж)	[kəpína]

uvas (f pl) passas	стафиди (ж мн)	[stafídi]
figo (m)	смокиня (ж)	[smokínʲa]
tâmara (f)	фурма (ж)	[furmá]

amendoim (m)	фъстък (м)	[fəsték]
amêndoa (f)	бадем (м)	[badém]
noz (f)	орех (м)	[óreh]
avelã (f)	лешник (м)	[léʃnik]
coco (m)	кокосов орех (м)	[kokósov óreh]
pistáchios (m pl)	шамфъстъци (м мн)	[ʃamfəstétsi]

48. Pão. Bolaria

pastelaria (f)	сладкарски изделия (с мн)	[slatkárski izdélija]
pão (m)	хляб (м)	[hlʲap]
bolacha (f)	бисквити (ж мн)	[biskvíti]

chocolate (m)	шоколад (м)	[ʃokolát]
de chocolate	шоколадов	[ʃokoládov]
rebuçado (m)	бонбон (м)	[bonbón]
bolo (cupcake, etc.)	паста (ж)	[pásta]
bolo (m) de aniversário	торта (ж)	[tórta]

| tarte (~ de maçã) | пирог (м) | [pirók] |
| recheio (m) | плънка (ж) | [plénka] |

doce (m)	сладко (с)	[slátko]
geleia (f) de frutas	мармалад (м)	[marmalát]
waffle (m)	вафли (ж мн)	[váfli]
gelado (m)	сладолед (м)	[sladolét]

49. Pratos cozinhados

prato (m)	ястие (с)	[jástie]
cozinha (~ portuguesa)	кухня (ж)	[kúhnʲa]
receita (f)	рецепта (ж)	[retsépta]
porção (f)	порция (ж)	[pórtsija]

| salada (f) | салата (ж) | [saláta] |
| sopa (f) | супа (ж) | [súpa] |

caldo (m)	бульон (м)	[buljón]
sandes (f)	сандвич (м)	[sándviʧ]
ovos (m pl) estrelados	пържени яйца (с мн)	[pérʒeni jajtsá]

| hambúrguer (m) | хамбургер (м) | [hámburger] |
| bife (m) | бифтек (м) | [bifték] |

conduto (m)	гарнитура (ж)	[garnitúra]
espaguete (m)	спагети (мн)	[spagéti]
puré (m) de batata	картофено пюре (с)	[kartófeno pʲuré]
pizza (f)	пица (ж)	[pítsa]
papa (f)	каша (ж)	[káʃa]
omelete (f)	омлет (м)	[omlét]

cozido em água	варен	[varén]
fumado	пушен	[púʃen]
frito	пържен	[pérʒen]
seco	сушен	[suʃén]
congelado	замразен	[zamrazén]
em conserva	маринован	[marinóvan]

doce (açucarado)	сладък	[sládək]
salgado	солен	[solén]
frio	студен	[studén]
quente	горещ	[goréʃt]
amargo	горчив	[gortʃív]
gostoso	вкусен	[fkúsen]

cozinhar (em água a ferver)	готвя	[gótvʲa]
fazer, preparar (vt)	готвя	[gótvʲa]
fritar (vt)	пържа	[pérʒa]
aquecer (vt)	затоплям	[zatóplʲam]

salgar (vt)	соля	[solʲá]
apimentar (vt)	слагам пипер	[slágam pipér]
ralar (vt)	стъргам	[stérgam]
casca (f)	кожа (ж)	[kóʒa]
descascar (vt)	беля	[bélʲa]

50. Especiarias

sal (m)	сол (ж)	[sol]
salgado	солен	[solén]
salgar (vt)	соля	[solʲá]

pimenta (f) preta	черен пипер (м)	[tʃéren pipér]
pimenta (f) vermelha	червен пипер (м)	[tʃervén pipér]
mostarda (f)	горчица (ж)	[gortʃítsa]
raiz-forte (f)	хрян (м)	[hrʲan]

condimento (m)	подправка (ж)	[podpráfka]
especiaria (f)	подправка (ж)	[podpráfka]
molho (m)	сос (м)	[sos]
vinagre (m)	оцет (м)	[otsét]

anis (m)	анасон (м)	[anasón]
manjericão (m)	босилек (м)	[bosílek]
cravo (m)	карамфил (м)	[karamfíl]

gengibre (m)	джинджифил (м)	[dʒindʒifíl]
coentro (m)	кориандър (м)	[koriándər]
canela (f)	канела (ж)	[kanéla]

sésamo (m)	сусам (м)	[susám]
folhas (f pl) de louro	дафинов лист (м)	[dafínov list]
páprica (f)	червен пипер (м)	[tʃervén pipér]
cominho (m)	черен тмин (м)	[tʃéren tmin]
açafrão (m)	шафран (м)	[ʃafrán]

51. Refeições

comida (f)	храна (ж)	[hraná]
comer (vt)	ям	[jam]

pequeno-almoço (m)	закуска (ж)	[zakúska]
tomar o pequeno-almoço	закусвам	[zakúsvam]
almoço (m)	обяд (м)	[obʲát]
almoçar (vi)	обядвам	[obʲádvam]

jantar (m)	вечеря (ж)	[vetʃérʲa]
jantar (vi)	вечерям	[vetʃérʲam]

apetite (m)	апетит (м)	[apetít]
Bom apetite!	Добър апетит!	[dobér apetít]

abrir (~ uma lata, etc.)	отварям	[otvárʲam]
derramar (vt)	излея	[izléja]
derramar-se (vr)	излея се	[izléja se]

ferver (vi)	вря	[vrʲa]
ferver (vt)	варя до кипване	[varʲá do kípvane]
fervido	преварен	[prevarén]

arrefecer (vt)	охладя	[ohladʲá]
arrefecer-se (vr)	изстудявам се	[isstudʲávam se]

sabor, gosto (m)	вкус (м)	[fkus]
gostinho (m)	привкус (м)	[prífkus]

fazer dieta	отслабвам	[otslábvam]
dieta (f)	диета (ж)	[diéta]
vitamina (f)	витамин (м)	[vitamín]
caloria (f)	калория (ж)	[kalórija]

vegetariano (m)	вегетарианец (м)	[vegetariánets]
vegetariano	вегетариански	[vegetariánski]

gorduras (f pl)	мазнини (ж мн)	[mazniní]
proteínas (f pl)	белтъчини (ж мн)	[beltətʃiní]
carboidratos (m pl)	въглехидрати (м мн)	[vəglehidráti]
fatia (~ de limão, etc.)	резенче (с)	[rézentʃe]
pedaço (~ de bolo)	парче (с)	[partʃé]
migalha (f)	троха (ж)	[trohá]

52. Por a mesa

colher (f)	лъжица (ж)	[ləʒítsa]
faca (f)	нож (м)	[noʒ]
garfo (m)	вилица (ж)	[vílitsa]

chávena (f)	чаша (ж)	[ʧáʃa]
prato (m)	чиния (ж)	[ʧiníja]
pires (m)	чинийка (ж)	[ʧiníjka]
guardanapo (m)	салфетка (ж)	[salfétka]
palito (m)	клечка (ж) за зъби	[klétʧka za zébi]

53. Restaurante

restaurante (m)	ресторант (м)	[restoránt]
café (m)	кафене (с)	[kafené]
bar (m), cervejaria (f)	бар (м)	[bar]
salão (m) de chá	чаен салон (м)	[ʧáen salón]

empregado (m) de mesa	сервитьор (м)	[servitʲór]
empregada (f) de mesa	сервитьорка (ж)	[servitʲórka]
barman (m)	барман (м)	[bárman]

ementa (f)	меню (с)	[menʲú]
lista (f) de vinhos	карта (ж) на виното	[kárta na vínoto]
reservar uma mesa	резервирам масичка	[rezervíram másiʧka]

prato (m)	ядене (с)	[jádene]
pedir (vt)	поръчам	[porétʧam]
fazer o pedido	правя поръчка	[právʲa porétʧka]

aperitivo (m)	аперитив (м)	[aperitív]
entrada (f)	мезе (с)	[mezé]
sobremesa (f)	десерт (м)	[desért]

conta (f)	сметка (ж)	[smétka]
pagar a conta	плащам сметка	[pláʃtam smétka]
dar o troco	връщам ресто	[vréʃtam résto]
gorjeta (f)	бакшиш (м)	[bakʃíʃ]

Família, parentes e amigos

54. Informação pessoal. Formulários

nome (m)	име (c)	[íme]
apelido (m)	фамилия (ж)	[famílija]
data (f) de nascimento	дата (ж) на раждане	[dáta na rázdane]
local (m) de nascimento	място (c) на раждане	[mʲásto na rázdane]
nacionalidade (f)	националност (ж)	[natsionálnost]
lugar (m) de residência	местожителство (c)	[mestoʒítelstvo]
país (m)	страна (ж)	[straná]
profissão (f)	професия (ж)	[profésija]
sexo (m)	пол (м)	[pol]
estatura (f)	ръст (м)	[rəst]
peso (m)	тегло (c)	[tegló]

55. Membros da família. Parentes

mãe (f)	майка (ж)	[májka]
pai (m)	баща (м)	[baʃtá]
filho (m)	син (м)	[sin]
filha (f)	дъщеря (ж)	[deʃterʲá]
filha (f) mais nova	по-малка дъщеря (ж)	[po-málka deʃterʲá]
filho (m) mais novo	по-малък син (м)	[po-málek sin]
filha (f) mais velha	по-голяма дъщеря (ж)	[po-golʲáma deʃterʲá]
filho (m) mais velho	по-голям син (м)	[po-golʲám sin]
irmão (m)	брат (м)	[brat]
irmã (f)	сестра (ж)	[sestrá]
primo (m)	братовчед (м)	[bratovtʃét]
prima (f)	братовчедка (ж)	[bratovtʃétka]
mamã (f)	мама (ж)	[máma]
papá (m)	татко (м)	[tátko]
pais (pl)	родители (м мн)	[rodíteli]
criança (f)	дете (c)	[deté]
crianças (f pl)	деца (c мн)	[detsá]
avó (f)	баба (ж)	[bába]
avô (m)	дядо (м)	[dʲádo]
neto (m)	внук (м)	[vnuk]
neta (f)	внучка (ж)	[vnútʃka]
netos (pl)	внуци (м мн)	[vnútsi]
tio (m)	вуйчо (м)	[vújtʃo]
tia (f)	леля (ж)	[lélʲa]

| sobrinho (m) | племенник (м) | [plémennik] |
| sobrinha (f) | племенница (ж) | [plémennitsa] |

sogra (f)	тъща (ж)	[téʃta]
sogro (m)	свекър (м)	[svékər]
genro (m)	зет (м)	[zet]
madrasta (f)	мащеха (ж)	[máʃteha]
padrasto (m)	пастрок (м)	[pástrok]

criança (f) de colo	кърмаче (с)	[kərmátʃe]
bebé (m)	бебе (с)	[bébe]
menino (m)	момченце (с)	[momtʃéntse]

mulher (f)	жена (ж)	[ʒená]
marido (m)	мъж (м)	[məʒ]
esposo (m)	съпруг (м)	[səprúk]
esposa (f)	съпруга (ж)	[səprúga]

casado	женен	[ʒénen]
casada	омъжена	[omέʒena]
solteiro	неженен	[neʒénen]
solteirão (m)	ерген (м)	[ergén]
divorciado	разведен	[razvéden]
viúva (f)	вдовица (ж)	[vdovítsa]
viúvo (m)	вдовец (м)	[vdovéts]

parente (m)	роднина (м, ж)	[rodnína]
parente (m) próximo	близък роднина (м)	[blízək rodnína]
parente (m) distante	далечен роднина (м)	[dalétʃen rodnína]
parentes (m pl)	роднини (мн)	[rodníni]

órfão (m), órfã (f)	сирак (м)	[sirák]
tutor (m)	опекун (м)	[opekún]
adotar (um filho)	осиновявам	[osinovʲávam]
adotar (uma filha)	осиновявам момиче	[osinovʲávam momítʃe]

56. Amigos. Colegas de trabalho

amigo (m)	приятел (м)	[prijátel]
amiga (f)	приятелка (ж)	[prijátelka]
amizade (f)	приятелство (с)	[prijátelstvo]
ser amigos	дружа	[druʒá]

amigo (m)	приятел (м)	[prijátel]
amiga (f)	приятелка (ж)	[prijátelka]
parceiro (m)	партньор (м)	[partnʲór]

chefe (m)	шеф (м)	[ʃef]
superior (m)	началник (м)	[natʃálnik]
subordinado (m)	подчинен (м)	[podtʃinén]
colega (m)	колега (м, ж)	[koléga]

| conhecido (m) | познат (м) | [poznát] |
| companheiro (m) de viagem | спътник (м) | [spétnik] |

53

colega (m) de classe	съученик (м)	[səutʃeník]
vizinho (m)	съсед (м)	[səsét]
vizinha (f)	съседка (ж)	[səsétka]
vizinhos (pl)	съседи (м мн)	[səsédi]

57. Homem. Mulher

mulher (f)	жена (ж)	[ʒená]
rapariga (f)	девойка (ж)	[devójka]
noiva (f)	годеница (ж)	[godenítsa]

bonita	хубава	[húbava]
alta	висока	[visóka]
esbelta	стройна	[strójna]
de estatura média	невисок	[nevisók]

| loura (f) | блондинка (ж) | [blondínka] |
| morena (f) | брюнетка (ж) | [brʲunétka] |

de senhora	дамски	[dámski]
virgem (f)	девственица (ж)	[défstvenitsa]
grávida	бременна	[brémenna]

homem (m)	мъж (м)	[məʒ]
louro (m)	блондин (м)	[blondín]
moreno (m)	брюнет (м)	[brʲunét]
alto	висок	[visók]
de estatura média	невисок	[nevisók]

rude	груб	[grup]
atarracado	едър	[édər]
robusto	як	[jak]
forte	силен	[sílen]
força (f)	сила (ж)	[síla]

gordo	пълен	[pélen]
moreno	мургав	[múrgav]
esbelto	строен	[stróen]
elegante	елегантен	[elegánten]

58. Idade

idade (f)	възраст (ж)	[vézrast]
juventude (f)	младост (ж)	[mládost]
jovem	млад	[mlat]

| mais novo | по-малък | [po-málək] |
| mais velho | по-голям | [po-golʲám] |

jovem (m)	младеж (м)	[mladéʒ]
adolescente (m)	тийнейджър (м)	[tinéjdʒər]
rapaz (m)	момък (м)	[mómək]

| velhote (m) | старец (м) | [stárets] |
| velhota (f) | старица (ж) | [stáritsa] |

adulto	възрастен	[vézrasten]
de meia-idade	на средна възраст	[na srédna vézrast]
de certa idade	възрастен	[vézrasten]
idoso	стар	[star]

reforma (f)	пенсия (ж)	[pénsija]
reformar-se (vr)	пенсионирам се	[pensioníram se]
reformado (m)	пенсионер (м)	[pensionér]

59. Crianças

criança (f)	дете (с)	[deté]
crianças (f pl)	деца (с мн)	[detsá]
gémeos (m pl)	близнаци (м мн)	[bliznátsi]

berço (m)	люлка (ж)	[lʲúlka]
guizo (m)	дрънкалка (ж)	[drənkálka]
fralda (f)	памперс (м)	[pámpers]

chupeta (f)	биберон (м)	[biberón]
carrinho (m) de bebé	детска количка (ж)	[détska kolítʃka]
jardim (m) de infância	детска градина (ж)	[détska gradína]
babysitter (f)	детегледачка (ж)	[detegledátʃka]

infância (f)	детство (с)	[détstvo]
boneca (f)	кукла (ж)	[kúkla]
brinquedo (m)	играчка (ж)	[igrátʃka]
jogo (m) de armar	конструктор (м)	[konstrúktor]

bem-educado	възпитан	[vəspítan]
mal-educado	невъзпитан	[nevəspítan]
mimado	разглезен	[razglézen]

ser travesso	палувам	[palúvam]
travesso, traquinas	палав	[pálav]
travessura (f)	лудория (ж)	[ludoríja]
criança (f) travessa	палавник (м)	[pálavnik]

| obediente | послушен | [poslúʃen] |
| desobediente | непослушен | [neposlúʃen] |

dócil	благоразумен	[blagorazúmen]
inteligente	умен	[úmen]
menino (m) prodígio	вундеркинд (м)	[vúnderkint]

60. Casais. Vida de família

| beijar (vt) | целувам | [tselúvam] |
| beijar-se (vr) | целувам се | [tselúvam se] |

família (f)	семейство (c)	[seméjstvo]
familiar	семеен	[seméen]
casal (m)	двойка (ж)	[dvójka]
matrimónio (m)	брак (м)	[brak]
lar (m)	семейно огнище (c)	[seméjno ogníʃte]
dinastia (f)	династия (ж)	[dinástija]

encontro (m)	среща (ж)	[sréʃta]
beijo (m)	целувка (ж)	[tselúfka]

amor (m)	обич (ж)	[óbitʃ]
amar (vt)	обичам	[obítʃam]
amado, querido	любим	[lʲubím]

ternura (f)	нежност (ж)	[néʒnost]
terno, afetuoso	нежен	[néʒen]
fidelidade (f)	вярност (ж)	[vʲárnost]
fiel	верен	[véren]
cuidado (m)	грижа (ж)	[gríʒa]
carinhoso	грижлив	[griʒlív]

recém-casados (m pl)	младоженци (м мн)	[mladoʒéntsi]
lua de mel (f)	меден месец (м)	[méden mésets]
casar-se (com um homem)	омъжа се	[oméʒa se]
casar-se (com uma mulher)	женя се	[ʒénʲa se]

boda (f)	сватба (ж)	[svátba]
bodas (f pl) de ouro	златна сватба (ж)	[zlátna svádba]
aniversário (m)	годишнина (ж)	[godíʃnina]

amante (m)	любовник (м)	[lʲubóvnik]
amante (f)	любовница (ж)	[lʲubóvnitsa]

adultério (m)	изневяра (ж)	[iznevʲára]
cometer adultério	изневярявам	[izneverʲávam]
ciumento	ревнив	[revnív]
ser ciumento	ревнувам	[revnúvam]
divórcio (m)	развод (м)	[razvót]
divorciar-se (vr)	развеждам се	[razvéʒdam se]

brigar (discutir)	карам се	[káram se]
fazer as pazes	сдобрявам се	[zdobrʲávam se]
juntos	заедно	[záedno]
sexo (m)	секс (м)	[seks]

felicidade (f)	щастие (c)	[ʃtástie]
feliz	щастлив	[ʃtastlív]
infelicidade (f)	нещастие (c)	[neʃtástie]
infeliz	нещастен	[neʃtásten]

Caráter. Sentimentos. Emoções

61. Sentimentos. Emoções

sentimento (m)	чувство (c)	[ʧústvo]
sentimentos (m pl)	чувства (с мн)	[ʧústva]
sentir (vt)	чувствам	[ʧúfstvam]
fome (f)	глад (м)	[glat]
ter fome	искам да ям	[ískam da jam]
sede (f)	жажда (ж)	[ʒáʒda]
ter sede	искам да пия	[ískam da píja]
sonolência (f)	сънливост (ж)	[sənlívost]
estar sonolento	искам да спя	[ískam da spʲa]
cansaço (m)	умора (ж)	[umóra]
cansado	изморен	[izmorén]
ficar cansado	уморя се	[umorʲá se]
humor (m)	настроение (c)	[nastroénie]
tédio (m)	скука (ж)	[skúka]
aborrecer-se (vr)	скучая	[skuʧája]
isolamento (m)	самота (ж)	[samotá]
isolar-se	уединявам се	[uedinʲávam se]
preocupar (vt)	безпокоя	[bespokojá]
preocupar-se (vr)	безпокоя се	[bespokojá se]
preocupação (f)	безпокойство (c)	[bespokójstvo]
ansiedade (f)	тревога (ж)	[trevóga]
preocupado	загрижен	[zagríʒen]
estar nervoso	нервирам се	[nervíram se]
entrar em pânico	паникьосвам се	[panikʲósvam se]
esperança (f)	надежда (ж)	[nadéʒda]
esperar (vt)	надявам се	[nadʲávam se]
certeza (f)	увереност (ж)	[uvérenost]
certo	уверен	[uvéren]
indecisão (f)	неувереност (ж)	[neuvérenost]
indeciso	неуверен	[neuvéren]
ébrio, bêbado	пиян	[piján]
sóbrio	трезвен	[trézven]
fraco	слаб	[slap]
feliz	щастлив	[ʃtastlív]
assustar (vt)	изплаша	[ispláʃa]
fúria (f)	бяс (м)	[bʲas]
ira, raiva (f)	ярост (ж)	[járost]
depressão (f)	депресия (ж)	[deprésija]
desconforto (m)	дискомфорт (м)	[diskomfórt]

conforto (m)	комфорт (м)	[komfórt]
arrepender-se (vr)	съжалявам	[səʒalʲávam]
arrependimento (m)	съжаление (с)	[səʒalénie]
azar (m), má sorte (f)	несполука (ж)	[nespolúka]
tristeza (f)	огорчение (с)	[ogortʃénie]

vergonha (f)	срам (м)	[sram]
alegria (f)	веселба (ж)	[veselbá]
entusiasmo (m)	ентусиазъм (м)	[entusiázəm]
entusiasta (m)	ентусиаст (м)	[entusiást]
mostrar entusiasmo	ентусиазирам	[entusiazíram]

62. Caráter. Personalidade

caráter (m)	характер (м)	[harákter]
falha (f) de caráter	недостатък (м)	[nedostátək]
mente (f)	ум (м)	[um]
razão (f)	разум (м)	[rázum]

consciência (f)	съвест (ж)	[sévest]
hábito (m)	навик (м)	[návik]
habilidade (f)	способност (ж)	[sposóbnost]
saber (~ nadar, etc.)	умея	[uméja]

paciente	търпелив	[tərpelív]
impaciente	нетърпелив	[netərpelív]
curioso	любопитен	[lʲubopíten]
curiosidade (f)	любопитство (с)	[lʲubopítstvo]

modéstia (f)	скромност (ж)	[skrómnost]
modesto	скромен	[skrómen]
imodesto	нескромен	[neskrómen]

preguiça (f)	мързел (м)	[mərzel]
preguiçoso	мързелив	[mərzelív]
preguiçoso (m)	мързеливец (м)	[mərzelívets]

astúcia (f)	хитрост (ж)	[hítrost]
astuto	хитър	[hítər]
desconfiança (f)	недоверие (с)	[nedovérie]
desconfiado	недоверчив	[nedovertʃív]

generosidade (f)	щедрост (ж)	[ʃtédrost]
generoso	щедър	[ʃtédər]
talentoso	талантлив	[talantlíf]
talento (m)	талант (м)	[talánt]

corajoso	смел	[smel]
coragem (f)	смелост (м)	[smélost]
honesto	честен	[tʃésten]
honestidade (f)	честност (ж)	[tʃéstnost]

prudente	предпазлив	[predpazlív]
valente	храбър	[hrábər]

sério	сериозен	[seriózen]
severo	строг	[strok]

decidido	решителен	[reʃítelen]
indeciso	нерешителен	[nereʃítelen]
tímido	свенлив	[svenlív]
timidez (f)	свенливост (ж)	[svenlívost]

confiança (f)	доверие (с)	[dovérie]
confiar (vt)	вярвам	[vʲárvam]
crédulo	доверчив	[dovertʃív]

sinceramente	искрено	[ískreno]
sincero	искрен	[ískren]
sinceridade (f)	искреност (ж)	[ískrenost]
aberto	открит	[otkrít]

calmo	тих	[tih]
franco	откровен	[otkrovén]
ingénuo	наивен	[naíven]
distraído	разсеян	[rasséjan]
engraçado	смешен	[sméʃen]

ganância (f)	алчност (ж)	[áltʃnost]
ganancioso	алчен	[áltʃen]
avarento	стиснат	[stísnat]
mau	зъл	[zəl]
teimoso	инат	[inát]
desagradável	неприятен	[neprijáten]

egoísta (m)	егоист (м)	[egoíst]
egoísta	егоистичен	[egoistítʃen]
cobarde (m)	страхливец (м)	[strahlívets]
cobarde	страхлив	[strahlíf]

63. O sono. Sonhos

dormir (vi)	спя	[spʲa]
sono (m)	сън (м)	[sən]
sonho (m)	сън (м)	[sən]
sonhar (vi)	сънувам	[sənúvam]
sonolento	сънен	[sénen]

cama (f)	легло (с)	[legló]
colchão (m)	дюшек (м)	[dʲuʃék]
cobertor (m)	одеяло (с)	[odejálo]
almofada (f)	възглавница (ж)	[vəzglávnitsa]
lençol (m)	чаршаф (м)	[tʃarʃáf]

insónia (f)	безсъние (с)	[bessénie]
insone	безсънен	[bessénen]
sonífero (m)	приспивателно (с)	[prispivátelno]
tomar um sonífero	взимам приспивателно	[vzímam prispivátelno]
estar sonolento	искам да спя	[ískam da spʲa]

bocejar (vi)	прозявам се	[proz¡ávam se]
ir para a cama	отивам да спя	[otívam da sp¡a]
fazer a cama	оправям легло	[opráv¡am legló]
adormecer (vi)	заспивам	[zaspívam]

pesadelo (m)	кошмар (м)	[koʃmár]
ronco (m)	хъркане (с)	[hérkane]
roncar (vi)	хъркам	[hérkam]

despertador (m)	будилник (м)	[budílnik]
acordar, despertar (vt)	събудя	[sebúd¡a]
acordar (vi)	събуждам се	[sebúʒdam se]
levantar-se (vr)	ставам	[stávam]
lavar-se (vr)	измивам се	[izmívam se]

64. Humor. Riso. Alegria

humor (m)	хумор (м)	[húmor]
sentido (m) de humor	чувство (ж) за хумор	[ʧústvo za húmor]
divertir-se (vr)	веселя се	[vesel¡á se]
alegre	весел	[vésel]
alegria (f)	веселба (ж)	[veselbá]

sorriso (m)	усмивка (ж)	[usmífka]
sorrir (vi)	усмихвам се	[usmíhvam se]
começar a rir	засмея се	[zasméja se]
rir (vi)	смея се	[sméja se]
riso (m)	смях (м)	[sm¡ah]

anedota (f)	виц (м)	[vits]
engraçado	смешен	[sméʃen]
ridículo	смешен	[sméʃen]

brincar, fazer piadas	шегувам се	[ʃegúvam se]
piada (f)	шега (ж)	[ʃegá]
alegria (f)	радост (ж)	[rádost]
regozijar-se (vr)	радвам се	[rádvam se]
alegre	радостен	[rádosten]

65. Discussão, conversação. Parte 1

| comunicação (f) | общуване (с) | [obʃtúvane] |
| comunicar-se (vr) | общувам | [obʃtúvam] |

conversa (f)	разговор (м)	[rázgovor]
diálogo (m)	диалог (м)	[dialók]
discussão (f)	дискусия (ж)	[diskúsija]
debate (m)	спор (м)	[spor]
debater (vt)	споря	[spór¡a]

| interlocutor (m) | събеседник (м) | [sebesédnik] |
| tema (m) | тема (ж) | [téma] |

ponto (m) de vista	гледна точка (ж)	[glédna tótʃka]
opinião (f)	мнение (с)	[mnénie]
discurso (m)	слово (с)	[slóvo]

discussão (f)	обсъждане (с)	[obséʒdane]
discutir (vt)	обсъждам	[obséʒdam]
conversa (f)	беседа (ж)	[beséda]
conversar (vi)	беседвам	[besédvam]
encontro (m)	среща (ж)	[sréʃta]
encontrar-se (vr)	срещам се	[sréʃtam se]

provérbio (m)	пословица (ж)	[poslóvitsa]
ditado (m)	поговорка (ж)	[pogovórka]
adivinha (f)	гатанка (ж)	[gátanka]
dizer uma adivinha	задавам гатанка	[zadávam gátanka]
senha (f)	парола (ж)	[paróla]
segredo (m)	секрет (м)	[sekrét]

juramento (m)	клетва (ж)	[klétva]
jurar (vi)	заклевам се	[zaklévam se]
promessa (f)	обещание (с)	[obeʃtánie]
prometer (vt)	обещавам	[obeʃtávam]

conselho (m)	съвет (м)	[səvét]
aconselhar (vt)	съветвам	[səvétvam]
seguir o conselho	слушам	[slúʃam]

novidade, notícia (f)	новина (ж)	[noviná]
sensação (f)	сензация (ж)	[senzátsija]
informação (f)	сведения (с мн)	[svédenija]
conclusão (f)	извод (м)	[ízvot]
voz (f)	глас (м)	[glas]
elogio (m)	комплимент (м)	[komplimént]
amável	любезен	[lʲubézen]

palavra (f)	дума (ж)	[dúma]
frase (f)	фраза (ж)	[fráza]
resposta (f)	отговор (м)	[ótgovor]

| verdade (f) | истина (ж) | [ístina] |
| mentira (f) | лъжа (ж) | [ləʒá] |

pensamento (m)	мисъл (ж)	[mísəl]
ideia (f)	идея (ж)	[idéja]
fantasia (f)	измислица (ж)	[izmíslitsa]

66. Discussão, conversação. Parte 2

estimado	уважаем	[uvaʒáem]
respeitar (vt)	уважавам	[uvaʒávam]
respeito (m)	уважение (с)	[uvaʒénie]
Estimado ..., Caro ...	Уважаем ...	[uvaʒáem]
apresentar (vt)	запозная	[zapoznája]
travar conhecimento	запознавам се	[zapoznávam se]

intenção (f)	намерение (c)	[namerénie]
tencionar (vt)	каня се	[kánʲa se]
desejo (m)	пожелание (c)	[poʒelánie]
desejar (ex. ~ boa sorte)	пожелая	[poʒelája]

surpresa (f)	учудване (c)	[utʃúdvane]
surpreender (vt)	удивлявам	[udivlʲávam]
surpreender-se (vr)	удивлявам се	[udivlʲávam se]

dar (vt)	дам	[dam]
pegar (tomar)	взема	[vzéma]
devolver (vt)	върна	[vérna]
dar de volta	върна	[vérna]

desculpar-se (vr)	извинявам се	[izvinʲávam se]
desculpa (f)	извинение (c)	[izvinénie]
perdoar (vt)	прощавам	[proʃtávam]

falar (vi)	разговарям	[razgovárʲam]
escutar (vt)	слушам	[slúʃam]
ouvir até o fim	изслушам	[isslúʃam]
compreender (vt)	разбера	[razberá]

mostrar (vt)	покажа	[pokáʒa]
olhar para …	гледам	[glédam]
chamar (dizer em voz alta o nome)	повикам	[povíkam]
distrair (vt)	отвличам	[otvlítʃam]
perturbar (vt)	преча	[prétʃa]
entregar (~ em mãos)	предам	[predám]

pedido (m)	молба (ж)	[molbá]
pedir (ex. ~ ajuda)	моля	[mólʲa]
exigência (f)	изискване (c)	[izískvane]
exigir (vt)	изисквам	[izískvam]

chamar nomes (vt)	дразня	[dráznʲa]
zombar (vt)	присмивам се	[prismívam se]
zombaria (f)	подигравка (ж)	[podigráfka]
alcunha (f)	прякор (м)	[prʲákor]

insinuação (f)	намек (м)	[námek]
insinuar (vt)	намеквам	[namékvam]
subentender (vt)	подразбирам	[podrazbíram]

descrição (f)	описание (c)	[opisánie]
descrever (vt)	опиша	[opíʃa]
elogio (m)	похвала (ж)	[pohvála]
elogiar (vt)	похваля	[pohválʲa]

desapontamento (m)	разочарование (c)	[razotʃarovánie]
desapontar (vt)	разочаровам	[razotʃaróvam]
desapontar-se (vr)	разочаровам се	[razotʃaróvam se]

suposição (f)	предположение (c)	[predpoloʒénie]
supor (vt)	предполагам	[pretpolágam]

| advertência (f) | предпазване (c) | [predpázvane] |
| advertir (vt) | предпазя | [pretpázʲa] |

67. Discussão, conversação. Parte 3

| convencer (vt) | уговоря | [ugovórʲa] |
| acalmar (vt) | успокоявам | [uspokojávam] |

silêncio (o ~ é de ouro)	мълчание (c)	[məltʃánie]
ficar em silêncio	мълча	[məltʃá]
sussurrar (vt)	шепна	[ʃépna]
sussurro (m)	шепот (м)	[ʃépot]

| francamente | откровено | [otkrovéno] |
| a meu ver ... | според мен ... | [spóret men] |

detalhe (~ da história)	подробност (ж)	[podróbnost]
detalhado	подробен	[podróben]
detalhadamente	подробно	[podróbno]

| dica (f) | подсказка (ж) | [potskáska] |
| dar uma dica | подскажа | [potskáʒa] |

olhar (m)	поглед (м)	[póglet]
dar uma vista de olhos	погледна	[poglédna]
fixo (olhar ~)	неподвижен	[nepodvíʒen]
piscar (vi)	мигам	[mígam]
pestanejar (vt)	мигна	[mígna]
acenar (com a cabeça)	кимна	[kímna]

suspiro (m)	въздишка (ж)	[vəzdíʃka]
suspirar (vi)	въздъхна	[vəzdéhna]
estremecer (vi)	стряскам се	[strʲáskam se]
gesto (m)	жест (м)	[ʒest]
tocar (com as mãos)	докосна се	[dokósna se]
agarrar (algm pelo braço)	хващам	[hváʃtam]
bater de leve	тупам	[túpam]

Cuidado!	Внимавай!	[vnimávaj]
A sério?	Нима?	[nimá]
Boa sorte!	Късмет!	[kəsmét]
Compreendi!	Ясно!	[jásno]
Que pena!	Жалко!	[ʒálko]

68. Acordo. Recusa

consentimento (~ mútuo)	съгласие (c)	[səglásie]
consentir (vi)	съгласявам се	[səglasʲávam se]
aprovação (f)	одобрение (c)	[odobrénie]
aprovar (vt)	одобря	[odobrʲá]
recusa (f)	отказ (м)	[ótkaz]
negar-se (vt)	отказвам се	[otkázvam se]

Está ótimo!	Отлично!	[otlítʃno]
Muito bem!	Добре!	[dobré]
Está bem! De acordo!	Дадено!	[dádeno]

proibido	забранен	[zabranén]
é proibido	забранено	[zabranéno]
incorreto	грешен	[gréʃen]

rejeitar (~ um pedido)	отклоня	[otklonʲá]
apoiar (vt)	подкрепям	[potkrepʲám]
aceitar (desculpas, etc.)	приема	[priéma]

confirmar (vt)	потвърдя	[potvɘrdʲá]
confirmação (f)	потвърждение (c)	[potvɘrʒdénie]
permissão (f)	разрешение (c)	[razreʃénie]
permitir (vt)	разреша	[razreʃá]
decisão (f)	решение (c)	[reʃénie]
não dizer nada	премълча	[premɘltʃá]

condição (com uma ~)	условие (c)	[uslóvie]
pretexto (m)	привидна причина (ж)	[privídna pritʃína]
elogio (m)	похвала (ж)	[pohvála]
elogiar (vt)	похваля	[pohválʲa]

69. Sucesso. Boa sorte. Insucesso

êxito, sucesso (m)	успех (м)	[uspéh]
com êxito	успешно	[uspéʃno]
bem sucedido	успешен	[uspéʃen]

| sorte (fortuna) | сполука (ж) | [spolúka] |
| Boa sorte! | Късмет! | [kɘsmét] |

| de sorte | сполучлив | [spolutʃlíf] |
| sortudo, felizardo | успешен | [uspéʃen] |

fracasso (m)	несполука (ж)	[nespolúka]
pouca sorte (f)	несполука (ж)	[nespolúka]
azar (m), má sorte (f)	нещастие (c)	[neʃtástie]

| mal sucedido | несполучлив | [nespolutʃlív] |
| catástrofe (f) | катастрофа (ж) | [katastrófa] |

orgulho (m)	гордост (ж)	[górdost]
orgulhoso	горд	[gort]
estar orgulhoso	гордея се	[gordéja se]

| vencedor (m) | победител (м) | [pobedítel] |
| vencer (vi) | победя | [pobedʲá] |

perder (vt)	загубя	[zagúbʲa]
tentativa (f)	опит (м)	[ópit]
tentar (vt)	опитвам се	[opítvam se]
chance (m)	шанс (м)	[ʃans]

70. Conflitos. Emoções negativas

grito (m)	вик (м)	[vik]
gritar (vi)	викам	[víkam]
começar a gritar	закрещя	[zakreʃtʲá]
discussão (f)	караница (ж)	[káranitsa]
discutir (vt)	карам се	[káram se]
escândalo (m)	скандал (м)	[skandál]
criar escândalo	правя скандали	[právʲa skandáli]
conflito (m)	конфликт (м)	[konflíkt]
mal-entendido (m)	недоразумение (с)	[nedorazuménie]
insulto (m)	оскърбление (с)	[oskərblénie]
insultar (vt)	оскърбявам	[oskərbʲávam]
insultado	оскърбен	[oskərbén]
ofensa (f)	обида (ж)	[obída]
ofender (vt)	обидя	[obídʲa]
ofender-se (vr)	обидя се	[obídʲa se]
indignação (f)	възмущение (с)	[vəzmuʃténie]
indignar-se (vr)	възмущавам се	[vəzmuʃtávam se]
queixa (f)	оплакване (с)	[oplákvane]
queixar-se (vr)	оплаквам се	[oplákvam se]
desculpa (f)	извинение (с)	[izvinénie]
desculpar-se (vr)	извинявам се	[izvinʲávam se]
pedir perdão	моля за прошка	[mólʲa za próʃka]
crítica (f)	критика (ж)	[krítika]
criticar (vt)	критикувам	[kritikúvam]
acusação (f)	обвинение (с)	[obvinénie]
acusar (vt)	обвинявам	[obvinʲávam]
vingança (f)	отмъщение (с)	[otməʃténie]
vingar (vt)	отмъщавам	[otməʃtávam]
pagar de volta	отплатя	[otplatʲá]
desprezo (m)	презрение (с)	[prezrénie]
desprezar (vt)	презирам	[prezíram]
ódio (m)	омраза (ж)	[omráza]
odiar (vt)	мразя	[mrázʲa]
nervoso	нервен	[nérven]
estar nervoso	нервирам се	[nervíram se]
zangado	сърдит	[sərdít]
zangar (vt)	разсърдя	[rassérdʲa]
humilhação (f)	унижение (с)	[uniʒénie]
humilhar (vt)	унижавам	[uniʒávam]
humilhar-se (vr)	унижавам се	[uniʒávam se]
choque (m)	шок (м)	[ʃok]
chocar (vt)	шокирам	[ʃokíram]
aborrecimento (m)	неприятност (ж)	[neprijátnost]

desagradável	неприятен	[neprijáten]
medo (m)	страх (м)	[strah]
terrível (tempestade, etc.)	силен	[sílen]
assustador (ex. história ~a)	страшен	[stráʃen]
horror (m)	ужас (м)	[úʒas]
horrível (crime, etc.)	ужасен	[uʒásen]

começar a tremer	затреперя	[zatrepérʲa]
chorar (vi)	плача	[plátʃa]
começar a chorar	заплача	[zaplátʃa]
lágrima (f)	сълза (ж)	[səlzá]

falta (f)	вина (ж)	[viná]
culpa (f)	вина (ж)	[viná]
desonra (f)	позор (м)	[pozór]
protesto (m)	протест (м)	[protést]
stress (m)	стрес (м)	[stres]

perturbar (vt)	безпокоя	[bespokojá]
zangar-se com ...	ядосвам се	[jadósvam se]
zangado	зъл	[zəl]
terminar (vt)	прекъсвам	[prekésvam]
praguejar	карам се	[káram se]

assustar-se	плаша се	[pláʃa se]
golpear (vt)	ударя	[udárʲa]
brigar (na rua, etc.)	бия се	[bíja se]

resolver (o conflito)	урегулирам	[uregulíram]
descontente	недоволен	[nedovólen]
furioso	яростен	[járosten]

Não está bem!	Това не е хубаво!	[tová ne e húbavo]
É mau!	Това е лошо!	[tová e lóʃo]

Medicina

71. Doenças

doença (f)	болест (ж)	[bólest]
estar doente	боледувам	[boledúvam]
saúde (f)	здраве (с)	[zdráve]
nariz (m) a escorrer	хрема (ж)	[hréma]
amigdalite (f)	ангина (ж)	[angína]
constipação (f)	настинка (ж)	[nastínka]
constipar-se (vr)	настина	[nastína]
bronquite (f)	бронхит (м)	[bronhít]
pneumonia (f)	пневмония (ж)	[pnevmoníja]
gripe (f)	грип (м)	[grip]
míope	късоглед	[kəsoglét]
presbita	далекоглед	[dalekoglét]
estrabismo (m)	кривогледство (с)	[krivoglétstvo]
estrábico	кривоглед	[krivoglét]
catarata (f)	катаракта (ж)	[katarákta]
glaucoma (m)	глаукома (ж)	[glaukóma]
AVC (m), apoplexia (f)	инсулт (м)	[insúlt]
ataque (m) cardíaco	инфаркт (м)	[infárkt]
enfarte (m) do miocárdio	инфаркт (м) на миокарда	[infárkt na miokárda]
paralisia (f)	парализа (ж)	[paráliza]
paralisar (vt)	парализирам	[paralizíram]
alergia (f)	алергия (ж)	[alérgija]
asma (f)	астма (ж)	[ástma]
diabetes (f)	диабет (м)	[diabét]
dor (f) de dentes	зъбобол (м)	[zəboból]
cárie (f)	кариес (м)	[káries]
diarreia (f)	диария (ж)	[diárija]
prisão (f) de ventre	запек (м)	[zápek]
desarranjo (m) intestinal	разстройство (с) на стомаха	[rastrójstvo na stomáha]
intoxicação (f) alimentar	отравяне (с)	[otrávʲane]
intoxicar-se	отровя се	[otróvʲa se]
artrite (f)	артрит (м)	[artrít]
raquitismo (m)	рахит (м)	[rahít]
reumatismo (m)	ревматизъм (м)	[revmatízəm]
arteriosclerose (f)	атеросклероза (ж)	[ateroskleróza]
gastrite (f)	гастрит (м)	[gastrít]
apendicite (f)	апандисит (м)	[apandisít]

| colecistite (f) | холецистит (м) | [holetsistít] |
| úlcera (f) | язва (ж) | [jázva] |

sarampo (m)	дребна шарка (ж)	[drébna ʃárka]
rubéola (f)	шарка (ж)	[ʃárka]
iterícia (f)	жълтеница (ж)	[ʒəltenítsa]
hepatite (f)	хепатит (м)	[hepatít]

esquizofrenia (f)	шизофрения (ж)	[ʃizofreníja]
raiva (f)	бяс (м)	[bʲas]
neurose (f)	невроза (ж)	[nevróza]
comoção (f) cerebral	сътресение (с) на мозъка	[sətresénie na mózəka]

cancro (m)	рак (м)	[rak]
esclerose (f)	склероза (ж)	[skleróza]
esclerose (f) múltipla	множествена склероза (ж)	[mnóʒestvena skleróza]

alcoolismo (m)	алкохолизъм (м)	[alkoholízəm]
alcoólico (m)	алкохолик (м)	[alkoholík]
sífilis (f)	сифилис (м)	[sífilis]
SIDA (f)	СПИН (м)	[spin]

tumor (m)	тумор (м)	[túmor]
maligno	злокачествен	[zlokátʃestven]
benigno	доброкачествен	[dobrokátʃestven]

febre (f)	треска (ж)	[tréska]
malária (f)	малария (ж)	[malárija]
gangrena (f)	гангрена (ж)	[gangréna]
enjoo (m)	морска болест (ж)	[mórska bólest]
epilepsia (f)	епилепсия (ж)	[epilépsija]

epidemia (f)	епидемия (ж)	[epidémija]
tifo (m)	тиф (м)	[tif]
tuberculose (f)	туберкулоза (ж)	[tuberkulóza]
cólera (f)	холера (ж)	[holéra]
peste (f)	чума (ж)	[tʃúma]

72. Simtomas. Tratamentos. Parte 1

sintoma (m)	симптом (м)	[simptóm]
temperatura (f)	температура (ж)	[temperatúra]
febre (f)	висока температура (ж)	[visóka temperatúra]
pulso (m)	пулс (м)	[puls]

vertigem (f)	световъртеж (м)	[svetovərtéʃ]
quente (testa, etc.)	горещ	[goréʃt]
calafrio (m)	тръпки (ж мн)	[trépki]
pálido	бледен	[bléden]

tosse (f)	кашлица (ж)	[káʃlitsa]
tossir (vi)	кашлям	[káʃlʲam]
espirrar (vi)	кихам	[kíham]
desmaio (m)	припадък (м)	[pripádək]

desmaiar (vi)	припадна	[pripádna]
nódoa (f) negra	синина (ж)	[sininá]
galo (m)	подутина (ж)	[podutiná]
magoar-se (vr)	ударя се	[udárʲa se]
pisadura (f)	натъртване (c)	[natértvane]
aleijar-se (vr)	ударя се	[udárʲa se]

coxear (vi)	куцам	[kútsam]
deslocação (f)	изкълчване (c)	[iskéltʃvane]
deslocar (vt)	навехна	[navéhna]
fratura (f)	фрактура (ж)	[fraktúra]
fraturar (vt)	счупя	[stʃúpʲa]

corte (m)	порязване (c)	[porʲázvane]
cortar-se (vr)	порежа се	[poréʒa se]
hemorragia (f)	кръвотечение (c)	[krəvotetʃénie]

queimadura (f)	изгаряне (c)	[izgárʲane]
queimar-se (vr)	опаря се	[opárʲa se]

picar (vt)	бодна	[bódna]
picar-se (vr)	убода се	[ubodá se]
lesionar (vt)	нараня	[naranʲá]
lesão (m)	рана (ж)	[rána]
ferida (f), ferimento (m)	рана (ж)	[rána]
trauma (m)	травма (ж)	[trávma]

delirar (vi)	бълнувам	[bəlnúvam]
gaguejar (vi)	заеквам	[zaékvam]
insolação (f)	слънчев удар (м)	[sléntʃev údar]

73. Simtomas. Tratamentos. Parte 2

dor (f)	болка (ж)	[bólka]
farpa (no dedo)	трънче (c)	[tréntʃe]

suor (m)	пот (ж)	[pot]
suar (vi)	потя се	[potʲá se]
vómito (m)	повръщане (c)	[povréʃtane]
convulsões (f pl)	гърчове (м мн)	[gértʃove]

grávida	бременна	[brémenna]
nascer (vi)	родя се	[rodʲá se]
parto (m)	раждане (c)	[ráʒdane]
dar â luz	раждам	[ráʒdam]
aborto (m)	аборт (м)	[abórt]

respiração (f)	дишане (c)	[díʃane]
inspiração (f)	вдишване (c)	[vdíʃvane]
expiração (f)	издишване (c)	[izdíʃvane]
expirar (vi)	издишам	[izdíʃam]
inspirar (vi)	направя вдишване	[naprávʲa vdíʃvane]
inválido (m)	инвалид (м)	[invalít]
aleijado (m)	сакат човек (м)	[sakát tʃovék]

toxicodependente (m)	наркоман (м)	[narkomán]
surdo	глух	[gluh]
mudo	ням	[nʲam]
surdo-mudo	глухоням	[gluhonʲám]

louco (adj.)	луд	[lut]
louco (m)	луд (м)	[lut]
louca (f)	луда (ж)	[lúda]
ficar louco	полудея	[poludéja]

gene (m)	ген (м)	[gen]
imunidade (f)	имунитет (м)	[imunitét]
hereditário	наследствен	[naslétstven]
congénito	вроден	[vrodén]

vírus (m)	вирус (м)	[vírus]
micróbio (m)	микроб (м)	[mikróp]
bactéria (f)	бактерия (ж)	[baktérija]
infeção (f)	инфекция (ж)	[inféktsija]

74. Simtomas. Tratamentos. Parte 3

| hospital (m) | болница (ж) | [bólnitsa] |
| paciente (m) | пациент (м) | [patsiént] |

diagnóstico (m)	диагноза (ж)	[diagnóza]
cura (f)	лекуване (с)	[lekúvane]
tratamento (m) médico	лекуване (с)	[lekúvane]
curar-se (vr)	лекувам се	[lekúvam se]
tratar (vt)	лекувам	[lekúvam]
cuidar (pessoa)	грижа се	[gríʒa se]
cuidados (m pl)	грижа (ж)	[gríʒa]

operação (f)	операция (ж)	[operátsija]
enfaixar (vt)	превържа	[prevérʒa]
ligadura (f)	превързване (с)	[prevérzvane]

vacinação (f)	ваксиниране (с)	[vaksinírane]
vacinar (vt)	ваксинирам	[vaksiníram]
injeção (f)	инжекция (ж)	[inʒéktsija]
dar uma injeção	инжектирам	[inʒektíram]

ataque (~ de asma, etc.)	пристъп, припа́дък (м)	[prístəp], [pripadək]
amputação (f)	ампутация (ж)	[amputátsija]
amputar (vt)	ампутирам	[amputíram]
coma (f)	кома (ж)	[kóma]
estar em coma	намирам се в кома	[namíram se v kóma]
reanimação (f)	реанимация (ж)	[reanimátsija]

recuperar-se (vr)	оздравявам	[ozdravʲávam]
estado (~ de saúde)	състояние (с)	[səstojánie]
consciência (f)	съзнание (с)	[səznánie]
memória (f)	памет (ж)	[pámet]
tirar (vt)	вадя	[vádʲa]

| chumbo (m), obturação (f) | пломба (ж) | [plómba] |
| chumbar, obturar (vt) | пломбирам | [plombíram] |

| hipnose (f) | хипноза (ж) | [hipnóza] |
| hipnotizar (vt) | хипнотизирам | [hipnotizíram] |

75. Médicos

médico (m)	лекар (м)	[lékar]
enfermeira (f)	медицинска сестра (ж)	[meditsínska sestrá]
médico (m) pessoal	личен лекар (м)	[lítʃen lékar]
dentista (m)	зъболекар (м)	[zəbolékar]
oculista (m)	очен лекар (м)	[ótʃen lékar]
terapeuta (m)	терапевт (м)	[terapéft]
cirurgião (m)	хирург (м)	[hirúrk]

psiquiatra (m)	психиатър (м)	[psihiátər]
pediatra (m)	педиатър (м)	[pediátər]
psicólogo (m)	психолог (м)	[psiholók]
ginecologista (m)	гинеколог (м)	[ginekolók]
cardiologista (m)	кардиолог (м)	[kardiolók]

76. Medicina. Drogas. Acessórios

medicamento (m)	лекарство (с)	[lekárstvo]
remédio (m)	средство (с)	[srétstvo]
receitar (vt)	предпиша	[pretpíʃa]
receita (f)	рецепта (ж)	[retsépta]

comprimido (m)	таблетка (ж)	[tablétka]
pomada (f)	мехлем (м)	[mehlém]
ampola (f)	ампула (ж)	[ampúla]
preparado (m)	микстура (ж)	[mikstúra]
xarope (m)	сироп (м)	[siróp]
cápsula (f)	хапче (с)	[háptʃe]
remédio (m) em pó	прах (м)	[prah]

ligadura (f)	бинт (м)	[bint]
algodão (m)	памук (м)	[pamúk]
iodo (m)	йод (м)	[jot]

penso (m) rápido	пластир (м)	[plastír]
conta-gotas (f)	капкомер (м)	[kapkomér]
termómetro (m)	термометър (м)	[termométər]
seringa (f)	спринцовка (ж)	[sprintsófka]

| cadeira (f) de rodas | инвалидна количка (ж) | [invalídna kolítʃka] |
| muletas (f pl) | патерици (ж мн) | [páteritsi] |

| analgésico (m) | обезболяващо средство (с) | [obezbolʲávaʃto srétstvo] |
| laxante (m) | очистително (с) | [otʃistítelno] |

álcool (m) etílico	спирт (м)	[spirt]
ervas (f pl) medicinais	билка (ж)	[bílka]
de ervas (chá ~)	билков	[bílkov]

77. Fumar. Produtos tabágicos

tabaco (m)	тютюн (м)	[tʲutʲún]
cigarro (m)	цигара (ж)	[tsigára]
charuto (m)	пура (ж)	[púra]
cachimbo (m)	лула (ж)	[lulá]
maço (~ de cigarros)	кутия (ж)	[kutíja]

fósforos (m pl)	кибрит (м)	[kibrít]
caixa (f) de fósforos	кибритена кутийка (ж)	[kibrítena kutíjka]
isqueiro (m)	запалка (ж)	[zapálka]
cinzeiro (m)	пепелник (м)	[pepelník]
cigarreira (f)	табакера (ж)	[tabakéra]

boquilha (f)	мундщук (м)	[mundʃtúk]
filtro (m)	филтър (м)	[fíltər]

fumar (vi, vt)	пуша	[púʃa]
acender um cigarro	запаля	[zapálʲa]
tabagismo (m)	пушене (c)	[púʃene]
fumador (m)	пушач (м)	[puʃátʃ]

beata (f)	фас (м)	[fas]
fumo (m)	пушек (м)	[púʃek]
cinza (f)	пепел (ж)	[pépel]

HABITAT HUMANO

Cidade

78. Cidade. Vida na cidade

cidade (f)	град (м)	[grat]
capital (f)	столица (ж)	[stólitsa]
aldeia (f)	село (с)	[sélo]
mapa (m) da cidade	план (м) на града	[plan na gradá]
centro (m) da cidade	център (м) на града	[tséntər na gradá]
subúrbio (m)	предградие (с)	[predgrádie]
suburbano	крайградски	[krajgrátski]
periferia (f)	покрайнина (ж)	[pokrajniná]
arredores (m pl)	околности (мн)	[okólnosti]
quarteirão (m)	квартал (м)	[kvartál]
quarteirão (m) residencial	жилищен квартал (м)	[ʒíliʃten kvartál]
tráfego (m)	движение (с)	[dviʒénie]
semáforo (m)	светофар (м)	[svetofár]
transporte (m) público	градски транспорт (м)	[grátski transpórt]
cruzamento (m)	кръстовище (с)	[krəstóviʃte]
passadeira (f)	зебра (ж)	[zébra]
passagem (f) subterrânea	подлез (м)	[pódlez]
cruzar, atravessar (vt)	пресичам	[presítʃam]
peão (m)	пешеходец (м)	[peʃehódets]
passeio (m)	тротоар (м)	[trotoár]
ponte (f)	мост (м)	[most]
margem (f) do rio	кей (м)	[kej]
fonte (f)	фонтан (м)	[fontán]
alameda (f)	алея (ж)	[aléja]
parque (m)	парк (м)	[park]
bulevar (m)	булевард (м)	[bulevárt]
praça (f)	площад (м)	[ploʃtát]
avenida (f)	авеню (с)	[avenʲú]
rua (f)	улица (ж)	[úlitsa]
travessa (f)	пресечка (ж)	[presétʃka]
beco (m) sem saída	задънена улица (ж)	[zadénena úlitsa]
casa (f)	къща (ж)	[kéʃta]
edifício, prédio (m)	сграда (ж)	[zgráda]
arranha-céus (m)	небостъргач (м)	[nebostərgátʃ]
fachada (f)	фасада (ж)	[fasáda]
telhado (m)	покрив (м)	[pókriv]

janela (f)	прозорец (м)	[prozórets]
arco (m)	арка (ж)	[árka]
coluna (f)	колона (ж)	[kolóna]
esquina (f)	ъгъл (м)	[éɡəl]

montra (f)	витрина (ж)	[vitrína]
letreiro (m)	табела (ж)	[tabéla]
cartaz (m)	афиш (м)	[afíʃ]
cartaz (m) publicitário	постер (м)	[póster]
painel (m) publicitário	билборд (м)	[bilbórt]

lixo (m)	боклук (м)	[boklúk]
cesta (f) do lixo	кошче (с)	[kóʃʧe]
jogar lixo na rua	правя боклук	[právʲa boklúk]
aterro (m) sanitário	сметище (с)	[smétiʃte]

cabine (f) telefónica	телефонна будка (ж)	[telefónna bútka]
candeeiro (m) de rua	стълб (м) с фенер	[stəlp s fenér]
banco (m)	пейка (ж)	[péjka]

polícia (m)	полицай (м)	[politsáj]
polícia (instituição)	полиция (ж)	[polítsija]
mendigo (m)	сиромах (м)	[siromáh]
sem-abrigo (m)	бездомник (м)	[bezdómnik]

79. Instituições urbanas

loja (f)	магазин (м)	[magazín]
farmácia (f)	аптека (ж)	[aptéka]
ótica (f)	оптика (ж)	[óptika]
centro (m) comercial	търговски център (м)	[tərgófski tséntər]
supermercado (m)	супермаркет (м)	[supermárket]

padaria (f)	хлебарница (ж)	[hlebárnitsa]
padeiro (m)	фурнаджия (ж)	[furnadʒíja]
pastelaria (f)	сладкарница (ж)	[slatkárnitsa]
mercearia (f)	бакалия (ж)	[bakalíja]
talho (m)	месарница (ж)	[mesárnitsa]

loja (f) de legumes	магазин (м) за плодове и зеленчуци	[magazín za plodové i zelenʧútsi]
mercado (m)	пазар (м)	[pazár]

café (m)	кафене (с)	[kafené]
restaurante (m)	ресторант (м)	[restoránt]
bar (m), cervejaria (f)	бирария (ж)	[birárija]
pizzaria (f)	пицария (ж)	[pitsaríja]

salão (m) de cabeleireiro	фризьорски салон (м)	[frizʲórski salón]
correios (m pl)	поща (ж)	[póʃta]
lavandaria (f)	химическо чистене (с)	[himíʧesko ʧístene]
estúdio (m) fotográfico	фотостудио (с)	[fotostúdio]
sapataria (f)	магазин (м) за обувки	[magazín za obúfki]
livraria (f)	книжарница (ж)	[kniʒárnitsa]

loja (f) de artigos de desporto	магазин (м) за спортни стоки	[magazín za spórtni stóki]
reparação (f) de roupa	поправка (ж) на дрехи	[popráfka na dréhi]
aluguer (m) de roupa	дрехи (ж мн) под наем	[dréhi pot náem]
aluguer (m) de filmes	филми (м мн) под наем	[fílmi pot náem]
circo (m)	цирк (м)	[tsirk]
jardim (m) zoológico	зоологическа градина (ж)	[zoologítʃeska gradína]
cinema (m)	кино (с)	[kíno]
museu (m)	музей (м)	[muzéj]
biblioteca (f)	библиотека (ж)	[bibliotéka]
teatro (m)	театър (м)	[teátər]
ópera (f)	опера (ж)	[ópera]
clube (m) noturno	нощен клуб (м)	[nóʃten klup]
casino (m)	казино (с)	[kazíno]
mesquita (f)	джамия (ж)	[dʒamíja]
sinagoga (f)	синагога (ж)	[sinagóga]
catedral (f)	катедрала (ж)	[katedrála]
templo (m)	храм (м)	[hram]
igreja (f)	църква (ж)	[tsɘrkva]
instituto (m)	институт (м)	[institút]
universidade (f)	университет (м)	[universitét]
escola (f)	училище (с)	[utʃíliʃte]
prefeitura (f)	префектура (ж)	[prefektúra]
câmara (f) municipal	кметство (с)	[kmétstvo]
hotel (m)	хотел (м)	[hotél]
banco (m)	банка (ж)	[bánka]
embaixada (f)	посолство (с)	[posólstvo]
agência (f) de viagens	туристическа агенция (ж)	[turistítʃeska agéntsija]
agência (f) de informações	справки (м мн)	[spráfki]
casa (f) de câmbio	обменно бюро (с)	[obménno bʲúro]
metro (m)	метро (с)	[metró]
hospital (m)	болница (ж)	[bólnitsa]
posto (m) de gasolina	бензиностанция (ж)	[benzino·stántsija]
parque (m) de estacionamento	паркинг (м)	[párking]

80. Sinais

letreiro (m)	табела (ж)	[tabéla]
inscrição (f)	надпис (м)	[nádpis]
cartaz, póster (m)	постер (м)	[póster]
sinal (m) informativo	указател (м)	[ukazátel]
seta (f)	стрелка (ж)	[strelká]
aviso (advertência)	предпазване (с)	[predpázvane]
sinal (m) de aviso	предупреждение (с)	[predupreʒdénie]
avisar, advertir (vt)	предупредя	[predupredʲá]

dia (m) de folga	почивен ден (м)	[potʃíven dén]
horário (m)	разписание (с)	[raspisánie]
horário (m) de funcionamento	работно време (с)	[rabótno vréme]
BEM-VINDOS!	ДОБРЕ ДОШЛИ!	[dobré doʃlí]
ENTRADA	ВХОД	[vhot]
SAÍDA	ИЗХОД	[íshot]
EMPURRE	БУТНИ	[butní]
PUXE	ДРЪПНИ	[drəpní]
ABERTO	ОТВОРЕНО	[otvóreno]
FECHADO	ЗАТВОРЕНО	[zatvóreno]
MULHER	ЖЕНИ	[ʒení]
HOMEM	МЪЖЕ	[məʒé]
DESCONTOS	НАМАЛЕНИЕ	[namalénie]
SALDOS	РАЗПРОДАЖБА	[rasprodáʒba]
NOVIDADE!	НОВА СТОКА	[nóva stóka]
GRÁTIS	БЕЗПЛАТНО	[besplátno]
ATENÇÃO!	ВНИМАНИЕ!	[vnimánie]
NÃO HÁ VAGAS	НЯМА СВОБОДНИ МЕСТА	[nʲáma svobódni mestá]
RESERVADO	РЕЗЕРВИРАНО	[rezervírano]
ADMINISTRAÇÃO	АДМИНИСТРАЦИЯ	[administrátsija]
SOMENTE PESSOAL	ЗАБРАНЕНО	[zabráneno
AUTORIZADO	ЗА ВЪНШНИ ЛИЦА	za venʃni lítsa]
CUIDADO CÃO FEROZ	ЗЛО КУЧЕ	[zlo kútʃe]
PROIBIDO FUMAR!	ПУШЕНЕТО ЗАБРАНЕНО!	[puʃenéto zabráneno]
NÃO TOCAR	НЕ ПИПАЙ!	[ne pípaj]
PERIGOSO	ОПАСНО	[opásno]
PERIGO	ОПАСНОСТ	[opásnost]
ALTA TENSÃO	ВИСОКО НАПРЕЖЕНИЕ	[visóko napreʒénie]
PROIBIDO NADAR	КЪПАНЕТО ЗАБРАНЕНО	[képaneto zabranéno]
AVARIADO	НЕ РАБОТИ	[ne rabóti]
INFLAMÁVEL	ОГНЕОПАСНО	[ogneopásno]
PROIBIDO	ЗАБРАНЕНО	[zabranéno]
ENTRADA PROIBIDA	МИНАВАНЕТО ЗАБРАНЕНО	[minávaneto zabranéno]
CUIDADO TINTA FRESCA	ПАЗИ СЕ ОТ БОЯТА	[pazi se ot bojáta]

81. Transportes urbanos

autocarro (m)	автобус (м)	[aftobús]
elétrico (m)	трамвай (м)	[tramváj]
troleicarro (m)	тролей (м)	[troléj]
itinerário (m)	маршрут (м)	[marʃrút]
número (m)	номер (м)	[nómer]
ir de ... (carro, etc.)	пътувам с ...	[pətúvam s]
entrar (~ no autocarro)	качвам се в ...	[kátʃvam se v]

descer de ...	сляза от ...	[slʲáza ot]
paragem (f)	спирка (ж)	[spírka]
próxima paragem (f)	следваща спирка (ж)	[slédvaʃta spírka]
ponto (m) final	последна спирка (ж)	[poslédna spírka]
horário (m)	разписание (c)	[raspisánie]
esperar (vt)	чакам	[tʃákam]

bilhete (m)	билет (м)	[bilét]
custo (m) do bilhete	цена (ж) на билета	[tsená na biléta]

bilheteiro (m)	касиер (м)	[kasiér]
controlo (m) dos bilhetes	контрола (ж)	[kontróla]
revisor (m)	контрольор (м)	[kontrolʲór]

atrasar-se (vr)	закъснявам	[zakəsnʲávam]
perder (o autocarro, etc.)	закъснея за ...	[zakəsnéja za]
estar com pressa	бързам	[bérzam]

táxi (m)	такси (c)	[taksí]
taxista (m)	таксиметров шофьор (м)	[taksimétrof ʃofʲór]
de táxi (ir ~)	с такси	[s taksí]
praça (f) de táxis	пиаца (ж) на такси	[piátsa na taksí]
chamar um táxi	извикам такси	[izvíkam taksí]
apanhar um táxi	взема такси	[vzéma taksí]

tráfego (m)	улично движение (c)	[úlitʃno dviʒénie]
engarrafamento (m)	задръстване (c)	[zadréstvane]
horas (f pl) de ponta	час пик (м)	[tʃas pík]
estacionar (vi)	паркирам се	[parkíram se]
estacionar (vt)	паркирам	[párkiram]
parque (m) de estacionamento	паркинг (м)	[párking]

metro (m)	метро (c)	[metró]
estação (f)	станция (ж)	[stántsija]
ir de metro	пътувам с метро	[pətúvam s metró]
comboio (m)	влак (м)	[vlak]
estação (f)	гара (ж)	[gára]

82. Turismo

monumento (m)	паметник (м)	[pámetnik]
fortaleza (f)	крепост (ж)	[krépost]
palácio (m)	дворец (м)	[dvoréts]
castelo (m)	замък (м)	[zámək]
torre (f)	кула (ж)	[kúla]
mausoléu (m)	мавзолей (м)	[mavzoléj]

arquitetura (f)	архитектура (ж)	[arhitektúra]
medieval	средновековен	[srednovekóven]
antigo	старинен	[starínen]
nacional	национален	[natsionálen]
conhecido	известен	[izvésten]
turista (m)	турист (м)	[turíst]
guia (pessoa)	гид (м)	[git]

excursão (f)	екскурзия (ж)	[ekskúrzija]
mostrar (vt)	показвам	[pokázvam]
contar (vt)	разказвам	[raskázvam]

encontrar (vt)	намеря	[namérʲa]
perder-se (vr)	загубя се	[zagúbʲa se]
mapa (~ do metrô)	схема (ж)	[shéma]
mapa (~ da cidade)	план (м)	[plan]

lembrança (f), presente (m)	сувенир (м)	[suvenír]
loja (f) de presentes	сувенирен магазин (м)	[suveníren magazín]
fotografar (vt)	снимам	[snímam]
fotografar-se	снимам се	[snímam se]

83. Compras

comprar (vt)	купувам	[kupúvam]
compra (f)	покупка (ж)	[pokúpka]
fazer compras	пазарувам	[pazarúvam]
compras (f pl)	пазаруване (с)	[pazarúvane]

estar aberta (loja, etc.)	работя	[rabótʲa]
estar fechada	затваря се	[zatvárʲa se]

calçado (m)	обувки (ж мн)	[obúfki]
roupa (f)	облекло (с)	[oblekló]
cosméticos (m pl)	козметика (ж)	[kozmétika]
alimentos (m pl)	продукти (м мн)	[prodúkti]
presente (m)	подарък (м)	[podárək]

vendedor (m)	продавач (м)	[prodavátʃ]
vendedora (f)	продавачка (ж)	[prodavátʃka]

caixa (f)	каса (ж)	[kása]
espelho (m)	огледало (с)	[ogledálo]
balcão (m)	щанд (м)	[ʃtant]
cabine (f) de provas	пробна (ж)	[próbna]

provar (vt)	пробвам	[próbvam]
servir (vi)	подхождам	[podhóʒdam]
gostar (apreciar)	харесвам	[harésvam]

preço (m)	цена (ж)	[tsená]
etiqueta (f) de preço	етикет (м)	[etikét]
custar (vt)	струвам	[strúvam]
Quanto?	Колко?	[kólko]
desconto (m)	намаление (с)	[namalénie]

não caro	нескъп	[nesk* р]
barato	евтин	[éftin]
caro	скъп	[skəp]
É caro	Това е скъпо	[tová e sképo]
aluguer (m)	под наем (м)	[pot náem]
alugar (vestidos, etc.)	взимам под наем	[vzímam pot náem]

| crédito (m) | кредит (м) | [krédit] |
| a crédito | на кредит | [na krédit] |

84. Dinheiro

dinheiro (m)	пари (мн)	[parí]
câmbio (m)	обмяна (ж)	[obmiána]
taxa (f) de câmbio	курс (м)	[kurs]
Caixa Multibanco (m)	банкомат (м)	[bankomát]
moeda (f)	монета (ж)	[monéta]

| dólar (m) | долар (м) | [dólar] |
| euro (m) | евро (с) | [évro] |

lira (f)	лира (ж)	[líra]
marco (m)	марка (ж)	[márka]
franco (m)	франк (м)	[frank]
libra (f) esterlina	британска лира (ж)	[británska líra]
iene (m)	йена (ж)	[jéna]

dívida (f)	дълг (м)	[dəlk]
devedor (m)	длъжник (м)	[dləʒník]
emprestar (vt)	давам на заем	[dávam na záem]
pedir emprestado	взема на заем	[vzéma na záem]

banco (m)	банка (ж)	[bánka]
conta (f)	сметка (ж)	[smétka]
depositar (vt)	депозирам	[depozíram]
depositar na conta	внеса в сметка	[vnesá v smétka]
levantar (vt)	тегля от сметката	[téglia ot smétkata]

cartão (m) de crédito	кредитна карта (ж)	[kréditna kárta]
dinheiro (m) vivo	налични пари (мн)	[nalíʧni parí]
cheque (m)	чек (м)	[ʧek]
passar um cheque	подпиша чек	[potpíʃa ʧek]
livro (m) de cheques	чекова книжка (ж)	[ʧékova kníʃka]

carteira (f)	портфейл (м)	[portféjl]
porta-moedas (m)	портмоне (с)	[portmoné]
cofre (m)	сейф (м)	[sejf]

herdeiro (m)	наследник (м)	[naslédnik]
herança (f)	наследство (с)	[naslétstvo]
fortuna (riqueza)	състояние (с)	[səstojánie]

arrendamento (m)	наем (м)	[náem]
renda (f) de casa	наем (м)	[náem]
alugar (vt)	наемам	[naémam]

preço (m)	цена (ж)	[tsená]
custo (m)	стойност (ж)	[stójnost]
soma (f)	сума (ж)	[súma]
gastar (vt)	харча	[hárʧa]
gastos (m pl)	разходи (м мн)	[ráshodi]

| economizar (vi) | пестя | [pestⁱá] |
| económico | пестелив | [pestelíf] |

pagar (vt)	плащам	[pláʃtam]
pagamento (m)	плащане (c)	[pláʃtane]
troco (m)	ресто (c)	[résto]

imposto (m)	данък (м)	[dánək]
multa (f)	глоба (ж)	[glóba]
multar (vt)	глобявам	[globⁱávam]

85. Correios. Serviço postal

correios (m pl)	поща (ж)	[póʃta]
correio (m)	поща (ж)	[póʃta]
carteiro (m)	пощальон (м)	[poʃtalⁱón]
horário (m)	работно време (c)	[rabótno vréme]

carta (f)	писмо (c)	[pismó]
carta (f) registada	препоръчано писмо (c)	[preporétʃano pismó]
postal (m)	картичка (ж)	[kártiʧka]
telegrama (m)	телеграма (ж)	[telegráma]
encomenda (f) postal	колет (м)	[kolét]
remessa (f) de dinheiro	паричен превод (м)	[paríʧen prévot]

receber (vt)	получа	[polúʧa]
enviar (vt)	изпратя	[isprátⁱa]
envio (m)	изпращане (c)	[ispráʃtane]

endereço (m)	адрес (м)	[adrés]
código (m) postal	пощенски код (м)	[póʃtenski kot]
remetente (m)	подател (м)	[podátel]
destinatário (m)	получател (м)	[poluʧátel]

| nome (m) | име (c) | [íme] |
| apelido (m) | фамилия (ж) | [famílija] |

tarifa (f)	тарифа (ж)	[tarífa]
normal	обикновен	[obiknovén]
económico	икономичен	[ikonomíʧen]

peso (m)	тегло (c)	[tegló]
pesar (estabelecer o peso)	претеглям	[pretéglⁱam]
envelope (m)	плик (м)	[plik]
selo (m)	марка (ж)	[márka]

Moradia. Casa. Lar

86. Casa. Habitação

casa (f)	къща (ж)	[kéʃta]
em casa	вкъщи	[fkéʃti]
pátio (m)	двор (м)	[dvor]
cerca (f)	ограда (ж)	[ográda]

tijolo (m)	тухла (ж)	[túhla]
de tijolos	тухлен	[túhlen]
pedra (f)	камък (м)	[kámək]
de pedra	каменен	[kámenen]
betão (m)	бетон (м)	[betón]
de betão	бетонен	[betónen]

novo	нов	[nov]
velho	стар	[star]
decrépito	вехт	[veht]
moderno	съвременен	[səvrémenen]
de muitos andares	многоетажен	[mnogoetáʒen]
alto	висок	[visók]

andar (m)	етаж (м)	[etáʃ]
de um andar	едноетажен	[ednoetáʒen]

andar (m) de baixo	долен етаж (м)	[dólen etáʃ]
andar (m) de cima	горен етаж (м)	[góren etáʃ]

telhado (m)	покрив (м)	[pókriv]
chaminé (f)	тръба (ж)	[trəbá]

telha (f)	керемида (ж)	[keremída]
de telha	керемиден	[keremíden]
sótão (m)	таван (м)	[taván]

janela (f)	прозорец (м)	[prozórets]
vidro (m)	стъкло (с)	[stəkló]

parapeito (m)	перваз (м) за прозорец	[pervás za prozórets]
portadas (f pl)	капаци (м мн)	[kapátsi]

parede (f)	стена (ж)	[stená]
varanda (f)	балкон (м)	[balkón]
tubo (m) de queda	улук (м)	[ulúk]

em cima	горе	[góre]
subir (~ as escadas)	качвам се	[kátʃvam se]
descer (vi)	слизам	[slízam]
mudar-se (vr)	премествам се	[preméstvam se]

87. Casa. Entrada. Elevador

entrada (f)	вход (м)	[vhot]
escada (f)	стълба (ж)	[stélba]
degraus (m pl)	стъпала (с мн)	[stəpála]
corrimão (m)	парапет (м)	[parapét]
hall (m) de entrada	хол (м)	[hol]

caixa (f) de correio	пощенска кутия (ж)	[póʃtenska kutíja]
caixote (m) do lixo	контейнер (м) за отпадъци	[kontéjner za otpádətsi]
conduta (f) do lixo	шахта (ж) за боклук	[ʃáhta za boklúk]

elevador (m)	асансьор (м)	[asansʲór]
elevador (m) de carga	товарен асансьор (м)	[továren asansʲór]
cabine (f)	кабина (ж)	[kabína]
pegar o elevador	возя се в асансьора	[vózʲa se v asansʲóra]

apartamento (m)	апартамент (м)	[apartamént]
moradores (m pl)	живущи (м мн)	[ʒivúʃti]
vizinho (m)	съсед (м)	[səsét]
vizinha (f)	съседка (ж)	[səsétka]
vizinhos (pl)	съседи (м мн)	[səsédi]

88. Casa. Eletricidade

eletricidade (f)	електричество (с)	[elektrítʃestvo]
lâmpada (f)	крушка (ж)	[krúʃka]
interruptor (m)	изключвател (м)	[izklʲutʃvátel]
fusível (m)	бушон (м)	[buʃón]

fio, cabo (m)	кабел (м)	[kábel]
instalação (f) elétrica	инсталация (ж)	[instalátsija]
contador (m) de eletricidade	електромер (м)	[elektromér]
leitura (f)	показание (с)	[pokazánie]

89. Casa. Portas. Fechaduras

porta (f)	врата (ж)	[vratá]
portão (m)	порта (ж)	[pórta]
maçaneta (f)	дръжка (ж)	[dréʃka]
destrancar (vt)	отключа	[otklʲútʃa]
abrir (vt)	отварям	[otvárʲam]
fechar (vt)	затварям	[zatvárʲam]

chave (f)	ключ (м)	[klʲutʃ]
molho (m)	връзка (ж)	[vréska]
ranger (vi)	скърцам	[skértsam]
rangido (m)	скърцане (с)	[skértsane]
dobradiça (f)	панта (ж)	[pánta]
tapete (m) de entrada	килимче (с)	[kilímtʃe]
fechadura (f)	брава (ж)	[bráva]

buraco (m) da fechadura	ключалка (ж)	[klʲutʃálka]
ferrolho (m)	резе (c)	[rezé]
fecho (ferrolho pequeno)	резе (c)	[rezé]
cadeado (m)	катинар (м)	[katinár]

tocar (vt)	звъня	[zvənʲá]
toque (m)	звънец (м)	[zvənéts]
campainha (f)	звънец (м)	[zvənéts]
botão (m)	бутон (м)	[butón]
batida (f)	чукане (c)	[tʃúkane]
bater (vi)	чукам	[tʃúkam]

código (m)	код (м)	[kot]
fechadura (f) de código	брава (ж) с код	[bráva s kot]
telefone (m) de porta	домофон (м)	[domofón]
número (m)	номер (м)	[nómer]
placa (f) de porta	табелка (ж)	[tabélka]
vigia (f), olho (m) mágico	шпионка (ж)	[ʃpiónka]

90. Casa de campo

aldeia (f)	село (c)	[sélo]
horta (f)	зеленчукова градина (ж)	[zelentʃúkova gradína]
cerca (f)	ограда (ж)	[ográda]
paliçada (f)	плет (м)	[plet]
cancela (f) do jardim	вратичка (ж) на ограда	[vratítʃka na ográda]

celeiro (m)	хамбар (м)	[hambár]
adega (f)	мазе (c)	[mazé]
galpão, barracão (m)	плевня (ж)	[plévnʲa]
poço (m)	кладенец (м)	[kládenets]

fogão (f)	печка (ж)	[pétʃka]
atiçar o fogo	паля	[pálʲa]
lenha (carvão ou ~)	дърва (мн)	[dərvá]
acha (lenha)	цепеница (ж)	[tsépenitsa]

varanda (f)	веранда (ж)	[veránda]
alpendre (m)	тераса (ж)	[terása]
degraus (m pl) de entrada	стъпала (с мн)	[stəpála]
balouço (m)	люлка (ж)	[lʲúlka]

91. Moradia. Mansão

casa (f) de campo	извънградска къща (ж)	[izvəngrátska kéʃta]
vila (f)	вила (ж)	[víla]
ala (~ do edifício)	крило (c)	[kriló]

jardim (m)	градина (ж)	[gradína]
parque (m)	парк (м)	[park]
estufa (f)	оранжерия (ж)	[oranʒérija]
cuidar de …	грижа се	[gríʒa se]

piscina (f)	басейн (м)	[baséjn]
ginásio (m)	спортна зала (ж)	[spórtna zála]
campo (m) de ténis	тенис корт (м)	[ténis kort]
cinema (m)	кинотеатър (м)	[kinoteátər]
garagem (f)	гараж (м)	[garáӡ]
propriedade (f) privada	частна собственост (ж)	[tʃásna sópstvenost]
terreno (m) privado	частни владения (с мн)	[tʃásni vladénija]
advertência (f)	предупреждение (с)	[predupreӡdénie]
sinal (m) de aviso	предупредителен надпис (м)	[predupredítelen nátpis]
guarda (f)	охрана (ж)	[ohrána]
guarda (m)	охранител (м)	[ohranítel]
alarme (m)	сигнализация (ж)	[signalizátsija]

92. Castelo. Palácio

castelo (m)	замък (м)	[zámək]
palácio (m)	дворец (м)	[dvoréts]
fortaleza (f)	крепост (ж)	[krépost]
muralha (f)	стена (ж)	[stená]
torre (f)	кула (ж)	[kúla]
torre (f) de menagem	главна кула (ж)	[glávna kúla]
grade (f) levadiça	подемна врата (ж)	[podémna vratá]
passagem (f) subterrânea	подземен проход (м)	[podzémen próhot]
fosso (m)	ров (м)	[rov]
corrente, cadeia (f)	верига (ж)	[veríga]
seteira (f)	бойница (ж)	[bojnítsa]
magnífico	великолепен	[velikolépen]
majestoso	величествен	[velítʃestven]
inexpugnável	непристъпен	[nepristépen]
medieval	средновековен	[srednovekóven]

93. Apartamento

apartamento (m)	апартамент (м)	[apartamént]
quarto (m)	стая (ж)	[stája]
quarto (m) de dormir	спалня (ж)	[spálnʲa]
sala (f) de jantar	столова (ж)	[stolová]
sala (f) de estar	гостна (ж)	[góstna]
escritório (m)	кабинет (м)	[kabinét]
antessala (f)	антре (с)	[antré]
quarto (m) de banho	баня (ж)	[bánʲa]
toilette (lavabo)	тоалетна (ж)	[toalétna]
teto (m)	таван (м)	[taván]
chão, soalho (m)	под (м)	[pot]
canto (m)	ъгъл (м)	[égəl]

94. Apartamento. Limpeza

arrumar, limpar (vt)	подреждам	[podréʒdam]
pó (m)	прах (м)	[prah]
empoeirado	прашен	[práʃen]
limpar o pó	изтривам прах	[istrívam prah]
aspirador (m)	прахосмукачка (ж)	[praho·smukátʃka]
aspirar (vt)	почиствам	[potʃístvam
	с прахосмукачка	s praho·smukátʃka]

varrer (vt)	мета	[metá]
sujeira (f)	боклук (м)	[boklúk]
arrumação (f), ordem (f)	ред (м)	[ret]
desordem (f)	безпорядък (м)	[bespor'ádək]

esfregona (f)	четка (ж) за под	[tʃétka za pot]
pano (m), trapo (m)	парцал (м)	[partsál]
vassoura (f)	метла (ж)	[metlá]
pá (f) de lixo	лопатка (ж) за боклук	[lopátka za boklúk]

95. Mobiliário. Interior

mobiliário (m)	мебели (мн)	[mébeli]
mesa (f)	маса (ж)	[mása]
cadeira (f)	стол (м)	[stol]
cama (f)	легло (с)	[legló]
divã (m)	диван (м)	[diván]
cadeirão (m)	фотьойл (м)	[fot'ójl]

estante (f)	книжен шкаф (м)	[kníʒen ʃkaf]
prateleira (f)	рафт (м)	[raft]

guarda-vestidos (m)	гардероб (м)	[garderóp]
cabide (m) de parede	закачалка (ж)	[zakatʃálka]
cabide (m) de pé	закачалка (ж)	[zakatʃálka]

cómoda (f)	скрин (м)	[skrin]
mesinha (f) de centro	малка масичка (ж)	[málka másitʃka]

espelho (m)	огледало (с)	[ogledálo]
tapete (m)	килим (м)	[kilím]
tapete (m) pequeno	килимче (с)	[kilímtʃe]

lareira (f)	камина (ж)	[kamína]
vela (f)	свещ (м)	[sveʃt]
castiçal (m)	свещник (м)	[svéʃtnik]

cortinas (f pl)	пердета (с мн)	[perdéta]
papel (m) de parede	тапети (м мн)	[tapéti]
estores (f pl)	щора (ж)	[ʃtóra]

candeeiro (m) de mesa	лампа (ж) за маса	[lámpa za mása]
candeeiro (m) de parede	светилник (м)	[svetílnik]

candeeiro (m) de pé	лампион (м)	[lampión]
lustre (m)	полилей (м)	[poliléj]

perna (da cadeira, etc.)	крак (м)	[krak]
braço (m)	подлакътник (м)	[podláketnik]
costas (f pl)	облегалка (ж)	[oblegálka]
gaveta (f)	чекмедже (с)	[tʃekmedʒé]

96. Quarto de dormir

roupa (f) de cama	спално бельо (с)	[spálno belʲó]
almofada (f)	възглавница (ж)	[vezglávnitsa]
fronha (f)	калъфка (ж)	[kaléfka]
cobertor (m)	одеяло (с)	[odejálo]
lençol (m)	чаршаф (м)	[tʃarʃáf]
colcha (f)	завивка (ж)	[zavífka]

97. Cozinha

cozinha (f)	кухня (ж)	[kúhnʲa]
gás (m)	газ (м)	[gas]
fogão (m) a gás	газова печка (ж)	[gázova pétʃka]
fogão (m) elétrico	електрическа печка (ж)	[elektrítʃeska pétʃka]
forno (m)	фурна (ж)	[fúrna]
forno (m) de micro-ondas	микровълнова печка (ж)	[mikrovélnova pétʃka]

frigorífico (m)	хладилник (м)	[hladílnik]
congelador (m)	фризер (м)	[frízer]
máquina (f) de lavar louça	съдомиялна машина (ж)	[sedomijálna maʃína]

moedor (m) de carne	месомелачка (ж)	[meso·melátʃka]
espremedor (m)	сокоизстисквачка (ж)	[soko·isstiskvátʃka]
torradeira (f)	тостер (м)	[tóster]
batedeira (f)	миксер (м)	[míkser]

máquina (f) de café	кафеварка (ж)	[kafevárka]
cafeteira (f)	кафеник (м)	[kafeník]
moinho (m) de café	кафемелачка (ж)	[kafe·melátʃka]

chaleira (f)	чайник (м)	[tʃájnik]
bule (m)	чайник (м)	[tʃájnik]
tampa (f)	капачка (ж)	[kapátʃka]
coador (f) de chá	цедка (ж)	[tsétka]

colher (f)	лъжица (ж)	[leʒítsa]
colher (f) de chá	чаена лъжица (ж)	[tʃáena leʒítsa]
colher (f) de sopa	супена лъжица (ж)	[súpena leʒítsa]
garfo (m)	вилица (ж)	[vílitsa]
faca (f)	нож (м)	[noʒ]

louça (f)	съдове (м мн)	[sédove]
prato (m)	чиния (ж)	[tʃiníja]

pires (m)	малка чинийка (ж)	[málka ʧiníjka]
cálice (m)	чашка (ж)	[ʧáʃka]
copo (m)	чаша (ж)	[ʧáʃa]
chávena (f)	чаша (ж)	[ʧáʃa]

açucareiro (m)	захарница (ж)	[zaharnítsa]
saleiro (m)	солница (ж)	[solnítsa]
pimenteiro (m)	пиперница (ж)	[pipérnitsa]
manteigueira (f)	съд (м) за краве масло	[set za kráve masló]

panela, caçarola (f)	тенджера (ж)	[téndʒera]
frigideira (f)	тиган (м)	[tigán]
concha (f)	черпак (м)	[ʧerpák]
passador (m)	гевгир (м)	[gevgír]
bandeja (f)	табла (ж)	[tábla]

garrafa (f)	бутилка (ж)	[butílka]
boião (m) de vidro	буркан (м)	[burkán]
lata (f)	тенекия (ж)	[tenekíja]

abre-garrafas (m)	отварачка (ж)	[otvaráʧka]
abre-latas (m)	отварачка (ж)	[otvaráʧka]
saca-rolhas (m)	тирбушон (м)	[tirbuʃón]
filtro (m)	филтър (м)	[fíltər]
filtrar (vt)	филтрирам	[filtríram]

| lixo (m) | боклук (м) | [boklúk] |
| balde (m) do lixo | кофа (ж) за боклук | [kófa za boklúk] |

98. Casa de banho

quarto (m) de banho	баня (ж)	[bánʲa]
água (f)	вода (ж)	[vodá]
torneira (f)	смесител (м)	[smesítel]
água (f) quente	топла вода (ж)	[tópla vodá]
água (f) fria	студена вода (ж)	[studéna vodá]

pasta (f) de dentes	паста (ж) за зъби	[pásta za zébi]
escovar os dentes	мия си зъбите	[míja si zébite]
escova (f) de dentes	четка (ж) за зъби	[ʧétka za zébi]

barbear-se (vr)	бръсна се	[brésna se]
espuma (f) de barbear	пяна (ж) за бръснене	[pʲána za brésnene]
máquina (f) de barbear	бръснач (м)	[brəsnáʧ]

lavar (vt)	мия	[míja]
lavar-se (vr)	мия се	[míja se]
duche (m)	душ (м)	[duʃ]
tomar um duche	вземам душ	[vzémam duʃ]

banheira (f)	вана (ж)	[vána]
sanita (f)	тоалетна чиния (ж)	[toalétna ʧiníja]
lavatório (m)	мивка (ж)	[mífka]
sabonete (m)	сапун (м)	[sapún]

saboneteira (f)	сапуниерка (ж)	[sapuniérka]
esponja (f)	гъба (ж)	[gába]
champô (m)	шампоан (м)	[ʃampoán]
toalha (f)	кърпа (ж)	[kérpa]
roupão (m) de banho	хавлиен халат (м)	[havlíen halát]

lavagem (f)	пране (с)	[prané]
máquina (f) de lavar	перална машина (ж)	[perálna maʃína]
lavar a roupa	пера	[perá]
detergente (m)	прах (м) за пране	[prah za prané]

99. Eletrodomésticos

televisor (m)	телевизор (м)	[televízor]
gravador (m)	касетофон (м)	[kasetofón]
videogravador (m)	видео (с)	[vídeo]
rádio (m)	радиоприемник (м)	[radio·priémnik]
leitor (m)	плейър (м)	[pléər]

projetor (m)	прожекционен апарат (м)	[proʒektsiónen aparát]
cinema (m) em casa	домашно кино (с)	[domáʃno kíno]
leitor (m) de DVD	DVD плейър (м)	[dividí pléər]
amplificador (m)	усилвател (м)	[usilvátel]
console (f) de jogos	игрова приставка (ж)	[igrová pristáfka]

câmara (f) de vídeo	видеокамера (ж)	[video·kámera]
máquina (f) fotográfica	фотоапарат (м)	[fotoaparát]
câmara (f) digital	цифров фотоапарат (м)	[tsífrov fotoaparát]

aspirador (m)	прахосмукачка (ж)	[praho·smukátʃka]
ferro (m) de engomar	ютия (ж)	[jutíja]
tábua (f) de engomar	дъска (ж) за гладене	[dəská za gládene]

telefone (m)	телефон (м)	[telefón]
telemóvel (m)	мобилен телефон (м)	[mobílen telefón]
máquina (f) de escrever	пишеща машинка (ж)	[píʃeʃta maʃínka]
máquina (f) de costura	шевна машина (ж)	[ʃévna maʃína]

microfone (m)	микрофон (м)	[mikrofón]
auscultadores (m pl)	слушалки (ж мн)	[sluʃálki]
controlo remoto (m)	пулт (м)	[pult]

CD (m)	CD диск (м)	[sidí disk]
cassete (f)	касета (ж)	[kaséta]
disco (m) de vinil	плоча (ж)	[plótʃa]

100. Reparações. Renovação

renovação (f)	ремонт (м)	[remónt]
renovar (vt), fazer obras	правя ремонт	[práv¹a remónt]
reparar (vt)	ремонтирам	[remontíram]
consertar (vt)	подреждам	[podréʒdam]

refazer (vt)	преправям	[prepráv'am]
tinta (f)	боя (ж)	[bojá]
pintar (vt)	боядисвам	[bojadísvam]
pintor (m)	бояджия (м)	[bojadʒíja]
pincel (m)	четка (ж)	[ʧétka]

cal (f)	вар (ж)	[var]
caiar (vt)	варосвам	[varósvam]

papel (m) de parede	тапети (м мн)	[tapéti]
colocar papel de parede	слагам тапети	[slágam tapéti]
verniz (m)	лак (м)	[lak]
envernizar (vt)	лакирам	[lakíram]

101. Canalizações

água (f)	вода (ж)	[vodá]
água (f) quente	топла вода (ж)	[tópla vodá]
água (f) fria	студена вода (ж)	[studéna vodá]
torneira (f)	смесител (м)	[smesítel]

gota (f)	капка (ж)	[kápka]
gotejar (vi)	капя	[káp'a]
vazar (vt)	тека	[teká]
vazamento (m)	теч (ж)	[teʧ]
poça (f)	локва (ж)	[lókva]

tubo (m)	тръба (ж)	[trəbá]
válvula (f)	вентил (м)	[véntil]
entupir-se (vr)	запуша се	[zapúʃa se]

ferramentas (f pl)	инструменти (м мн)	[instruménti]
chave (f) inglesa	раздвижен ключ (м)	[razdvíʒen kl'uʧ]
desenroscar (vt)	отвъртам	[otvértam]
enroscar (vt)	завъртам	[zavértam]

desentupir (vt)	отпушвам	[otpúʃvam]
canalizador (m)	водопроводчик (м)	[vodoprovótʧik]
cave (f)	мазе (с)	[mazé]
sistema (m) de esgotos	канализация (ж)	[kanalizátsija]

102. Fogo. Deflagração

incêndio (m)	огън (м)	[ógən]
chama (f)	пламък (м)	[plámək]
faísca (f)	искра (ж)	[iskrá]
fumo (m)	пушек (м)	[púʃek]
tocha (f)	факел (м)	[fákel]
fogueira (f)	клада (ж)	[kláda]

gasolina (f)	бензин (м)	[benzín]
querosene (m)	газ (м)	[gas]

inflamável	горивен	[goríven]
explosivo	взривоопасен	[vzrivoopásen]
PROIBIDO FUMAR!	ПУШЕНЕТО ЗАБРАНЕНО!	[puʃenéto zabráneno]

segurança (f)	безопасност (ж)	[bezopásnost]
perigo (m)	опасност (ж)	[opásnost]
perigoso	опасен	[opásen]

incendiar-se (vr)	запаля се	[zapálʲa se]
explosão (f)	експлозия (ж)	[eksplózija]
incendiar (vt)	подпаля	[podpálʲa]
incendiário (m)	подпалвач (м)	[podpalvátʃ]
incêndio (m) criminoso	подпалване (с)	[podpálvane]

arder (vi)	пламтя	[plamtʲá]
queimar (vi)	горя	[gorʲá]
queimar tudo (vi)	изгоря	[izgorʲá]

bombeiro (m)	пожарникар (м)	[poʒarnikár]
carro (m) de bombeiros	пожарна кола (ж)	[poʒárna kolá]
corpo (m) de bombeiros	пожарен екип (м)	[poʒáren ekíp]
escada (f)extensível	пожарна стълба (ж)	[poʒárna stélba]

mangueira (f)	маркуч (м)	[markútʃ]
extintor (m)	пожарогасител (м)	[poʒarogasítel]
capacete (m)	каска (ж)	[káska]
sirene (f)	сирена (ж)	[siréna]

gritar (vi)	викам	[víkam]
chamar por socorro	викам за помощ	[víkam za pómoʃt]
salvador (m)	спасител (м)	[spasítel]
salvar, resgatar (vt)	спасявам	[spasʲávam]

chegar (vi)	пристигна	[pristígna]
apagar (vt)	загасявам	[zagasʲávam]
água (f)	вода (ж)	[vodá]
areia (f)	пясък (м)	[pʲásək]

ruínas (f pl)	руини (мн)	[ruiní]
ruir (vi)	рухна	[rúhna]
desmoronar (vi),	срутя се	[srútʲa se]
ir abaixo	съборя се	[səbórʲa se]

fragmento (m)	отломка (ж)	[otlómka]
cinza (f)	пепел (ж)	[pépel]

sufocar (vi)	задуша се	[zaduʃá se]
ser morto, morrer (vi)	загина	[zagína]

ATIVIDADES HUMANAS

Emprego. Negócios. Parte 1

103. Escritório. O trabalho no escritório

escritório (~ de advogados)	офис (м)	[ófis]
escritório (do diretor, etc.)	кабинет (м)	[kabinét]
receção (f)	рецепция (ж)	[retséptsija]
secretário (m)	секретар (м)	[sekretár]

diretor (m)	директор (м)	[diréktor]
gerente (m)	мениджър (м)	[ménidʒər]
contabilista (m)	счетоводител (м)	[stʃetovodítel]
empregado (m)	сътрудник (м)	[sətrúdnik]

mobiliário (m)	мебели (мн)	[mébeli]
mesa (f)	маса (ж)	[mása]
cadeira (f)	фотьойл (м)	[fotʲójl]
bloco (m) de gavetas	шкафче (с)	[ʃkáftʃe]
cabide (m) de pé	закачалка (ж)	[zakatʃálka]

computador (m)	компютър (м)	[kompʲútər]
impressora (f)	принтер (м)	[prínter]
fax (m)	факс (м)	[faks]
fotocopiadora (f)	ксерокс (м)	[kséroks]

papel (m)	хартия (ж)	[hartíja]
artigos (m pl) de escritório	канцеларски материали (ж мн)	[kantselárski materiáli]
tapete (m) de rato	подложка (ж) за мишка	[podlóʃka za míʃka]
folha (f) de papel	лист (м)	[list]

catálogo (m)	каталог (м)	[katalók]
diretório (f) telefónico	справочник (м)	[spravótʃnik]
documentação (f)	документация (ж)	[dokumentátsija]
brochura (f)	брошура (ж)	[broʃúra]
flyer (m)	листовка (ж)	[listófka]
amostra (f)	образец (м)	[obrazéts]

formação (f)	тренинг (м)	[tréning]
reunião (f)	съвещание (с)	[səveʃtánie]
hora (f) de almoço	обедна почивка (ж)	[óbedna potʃífka]

fazer uma cópia	ксерокопирам	[kserokopíram]
tirar cópias	размножа	[razmnoʒá]
receber um fax	получавам факс	[polutʃávam faks]
enviar um fax	изпращам факс	[ispráʃtam faks]
fazer uma chamada	обаждам се	[obáʒdam se]

responder (vt)	отговоря	[otgovór'a]
passar (vt)	свържа	[svérʒa]

marcar (vt)	назначавам	[naznatʃávam]
demonstrar (vt)	демонстрирам	[demonstríram]
estar ausente	отсъствам	[otséstvam]
ausência (f)	отсъствие (c)	[otséstvie]

104. Processos negociais. Parte 1

negócio (m)	дело (c), бизнес (м)	[délo], [bíznes]
firma, empresa (f)	фирма (ж)	[fírma]
companhia (f)	компания (ж)	[kompánija]
corporação (f)	корпорация (ж)	[korporátsija]
empresa (f)	предприятие (c)	[predprijátie]
agência (f)	агенция (ж)	[agéntsija]

acordo (documento)	договор (м)	[dógovor]
contrato (m)	контракт (м)	[kontrákt]
acordo (transação)	сделка (ж)	[sdélka]
encomenda (f)	поръчка (ж)	[porétʃka]
cláusulas (f pl), termos (m pl)	условие (c)	[uslóvie]

por grosso (adv)	на едро	[na édro]
por grosso (adj)	на едро	[na édro]
venda (f) por grosso	продажба (ж) на едро	[prodáʒba na édro]
a retalho	на дребно	[na drébno]
venda (f) a retalho	продажба (ж) на дребно	[prodáʒba na drébno]

concorrente (m)	конкурент (м)	[konkurént]
concorrência (f)	конкуренция (ж)	[konkuréntsija]
competir (vi)	конкурирам	[konkuríram]

sócio (m)	партньор (м)	[partn'ór]
parceria (f)	партньорство (c)	[partn'órstvo]

crise (f)	криза (ж)	[kríza]
bancarrota (f)	фалит (м)	[falít]
entrar em falência	фалирам	[falíram]
dificuldade (f)	трудност (ж)	[trúdnost]
problema (m)	проблем (м)	[problém]
catástrofe (f)	катастрофа (ж)	[katastrófa]

economia (f)	икономика (ж)	[ikonómika]
económico	икономически	[ikonomítʃeski]
recessão (f) económica	икономически спад (м)	[ikonomítʃeski spat]

objetivo (m)	цел (ж)	[tsel]
tarefa (f)	задача (ж)	[zadátʃa]

comercializar (vi)	търгувам	[tərgúvam]
rede (de distribuição)	мрежа (ж)	[mréʒa]
estoque (m)	склад (м)	[sklat]
sortido (m)	асортимент (м)	[asortimént]

líder (m)	лидер (м)	[líder]
grande (~ empresa)	голям	[goljám]
monopólio (m)	монопол (м)	[monopól]

teoria (f)	теория (ж)	[teórija]
prática (f)	практика (ж)	[práktika]
experiência (falar por ~)	опит (м)	[ópit]
tendência (f)	тенденция (ж)	[tendéntsija]
desenvolvimento (m)	развитие (с)	[razvítie]

105. Processos negociais. Parte 2

rentabilidade (f)	изгода (ж)	[izgóda]
rentável	изгоден	[izgóden]

delegação (f)	делегация (ж)	[delegátsija]
salário, ordenado (m)	работна заплата (ж)	[rabótna zapláta]
corrigir (um erro)	поправям	[poprávjam]
viagem (f) de negócios	командировка (ж)	[komandirófka]
comissão (f)	комисия (ж)	[komísija]

controlar (vt)	контролирам	[kontrolíram]
conferência (f)	конференция (ж)	[konferéntsija]
licença (f)	лиценз (м)	[litsénz]
fiável	надежден	[nadéʒden]

empreendimento (m)	начинание (с)	[natʃinánie]
norma (f)	норма (ж)	[nórma]
circunstância (f)	обстоятелство (с)	[obstojátelstvo]
dever (m)	задължение (с)	[zadəlʒénie]

empresa (f)	организация (ж)	[organizátsija]
organização (f)	организиране (с)	[organizíranz]
organizado	организиран	[organizíran]
anulação (f)	отмяна (ж)	[otmjána]
anular, cancelar (vt)	отменя	[otmenjá]
relatório (m)	отчет (м)	[ottʃét]

patente (f)	патент (м)	[patént]
patentear (vt)	патентовам	[patentóvam]
planear (vt)	планирам	[planíram]

prémio (m)	премия (ж)	[prémija]
profissional	професионален	[profesionálen]
procedimento (m)	процедура (ж)	[protsedúra]

examinar (a questão)	разгледам	[razglédam]
cálculo (m)	изчисляване (с)	[istʃislʲávane]
reputação (f)	репутация (ж)	[reputátsija]
risco (m)	риск (м)	[risk]

dirigir (~ uma empresa)	ръководя	[rəkovódja]
informação (f)	сведения (с мн)	[svédenija]
propriedade (f)	собственост (ж)	[sóbstvenost]

união (f)	съюз (м)	[səjúz]
seguro (m) de vida	застраховка (ж) живот	[zastrahófka ʒivót]
fazer um seguro	застраховам	[zastrahóvam]
seguro (m)	застраховка (ж)	[zastrahófka]

leilão (m)	търгове (с)	[tárgove]
notificar (vt)	уведомявам	[uvedomʲávam]
gestão (f)	управление (с)	[upravlénie]
serviço (indústria de ~s)	услуга (ж)	[uslúga]

fórum (m)	форум (м)	[fórum]
funcionar (vi)	функционирам	[funktsioníram]
estágio (m)	етап (м)	[etáp]
jurídico	юридически	[juridítʃeski]
jurista (m)	юрист (м)	[juríst]

106. Produção. Trabalhos

usina (f)	завод (м)	[zavót]
fábrica (f)	фабрика (ж)	[fábrika]
oficina (f)	цех (м)	[tseh]
local (m) de produção	производство (с)	[proizvótstvo]

indústria (f)	промишленост (ж)	[promíʃlenost]
industrial	промишлен	[promíʃlen]
indústria (f) pesada	тежка промишленост (ж)	[téʃka promíʃlenost]
indústria (f) ligeira	лека промишленост (ж)	[léka promíʃlenost]

produção (f)	продукция (ж)	[prodúktsija]
produzir (vt)	произвеждам	[proizvéʒdam]
matérias (f pl) primas	суровини (ж мн)	[suroviní]

chefe (m) de brigada	бригадир (м)	[brigadír]
brigada (f)	бригада (ж)	[brigáda]
operário (m)	работник (м)	[rabótnik]

dia (m) de trabalho	работен ден (м)	[rabóten den]
pausa (f)	почивка (ж)	[potʃífka]
reunião (f)	събрание (с)	[səbránie]
discutir (vt)	обсъждам	[obséʒdam]

plano (m)	план (м)	[plan]
cumprir o plano	изпълнявам план	[ispəlnʲávam plan]
taxa (f) de produção	норма (ж)	[nórma]
qualidade (f)	качество (с)	[kátʃestvo]
controlo (m)	контрола (ж)	[kontróla]
controlo (m) da qualidade	контрол (м) за качество	[kontról za kátʃestvo]

segurança (f) no trabalho	безопасност (ж) на труда	[bezopásnost na trudá]
disciplina (f)	дисциплина (ж)	[distsiplína]
infração (f)	нарушение (с)	[naruʃénie]
violar (as regras)	нарушавам	[naruʃávam]
greve (f)	стачка (ж)	[státʃka]
grevista (m)	стачник (м)	[státʃnik]

| estar em greve | стачкувам | [statʃkúvam] |
| sindicato (m) | профсъюз (м) | [profsəjúz] |

inventar (vt)	изобретявам	[izobretʲávam]
invenção (f)	изобретение (c)	[izobreténie]
pesquisa (f)	изследване (c)	[isslédvane]
melhorar (vt)	подобрявам	[podobrʲávam]
tecnologia (f)	технология (ж)	[tehnológija]
desenho (m) técnico	чертеж (м)	[tʃertéʒ]

carga (f)	товар (м)	[továr]
carregador (m)	хамалин (м)	[hamálin]
carregar (vt)	натоварвам	[natovárvam]
carregamento (m)	товарене (c)	[továrene]
descarregar (vt)	разтоварвам	[raztovárvam]
descarga (f)	разтоварване (c)	[raztovárvane]

transporte (m)	транспорт (м)	[transpórt]
companhia (f) de transporte	транспортна компания (ж)	[transpórtna kompánija]
transportar (vt)	транспортирам	[transportíram]

vagão (m) de carga	вагон (м)	[vagón]
cisterna (f)	цистерна (ж)	[tsistérna]
camião (m)	камион (м)	[kamión]

| máquina-ferramenta (f) | машина (ж) | [maʃína] |
| mecanismo (m) | механизъм (м) | [mehanízəm] |

resíduos (m pl) industriais	отпадъци (мн)	[otpádətsi]
embalagem (f)	опаковане (ж)	[opakóvane]
embalar (vt)	опаковам	[opakóvam]

107. Contrato. Acordo

contrato (m)	контракт (м)	[kontrákt]
acordo (m)	съглашение (c)	[səglaʃénie]
adenda (f), anexo (m)	приложение (c)	[priloʒénie]

assinar o contrato	сключа договор	[sklʲútʃa dógovor]
assinatura (f)	подпис (м)	[pótpis]
assinar (vt)	подпиша	[potpíʃa]
carimbo (m)	печат (м)	[petʃát]

objeto (m) do contrato	предмет (м) на договор	[predmét na dógovor]
cláusula (f)	точка (ж)	[tótʃka]
partes (f pl)	страни (ж мн)	[straní]
morada (f) jurídica	юридически адрес (м)	[juridítʃeski adrés]

violar o contrato	наруша договор	[naruʃá dógovor]
obrigação (f)	задължение (c)	[zadəlʒénie]
responsabilidade (f)	отговорност (c)	[otgovórnost]
força (f) maior	форсмажор (м)	[fors·maʒór]
litígio (m), disputa (f)	спор (м)	[spor]
multas (f pl)	глоба (ж)	[glóba]

108. Importação & Exportação

importação (f)	внос (м)	[vnos]
importador (m)	вносител (м)	[vnosítel]
importar (vt)	внасям	[vnásʲam]
de importação	вносен	[vnósen]
exportação (f)	експорт (м)	[ekspórt]
exportador (m)	износител (м)	[iznosítel]
exportar (vt)	изнасям	[iznásʲam]
de exportação	експортен	[ekspórten]
mercadoria (f)	стока (ж)	[stóka]
lote (de mercadorias)	партида (ж)	[partída]
peso (m)	тегло (с)	[tegló]
volume (m)	обем (м)	[obém]
metro (m) cúbico	кубически метър (м)	[kubítʃeski métər]
produtor (m)	производител (м)	[proizvodítel]
companhia (f) de transporte	транспортна компания (ж)	[transpórtna kompánija]
contentor (m)	контейнер (м)	[kontéjner]
fronteira (f)	граница (ж)	[gránitsa]
alfândega (f)	митница (ж)	[mítnitsa]
taxa (f) alfandegária	мито (с)	[mitó]
funcionário (m) da alfândega	митничар (м)	[mitnitʃár]
contrabando (atividade)	контрабанда (ж)	[kontrabánda]
contrabando (produtos)	контрабанда (ж)	[kontrabánda]

109. Finanças

ação (f)	акция (ж)	[áktsija]
obrigação (f)	облигация (ж)	[obligátsija]
nota (f) promissória	полица (ж)	[pólitsa]
bolsa (f)	борса (ж)	[bórsa]
cotação (m) das ações	курс (м) на акции	[kurs na áktsii]
tornar-se mais barato	поевтинея	[poeftinéja]
tornar-se mais caro	поскъпнея	[poskəpnéja]
parte (f)	дял (м)	[dʲal]
participação (f) maioritária	контролен пакет (м)	[kontrólen pakét]
investimento (m)	инвестиции (ж мн)	[investítsii]
investir (vt)	инвестирам	[investíram]
percentagem (f)	лихвен процент (м)	[líhven protsént]
juros (m pl)	проценти (м мн)	[protsénti]
lucro (m)	печалба (ж)	[petʃálba]
lucrativo	печеливш	[petʃelívʃ]
imposto (m)	данък (м)	[dánək]

divisa (f)	валута (ж)	[valúta]
nacional	национален	[natsionálen]
câmbio (m)	обмяна (ж)	[obmʲána]

| contabilista (m) | счетоводител (м) | [sʧetovodítel] |
| contabilidade (f) | счетоводство (с) | [sʧetovótstvo] |

bancarrota (f)	фалит (м)	[falít]
falência (f)	фалит (м)	[falít]
ruína (f)	фалиране (с)	[falírane]
arruinar-se (vr)	фалирам	[falíram]
inflação (f)	инфлация (ж)	[inflátsija]
desvalorização (f)	девалвация (ж)	[devalvátsija]

capital (m)	капитал (м)	[kapitál]
rendimento (m)	доход (м)	[dóhot]
volume (m) de negócios	оборот (м)	[oborót]
recursos (m pl)	ресурси (мн)	[resúrsi]
recursos (m pl) financeiros	парични средства (с мн)	[paríʧni srétstva]

110. Marketing

marketing (m)	маркетинг (м)	[markéting]
mercado (m)	пазар (м)	[pazár]
segmento (m) do mercado	пазарен сегмент (м)	[pazáren segmént]
produto (m)	продукт (м)	[prodúkt]
mercadoria (f)	стока (ж)	[stóka]

marca (f) comercial	търговска марка (ж)	[tərgófska márka]
logotipo (m)	фирмена марка (ж)	[fírmena márka]
logo (m)	лого (с)	[lógo]

demanda (f)	търсене (с)	[térsene]
oferta (f)	предложение (с)	[predloʒénie]
necessidade (f)	нужда (ж)	[núʒda]
consumidor (m)	потребител (м)	[potrebítel]

análise (f)	анализ (м)	[análiz]
analisar (vt)	анализирам	[analizíram]
posicionamento (m)	позициониране (с)	[pozitsionírane]
posicionar (vt)	позиционирам	[pozitsioníram]

preço (m)	цена (ж)	[tsená]
política (f) de preços	ценова политика (ж)	[tsenová politíka]
formação (f) de preços	ценообразуване (с)	[tseno·obrazúvane]

111. Publicidade

publicidade (f)	реклама (ж)	[rekláma]
publicitar (vt)	рекламирам	[reklamíram]
orçamento (m)	бюджет (м)	[bʲudʒét]
anúncio (m) publicitário	реклама (ж)	[rekláma]

97

publicidade (f) televisiva	телевизионна реклама (ж)	[televiziónna rekláma]
publicidade (f) na rádio	радио реклама (ж)	[rádio rekláma]
publicidade (f) exterior	външна реклама (ж)	[vénʃna rekláma]

meios (m pl) de comunicação social	масмедия (ж)	[masmédija]
periódico (m)	периодично издание (с)	[periodítʃno izdánie]
imagem (f)	имидж (м)	[ímidʒ]

| slogan (m) | лозунг (м) | [lózung] |
| mote (m), divisa (f) | девиз (м) | [devíz] |

campanha (f)	кампания (ж)	[kampánija]
companha (f) publicitária	рекламна кампания (ж)	[reklámna kampánija]
grupo (m) alvo	целева аудитория (ж)	[tselevá auditórija]

cartão (m) de visita	визитка (ж)	[vizítka]
flyer (m)	листовка (ж)	[listófka]
brochura (f)	брошура (ж)	[broʃúra]
folheto (m)	диплянка (ж)	[diplʲánka]
boletim (~ informativo)	бюлетин (с)	[bʲuletín]

letreiro (m)	табела (ж)	[tabéla]
cartaz, póster (m)	постер (м)	[póster]
painel (m) publicitário	билборд (м)	[bilbórt]

112. Banca

| banco (m) | банка (ж) | [bánka] |
| sucursal, balcão (f) | клон (м) | [klon] |

| consultor (m) | консултант (м) | [konsultánt] |
| gerente (m) | управител (м) | [uprávitel] |

conta (f)	сметка (ж)	[smétka]
número (m) da conta	номер (м) на сметка	[nómer na smétka]
conta (f) corrente	текуща сметка (ж)	[tekúʃta smétka]
conta (f) poupança	спестовна сметка (ж)	[spestóvna smétka]

abrir uma conta	откривам сметка	[otkrívam smétka]
fechar uma conta	закривам сметка	[zakrívam smétka]
depositar na conta	депозирам в сметка	[depozíram f smétka]
levantar (vt)	тегля от сметката	[téglʲa ot smétkata]

depósito (m)	влог (м)	[vlok]
fazer um depósito	направя влог	[naprávʲa vlok]
transferência (f) bancária	превод (м)	[prévot]
transferir (vt)	направя превод	[naprávʲa prévot]

| soma (f) | сума (ж) | [súma] |
| Quanto? | Колко? | [kólko] |

| assinatura (f) | подпис (м) | [pótpis] |
| assinar (vt) | подпиша | [potpíʃa] |

cartão (m) de crédito	кредитна карта (ж)	[kréditna kárta]
código (m)	код (м)	[kot]
número (m)	номер (м)	[nómer
do cartão de crédito	на кредитна карта	na kréditna kárta]
Caixa Multibanco (m)	банкомат (м)	[bankomát]

cheque (m)	чек (м)	[t͡ʃek]
passar um cheque	подпиша чек	[potpíʃa t͡ʃek]
livro (m) de cheques	чекова книжка (ж)	[t͡ʃékova kníʃka]

empréstimo (m)	кредит (м)	[krédit]
pedir um empréstimo	кандидатствам за кредит	[kandidátstvam za krédit]
obter um empréstimo	взимам кредит	[vzímam krédit]
conceder um empréstimo	предоставям кредит	[predostávʲam krédit]
garantia (f)	гаранция (ж)	[garántsija]

113. Telefone. Conversação telefónica

telefone (m)	телефон (м)	[telefón]
telemóvel (m)	мобилен телефон (м)	[mobílen telefón]
secretária (f) electrónica	телефонен секретар (м)	[telefónen sekretár]

| fazer uma chamada | обаждам се | [obáʒdam se] |
| chamada (f) | обаждане (с) | [obáʒdane] |

| marcar um número | набирам номер | [nabíram nómer] |
| Alô! | Ало! | [álo] |

| perguntar (vt) | питам | [pítam] |
| responder (vt) | отговарям | [otgovárʲam] |

| ouvir (vt) | чувам | [t͡ʃúvam] |
| bem | добре | [dobré] |

| mal | лошо | [lóʃo] |
| ruído (m) | шумове (м мн) | [ʃúmove] |

auscultador (m)	слушалка (ж)	[sluʃálka]
pegar o telefone	вдигам слушалката	[vdígam sluʃálkata]
desligar (vi)	затварям телефона	[zatvárʲam telefóna]

ocupado	заета	[zaéta]
tocar (vi)	звъня	[zvənʲá]
lista (f) telefónica	телефонен справочник (м)	[telefónen spravót͡ʃnik]

| local | селищен | [séliʃten] |
| chamada (f) local | селищен разговор (м) | [séliʃten rázgovor] |

| para outra cidade | междуградски | [meʒdugrátski] |
| chamada (f) para outra cidade | междуградски разговор (м) | [meʒdugrátski rázgovor] |

| internacional | международен | [meʒdunaróden] |
| chamada (f) internacional | международен разговор (м) | [meʒdunaróden rázgovor] |

114. Telefone móvel

telemóvel (m)	мобилен телефон (м)	[mobílen telefón]
ecrã (m)	дисплей (м)	[displéj]
botão (m)	бутон (м)	[butón]
cartão SIM (m)	SIM-карта (ж)	[sim-kárta]
bateria (f)	батерия (ж)	[batérija]
descarregar-se	изтощавам	[iztoʃtávam]
carregador (m)	зареждащо устройство (c)	[zaréʒdaʃto ustrójstvo]
menu (m)	меню (c)	[meniú]
definições (f pl)	настройки (ж мн)	[nastrójki]
melodia (f)	мелодия (ж)	[melódija]
escolher (vt)	избера	[izberá]
calculadora (f)	калкулатор (м)	[kalkulátor]
correio (m) de voz	телефонен секретар (м)	[telefónen sekretár]
despertador (m)	будилник (м)	[budílnik]
contatos (m pl)	телефонен справочник (м)	[telefónen spravótʃnik]
mensagem (f) de texto	SMS съобщение (c)	[esemés səobʃténie]
assinante (m)	абонат (м)	[abonát]

115. Estacionário

caneta (f)	химикалка (ж)	[himikálka]
caneta (f) tinteiro	перодръжка (ж)	[perodréʒka]
lápis (m)	молив (м)	[móliv]
marcador (m)	маркер (м)	[márker]
caneta (f) de feltro	флумастер (м)	[flumáster]
bloco (m) de notas	тефтер (м)	[teftér]
agenda (f)	ежедневник (м)	[eʒednévnik]
régua (f)	линийка (ж)	[línijka]
calculadora (f)	калкулатор (м)	[kalkulátor]
borracha (f)	гума (ж)	[gúma]
pionés (m)	кабърче (c)	[kábərtʃe]
clipe (m)	кламер (м)	[klámer]
cola (f)	лепило (c)	[lepílo]
agrafador (m)	телбод (м)	[telbót]
furador (m)	перфоратор (м)	[perforátor]
afia-lápis (m)	острилка (ж)	[ostrílka]

116. Vários tipos de documentos

relatório (m)	отчет (м)	[ottʃét]
acordo (m)	съглашение (c)	[səglaʃénie]

ficha (f) de inscrição	заявка (ж)	[zajáfka]
autêntico	оригинален	[originálen]
crachá (m)	бадж (м)	[badʒ]
cartão (m) de visita	визитка (ж)	[vizítka]

certificado (m)	сертификат (м)	[sertifikát]
cheque (m)	чек (м)	[tʃek]
conta (f)	сметка (ж)	[smétka]
constituição (f)	конституция (ж)	[konstitútsija]

contrato (m)	договор (м)	[dógovor]
cópia (f)	копие (с)	[kópie]
exemplar (m)	екземпляр (м)	[ekzemplʲár]

declaração (f) alfandegária	декларация (ж)	[deklarátsija]
documento (m)	документ (м)	[dokumént]
carta (f) de condução	шофьорска книжка (ж)	[ʃofʲórska kníʃka]
adenda (ao contrato)	приложение (с)	[priloʒénie]
questionário (m)	анкета (ж)	[ankéta]

bilhete (m) de identidade	удостоверение (с)	[udostoverénie]
inquérito (m)	запитване (с)	[zapítvane]
convite (m)	покана (ж)	[pokána]
fatura (f)	сметка (ж)	[smétka]

lei (f)	закон (м)	[zakón]
carta (correio)	писмо (с)	[pismó]
papel (m) timbrado	бланка (ж)	[blánka]
lista (f)	списък (м)	[spísək]
manuscrito (m)	ръкопис (м)	[rəkopís]
boletim (~ informativo)	бюлетина (ж)	[bʲuletína]
bilhete (mensagem breve)	записка (ж)	[zápiska]

passe (m)	пропуск (м)	[própusk]
passaporte (m)	паспорт (м)	[paspórt]
permissão (f)	разрешение (с)	[razreʃénie]
CV, currículo (m)	резюме (с)	[rezʲumé]
vale (nota promissória)	разписка (ж)	[ráspiska]
recibo (m)	квитанция (ж)	[kvitántsija]

| talão (f) | бележка (ж) | [beléʃka] |
| relatório (m) | рапорт (м) | [ráport] |

mostrar (vt)	предявявам	[predʲavʲávam]
assinar (vt)	подпиша	[potpíʃa]
assinatura (f)	подпис (м)	[pótpis]
carimbo (m)	печат (м)	[petʃát]

| texto (m) | текст (м) | [tekst] |
| bilhete (m) | билет (м) | [bilét] |

| riscar (vt) | задраскам | [zadráskam] |
| preencher (vt) | попълня | [popélnʲa] |

| guia (f) de remessa | фактура (ж) | [faktúra] |
| testamento (m) | завещание (с) | [zaveʃtánie] |

101

117. Tipos de negócios

serviços (m pl) de contabilidade	счетоводни услуги (ж мн)	[stʃetovódni uslúgi]
publicidade (f)	реклама (ж)	[rekláma]
agência (f) de publicidade	рекламна агенция (ж)	[reklámna agéntsija]
ar condicionado (m)	климатици (м мн)	[klimatítsi]
companhia (f) aérea	авиокомпания (ж)	[aviokompánija]

bebidas (f pl) alcoólicas	алкохолни напитки (ж мн)	[alkohólni napítki]
comércio (m) de antiguidades	антиквариат (м)	[antikvariát]
galeria (f) de arte	галерия (ж)	[galérija]
serviços (m pl) de auditoria	одиторски услуги (ж мн)	[odítorski uslúgi]

negócios (m pl) bancários	банков бизнес (м)	[bánkov bíznes]
bar (m)	бар (м)	[bar]
salão (m) de beleza	козметичен салон (м)	[kozmetítʃen salón]
livraria (f)	книжарница (ж)	[kniʒárnitsa]
cervejaria (f)	пивоварна (ж)	[pivovárna]
centro (m) de escritórios	бизнес-център (м)	[bíznes-tséntər]
escola (f) de negócios	бизнес-училище (с)	[bíznes-utʃíliʃte]

casino (m)	казино (с)	[kazíno]
construção (f)	строителство (с)	[stroítelstvo]
serviços (m pl) de consultoria	консултиране (с)	[konsultírane]

estomatologia (f)	стоматология (ж)	[stomatológija]
design (m)	дизайн (м)	[dizájn]
farmácia (f)	аптека (ж)	[aptéka]
lavandaria (f)	химическо чистене (с)	[himítʃesko tʃístene]
agência (f) de emprego	агенция (ж) за подбор на персонал	[agéntsija za podbór na personál]

serviços (m pl) financeiros	финансови услуги (ж мн)	[finánsovi uslúgi]
alimentos (m pl)	хранителни стоки (ж мн)	[hranítelni stóki]
agência (f) funerária	погребални услуги (мн)	[pogrebálni uslúgi]
mobiliário (m)	мебели (мн)	[mébeli]
roupa (f)	облекло (с)	[oblekló]
hotel (m)	хотел (м)	[hotél]

gelado (m)	сладолед (м)	[sladolét]
indústria (f)	промишленост (ж)	[promíʃlenost]
seguro (m)	застраховане (с)	[zastrahóvane]
internet (f)	интернет (м)	[internét]
investimento (m)	инвестиции (ж мн)	[investítsii]

joalheiro (m)	златар (м)	[zlatár]
joias (f pl)	златарски изделия (с мн)	[zlatárski izdélija]
lavandaria (f)	пералня (ж)	[perálnʲa]
serviços (m pl) jurídicos	юридически услуги (ж мн)	[juridítʃeski uslúgi]
indústria (f) ligeira	лека промишленост (ж)	[léka promíʃlenost]

revista (f)	списание (с)	[spisánie]
vendas (f pl) por catálogo	каталожна търговия (ж)	[katalóʒna tərgovíja]
medicina (f)	медицина (ж)	[meditsína]

| cinema (m) | кинотеатър (м) | [kinoteátər] |
| museu (m) | музей (м) | [muzéj] |

agência (f) de notícias	информационна агенция (ж)	[informatsiónna agéntsija]
jornal (m)	вестник (м)	[vésnik]
clube (m) noturno	нощен клуб (м)	[nóʃten klup]

petróleo (m)	нефт (м)	[neft]
serviço (m) de encomendas	куриерска служба (ж)	[kuriérska slúʒba]
indústria (f) farmacêutica	фармацевтика (ж)	[farmatséftika]
poligrafia (f)	полиграфия (ж)	[poligrafíja]
editora (f)	издателство (с)	[izdátelstvo]

rádio (m)	радио (с)	[rádio]
imobiliário (m)	недвижими имоти (мн)	[nedvíʒimi imóti]
restaurante (m)	ресторант (м)	[restoránt]

empresa (f) de segurança	охранителна агенция (ж)	[ohranítelna agéntsija]
desporto (m)	спорт (м)	[sport]
bolsa (f)	борса (ж)	[bórsa]
loja (f)	магазин (м)	[magazín]
supermercado (m)	супермаркет (м)	[supermárket]
piscina (f)	басейн (м)	[baséjn]

alfaiataria (f)	ателие (с)	[atelié]
televisão (f)	телевизия (ж)	[televízija]
teatro (m)	театър (м)	[teátər]
comércio (atividade)	търговия (ж)	[tərgovíja]
serviços (m pl) de transporte	превоз (м)	[prévos]
viagens (m pl)	туризъм (м)	[turízəm]

veterinário (m)	ветеринар (м)	[veterinár]
armazém (m)	склад (м)	[sklat]
recolha (f) do lixo	извозване (с) на боклук	[izvózvane na boklúk]

Emprego. Negócios. Parte 2

118. Espetáculo. Feira

feira (f)	изложба (ж)	[izlóʒba]
feira (f) comercial	търговска изложба (ж)	[tərgófska izlóʒba]
participação (f)	участие (c)	[utʃástie]
participar (vi)	участвам	[utʃástvam]
participante (m)	участник (м)	[utʃásnik]
diretor (m)	директор (м)	[diréktor]
direção (f)	дирекция (ж)	[diréktsija]
organizador (m)	организатор (м)	[organizátor]
organizar (vt)	организирам	[organizíram]
ficha (f) de inscrição	заявка (ж) за участие	[zajáfka za utʃástie]
preencher (vt)	попълня	[popélnʲa]
detalhes (m pl)	детайли (м мн)	[detájli]
informação (f)	информация (ж)	[informátsija]
preço (m)	цена (ж)	[tsená]
incluindo	включително	[fklʲutʃítelno]
incluir (vt)	включвам	[fklʲútʃvam]
pagar (vt)	плащам	[pláʃtam]
taxa (f) de inscrição	регистрационна такса (ж)	[registratsiónna táksa]
entrada (f)	вход (м)	[vhot]
pavilhão (m)	павилион (м)	[pavilión]
inscrever (vt)	регистрирам	[registríram]
crachá (m)	бадж (м)	[badʒ]
stand (m)	щанд (м)	[ʃtant]
reservar (vt)	резервирам	[rezervíram]
vitrina (f)	витрина (ж)	[vitrína]
foco, spot (m)	светилник (м)	[svetílnik]
design (m)	дизайн (м)	[dizájn]
pôr, colocar (vt)	нареждам	[naréʒdam]
distribuidor (m)	дистрибутор (м)	[distribútor]
fornecedor (m)	доставчик (м)	[dostávtʃik]
país (m)	страна (ж)	[straná]
estrangeiro	чуждестранен	[tʃuʒdestránen]
produto (m)	продукт (м)	[prodúkt]
associação (f)	асоциация (ж)	[asotsiátsija]
sala (f) de conferências	конферентна зала (ж)	[konferéntna zála]
congresso (m)	конгрес (м)	[kongrés]

concurso (m)	конкурс (м)	[konkúrs]
visitante (m)	посетител (м)	[posetítel]
visitar (vt)	посещавам	[poseʃtávam]
cliente (m)	клиент (м)	[kliént]

119. Media

jornal (m)	вестник (м)	[vésnik]
revista (f)	списание (с)	[spisánie]
imprensa (f)	преса (ж)	[présa]
rádio (m)	радио (с)	[rádio]
estação (f) de rádio	радиостанция (ж)	[radiostántsija]
televisão (f)	телевизия (ж)	[televízija]

apresentador (m)	водещ (м)	[vódeʃt]
locutor (m)	диктор (м)	[díktor]
comentador (m)	коментатор (м)	[komentátor]

jornalista (m)	журналист (м)	[ʒurnalíst]
correspondente (m)	кореспондент (м)	[korespondént]
repórter (m) fotográfico	фотокореспондент (м)	[foto·korespondént]
repórter (m)	репортер (м)	[reportér]

redator (m)	редактор (м)	[redáktor]
redator-chefe (m)	главен редактор (м)	[gláven redáktor]
assinar a ...	абонирам се	[aboníram se]
assinatura (f)	абониране (с)	[abonírane]
assinante (m)	абонат (м)	[abonát]
ler (vt)	чета	[tʃeta]
leitor (m)	читател (м)	[tʃitátel]

tiragem (f)	тираж (м)	[tiráʒ]
mensal	месечен	[mésetʃen]
semanal	седмичен	[sédmitʃen]
número (jornal, revista)	брой (м)	[broj]
recente	последен	[posléden]

título (m)	заглавие (с)	[zaglávie]
pequeno artigo (m)	кратка статия (ж)	[krátka státija]
coluna (~ semanal)	рубрика (ж)	[rúbrika]
artigo (m)	статия (ж)	[státija]
página (f)	страница (ж)	[stránitsa]

reportagem (f)	репортаж (м)	[reportáʒ]
evento (m)	събитие (с)	[sebítie]
sensação (f)	сензация (ж)	[senzátsija]
escândalo (m)	скандал (м)	[skandál]
escandaloso	скандален	[skandálen]
grande	голям (скандал)	[golʲám skandál]

programa (m) de TV	предаване (с)	[predávane]
entrevista (f)	интервю (с)	[intervʲú]
transmissão (f) em direto	пряко предаване (с)	[prʲáko predávane]
canal (m)	канал (м)	[kanál]

120. Agricultura

agricultura (f)	селско стопанство (c)	[sélsko stopánstvo]
camponês (m)	селянин (м)	[sél'anin]
camponesa (f)	селянка (ж)	[sél'anka]
agricultor (m)	фермер (м)	[férmer]
trator (m)	трактор (м)	[tráktor]
ceifeira-debulhadora (f)	комбайн (м)	[kombájn]
arado (m)	плуг (м)	[pluk]
arar (vt)	ора	[orá]
campo (m) lavrado	разорана нива (ж)	[razorána níva]
rego (m)	бразда (ж)	[brazdá]
semear (vt)	сея	[séja]
semeadora (f)	сеялка (ж)	[sejálka]
semeação (f)	сеитба (ж)	[seídba]
gadanha (f)	коса (ж)	[kosá]
gadanhar (vt)	кося	[kos'á]
pá (f)	лопата (ж)	[lopáta]
cavar (vt)	копая	[kopája]
enxada (f)	мотика (ж)	[motíka]
carpir (vt)	плевя	[plev'á]
erva (f) daninha	плевел (м)	[plével]
regador (m)	лейка (ж)	[léjka]
regar (vt)	поливам	[polívam]
rega (f)	поливане (c)	[polívane]
forquilha (f)	вила (ж)	[víla]
ancinho (m)	гребло (c)	[grebló]
fertilizante (m)	тор (м)	[tor]
fertilizar (vt)	наторявам	[nator'ávam]
estrume (m)	оборски тор (м)	[obórski tor]
campo (m)	поле (c)	[polé]
prado (m)	ливада (ж)	[liváda]
horta (f)	зеленчукова градина (ж)	[zelentʃúkova gradína]
pomar (m)	градина (ж)	[gradína]
pastar (vt)	паса	[pasá]
pastor (m)	пастир (м)	[pastír]
pastagem (f)	пасище (c)	[pásiʃte]
pecuária (f)	животновъдство (c)	[ʒivotnovétstvo]
criação (f) de ovelhas	овцевъдство (c)	[ovtsevétstvo]
plantação (f)	плантация (ж)	[plantátsija]
canteiro (m)	леха (ж)	[lehá]
invernadouro (m)	парник (м)	[párnik]

| seca (f) | суша (ж) | [súʃa] |
| seco (verão ~) | сушав | [súʃav] |

| cereais (m pl) | зърнени култури (мн) | [zérneni kultúri] |
| colher (vt) | събирам | [səbíram] |

moleiro (m)	воденичар (с)	[vodenitʃár]
moinho (m)	воденица (ж)	[vodenítsa]
moer (vt)	меля зърно	[mélʲa zérno]
farinha (f)	брашно (с)	[braʃnó]
palha (f)	слама (ж)	[sláma]

121. Construção. Processo de construção

canteiro (m) de obras	строеж (м)	[stroéʃ]
construir (vt)	строя	[strojá]
construtor (m)	строител (м)	[stroítel]

projeto (m)	проект (м)	[proékt]
arquiteto (m)	архитект (м)	[arhitékt]
operário (m)	работник (м)	[rabótnik]

fundação (f)	фундамент (м)	[fundamént]
telhado (m)	покрив (м)	[pókriv]
estaca (f)	пилот (м)	[pilót]
parede (f)	стена (ж)	[stená]

| varões (m pl) para betão | арматура (ж) | [armatúra] |
| andaime (m) | скеле (с) | [skéle] |

betão (m)	бетон (м)	[betón]
granito (m)	гранит (м)	[granít]
pedra (f)	камък (м)	[kámək]
tijolo (m)	тухла (ж)	[túhla]

| areia (f) | пясък (м) | [pʲásək] |
| cimento (m) | цимент (м) | [tsimént] |

| emboço (m) | мазилка (ж) | [mazílka] |
| emboçar (vt) | слагам мазилка | [slágam mazílka] |

tinta (f)	боя (ж)	[bojá]
pintar (vt)	боядисвам	[bojadísvam]
barril (m)	бъчва (ж)	[bétʃva]

grua (f), guindaste (m)	кран (м)	[kran]
erguer (vt)	вдигам	[vdígam]
baixar (vt)	спускам	[spúskam]

buldózer (m)	булдозер (м)	[buldózer]
escavadora (f)	екскаватор (м)	[ekskavátor]
caçamba (f)	кофа (ж)	[kófa]
escavar (vt)	копая	[kopája]
capacete (m) de proteção	каска (ж)	[káska]

122. Ciência. Investigação. Cientistas

ciência (f)	наука (ж)	[naúka]
científico	научен	[naútʃen]
cientista (m)	учен (м)	[útʃen]
teoria (f)	теория (ж)	[teórija]

axioma (m)	аксиома (ж)	[aksióma]
análise (f)	анализ (м)	[análiz]
analisar (vt)	анализирам	[analizíram]
argumento (m)	аргумент (м)	[argumént]
substância (f)	вещество (c)	[veʃtestvó]

hipótese (f)	хипотеза (ж)	[hipotéza]
dilema (m)	дилема (ж)	[diléma]
tese (f)	дисертация (ж)	[disertátsija]
dogma (m)	догма (ж)	[dógma]

doutrina (f)	доктрина (ж)	[doktrína]
pesquisa (f)	изследване (c)	[isslédvane]
pesquisar (vt)	изследвам	[isslédvam]
teste (m)	контрола (ж)	[kontróla]
laboratório (m)	лаборатория (ж)	[laboratórija]

método (m)	метод (м)	[métot]
molécula (f)	молекула (ж)	[molekúla]
monitoramento (m)	мониторинг (м)	[monitóring]
descoberta (f)	откритие (c)	[otkrítie]

postulado (m)	постулат (м)	[postulát]
princípio (m)	принцип (м)	[príntsip]
prognóstico (previsão)	прогноза (ж)	[prognóza]
prognosticar (vt)	прогнозирам	[prognozíram]

síntese (f)	синтеза (ж)	[sintéza]
tendência (f)	тенденция (ж)	[tendéntsija]
teorema (m)	теорема (ж)	[teoréma]

ensinamentos (m pl)	учение (c)	[utʃénie]
facto (m)	факт (м)	[fakt]
expedição (f)	експедиция (ж)	[ekspedítsija]
experiência (f)	експеримент (м)	[eksperimént]

académico (m)	академик (м)	[akademík]
bacharel (m)	бакалавър (м)	[bakalávər]
doutor (m)	доктор (м)	[dóktor]
docente (m)	доцент (м)	[dotsént]
mestre (m)	магистър (м)	[magístər]
professor (m) catedrático	професор (м)	[profésor]

Profissões e ocupações

123. Procura de emprego. Demissão

trabalho (m)	работа (ж)	[rábota]
equipa (f)	щат (м)	[ʃtat]
carreira (f)	кариера (ж)	[kariéra]
perspetivas (f pl)	перспектива (ж)	[perspektíva]
mestria (f)	майсторство (c)	[májstorstvo]
seleção (f)	подбиране (c)	[podbírane]
agência (f) de emprego	агенция (ж) за подбор на персонал	[agéntsija za podbór na personál]
CV, currículo (m)	резюме (c)	[rezʲumé]
entrevista (f) para um emprego	интервю (c)	[intervʲú]
vaga (f)	вакантно място (c)	[vakántno mʲásto]
salário (m)	работна заплата (ж)	[rabótna zapláta]
pagamento (m)	плащане (c)	[pláʃtane]
posto (m)	длъжност (ж)	[dléʒnost]
dever (do empregado)	задължение (c)	[zadəlʒénie]
gama (f) de deveres	кръг (м)	[krək]
ocupado	зает	[zaét]
despedir, demitir (vt)	уволня	[uvolnʲá]
demissão (f)	уволнение (c)	[uvolnénie]
desemprego (m)	безработица (ж)	[bezrabótitsa]
desempregado (m)	безработен човек (м)	[bezrabóten tʃovék]
reforma (f)	пенсия (ж)	[pénsija]
reformar-se	пенсионирам се	[pensioníram se]

124. Gente de negócios

diretor (m)	директор (м)	[diréktor]
gerente (m)	управител (м)	[uprávitel]
patrão, chefe (m)	ръководител (м)	[rəkovodítel]
superior (m)	началник (м)	[natʃálnik]
superiores (m pl)	началство (c)	[natʃálstvo]
presidente (m)	президент (м)	[prezidént]
presidente (m) de direção	председател (м)	[pretsedátel]
substituto (m)	заместник (м)	[zamésnik]
assistente (m)	помощник (м)	[pomóʃtnik]

secretário (m)	секретар (м)	[sekretár]
secretário (m) pessoal	личен секретар (м)	[lítʃen sekretár]
homem (m) de negócios	бизнесмен (м)	[biznesmén]
empresário (m)	предприемач (м)	[predpriemátʃ]
fundador (m)	основател (м)	[osnovátel]
fundar (vt)	основа	[osnová]
fundador, sócio (m)	учредител (м)	[utʃredítel]
parceiro, sócio (m)	партньор (м)	[partnʲór]
acionista (m)	акционер (м)	[aktsionér]
milionário (m)	милионер (м)	[milionér]
bilionário (m)	милиардер (м)	[miliardér]
proprietário (m)	собственик (м)	[sóbstvenik]
proprietário (m) de terras	земевладелец (м)	[zemevladélets]
cliente (m)	клиент (м)	[kliént]
cliente (m) habitual	постоянен клиент (м)	[postojánen kliént]
comprador (m)	купувач (м)	[kupuvátʃ]
visitante (m)	посетител (м)	[posetítel]
profissional (m)	професионалист (м)	[profesionalíst]
perito (m)	експерт (м)	[ekspért]
especialista (m)	специалист (м)	[spetsialíst]
banqueiro (m)	банкер (м)	[bankér]
corretor (m)	брокер (м)	[bróker]
caixa (m, f)	касиер (м)	[kasiér]
contabilista (m)	счетоводител (м)	[stʃetovodítel]
guarda (m)	охранител (м)	[ohranítel]
investidor (m)	инвеститор (м)	[investítor]
devedor (m)	длъжник (м)	[dləʒník]
credor (m)	кредитор (м)	[kredítor]
mutuário (m)	заемател (м)	[zaemátel]
importador (m)	вносител (м)	[vnosítel]
exportador (m)	износител (м)	[iznosítel]
produtor (m)	производител (м)	[proizvodítel]
distribuidor (m)	дистрибутор (м)	[distribútor]
intermediário (m)	посредник (м)	[posrédnik]
consultor (m)	консултант (м)	[konsultánt]
representante (m)	представител (м)	[pretstávitel]
agente (m)	агент (м)	[agént]
agente (m) de seguros	застрахователен агент (м)	[zastrahovátelen agent]

125. Profissões de serviços

cozinheiro (m)	готвач (м)	[gotvátʃ]
cozinheiro chefe (m)	главен готвач (м)	[gláven gotvátʃ]

padeiro (m)	фурнаджия (ж)	[furnadʒíja]
barman (m)	барман (м)	[bárman]
empregado (m) de mesa	сервитьор (м)	[servitʲór]
empregada (f) de mesa	сервитьорка (ж)	[servitʲórka]

advogado (m)	адвокат (м)	[advokát]
jurista (m)	юрист (м)	[juríst]
notário (m)	нотариус (м)	[notárius]

eletricista (m)	монтьор (м)	[montʲór]
canalizador (m)	водопроводчик (м)	[vodoprovóttʃik]
carpinteiro (m)	дърводелец (м)	[dərvodélets]

massagista (m)	масажист (м)	[masaʒíst]
massagista (f)	масажистка (ж)	[masaʒístka]
médico (m)	лекар (м)	[lékar]

taxista (m)	таксиметров шофьор (м)	[taksimétrof ʃofʲór]
condutor (automobilista)	шофьор (м)	[ʃofʲór]
entregador (m)	куриер (м)	[kuriér]

camareira (f)	камериерка (ж)	[kameriérka]
guarda (m)	охранител (м)	[ohranítel]
hospedeira (f) de bordo	стюардеса (ж)	[stʲuardésa]

professor (m)	учител (м)	[utʃítel]
bibliotecário (m)	библиотекар (м)	[bibliotekár]
tradutor (m)	преводач (м)	[prevodátʃ]
intérprete (m)	преводач (м)	[prevodátʃ]
guia (pessoa)	гид (м)	[git]

cabeleireiro (m)	фризьор (м)	[frizʲór]
carteiro (m)	пощальон (м)	[poʃtalʲón]
vendedor (m)	продавач (м)	[prodavátʃ]

jardineiro (m)	градинар (м)	[gradinár]
criado (m)	слуга (м)	[slugá]
criada (f)	слугиня (ж)	[slugínʲa]
empregada (f) de limpeza	чистачка (ж)	[tʃistátʃka]

126. Profissões militares e postos

soldado (m) raso	редник (м)	[rédnik]
sargento (m)	сержант (м)	[serʒánt]
tenente (m)	лейтенант (м)	[lejtenánt]
capitão (m)	капитан (м)	[kapitán]

major (m)	майор (м)	[majór]
coronel (m)	полковник (м)	[polkóvnik]
general (m)	генерал (м)	[generál]
marechal (m)	маршал (м)	[márʃal]
almirante (m)	адмирал (м)	[admirál]
militar (m)	военен (м)	[voénen]
soldado (m)	войник (м)	[vojník]

| oficial (m) | офицер (м) | [ofitsér] |
| comandante (m) | командир (м) | [komandír] |

guarda (m) fronteiriço	митничар (м)	[mitniʧár]
operador (m) de rádio	радист (м)	[radíst]
explorador (m)	разузнавач (м)	[razuznaváʧ]
sapador (m)	сапьор (м)	[sapʲór]
atirador (m)	стрелец (м)	[streléts]
navegador (m)	щурман (м)	[ʃtúrman]

127. Oficiais. Padres

| rei (m) | крал (м) | [kral] |
| rainha (f) | кралица (ж) | [kralítsa] |

| príncipe (m) | принц (м) | [prints] |
| princesa (f) | принцеса (ж) | [printsésa] |

| czar (m) | цар (м) | [tsar] |
| czarina (f) | царица (ж) | [tsarítsa] |

presidente (m)	президент (м)	[prezidént]
ministro (m)	министър (м)	[minístər]
primeiro-ministro (m)	министър-председател (м)	[minístər-pretsedátel]
senador (m)	сенатор (м)	[senátor]

diplomata (m)	дипломат (м)	[diplomát]
cônsul (m)	консул (м)	[kónsul]
embaixador (m)	посланик (м)	[poslánik]
conselheiro (m)	съветник (м)	[səvétnik]

funcionário (m)	чиновник (м)	[ʧinóvnik]
prefeito (m)	префект (м)	[prefékt]
Presidente (m) da Câmara	кмет (м)	[kmet]

| juiz (m) | съдия (м) | [sədijá] |
| procurador (m) | прокурор (м) | [prokurór] |

missionário (m)	мисионер (м)	[misionér]
monge (m)	монах (м)	[monáh]
abade (m)	абат (м)	[abát]
rabino (m)	равин (м)	[ravín]

vizir (m)	везир (м)	[vezír]
xá (m)	шах (м)	[ʃah]
xeque (m)	шейх (м)	[ʃejh]

128. Profissões agrícolas

apicultor (m)	пчеловъд (м)	[pʧelovét]
pastor (m)	пастир (м)	[pastír]
agrónomo (m)	агроном (м)	[agronóm]

| criador (m) de gado | животновъд (м) | [ʒivotnovét] |
| veterinário (m) | ветеринар (м) | [veterinár] |

agricultor (m)	фермер (м)	[férmer]
vinicultor (m)	винар (м)	[vinár]
zoólogo (m)	зоолог (м)	[zoolók]
cowboy (m)	каубой (м)	[káuboj]

129. Profissões artísticas

| ator (m) | актьор (м) | [aktjór] |
| atriz (f) | актриса (ж) | [aktrísa] |

| cantor (m) | певец (м) | [pevéts] |
| cantora (f) | певица (ж) | [pevítsa] |

| bailarino (m) | танцьор (м) | [tantsʲór] |
| bailarina (f) | танцьорка (ж) | [tantsʲórka] |

| artista (m) | артист (м) | [artíst] |
| artista (f) | артистка (ж) | [artístka] |

músico (m)	музикант (м)	[muzikánt]
pianista (m)	пианист (м)	[pianíst]
guitarrista (m)	китарист (м)	[kitaríst]

maestro (m)	диригент (м)	[dirigént]
compositor (m)	композитор (м)	[kompozítor]
empresário (m)	импресарио (м)	[impresário]

realizador (m)	режисьор (м)	[reʒisʲór]
produtor (m)	продуцент (м)	[produtsént]
argumentista (m)	сценарист (м)	[stsenaríst]
crítico (m)	критик (м)	[kritík]

escritor (m)	писател (м)	[pisátel]
poeta (m)	поет (м)	[poét]
escultor (m)	скулптор (м)	[skúlptor]
pintor (m)	художник (м)	[hudóʒnik]

malabarista (m)	жонгльор (м)	[ʒonglʲór]
palhaço (m)	клоун (м)	[klóun]
acrobata (m)	акробат (м)	[akrobát]
mágico (m)	фокусник (м)	[fókusnik]

130. Várias profissões

médico (m)	лекар (м)	[lékar]
enfermeira (f)	медицинска сестра (ж)	[meditsínska sestrá]
psiquiatra (m)	психиатър (м)	[psihiátǝr]
estomatologista (m)	стоматолог (м)	[stomatolók]
cirurgião (m)	хирург (м)	[hirúrk]

astronauta (m)	астронавт (м)	[astronáft]
astrónomo (m)	астроном (м)	[astronóm]

motorista (m)	шофьор (м)	[ʃofʲór]
maquinista (m)	машинист (м)	[maʃiníst]
mecânico (m)	механик (м)	[mehánik]

mineiro (m)	миньор (м)	[minʲór]
operário (m)	работник (м)	[rabótnik]
serralheiro (m)	шлосер (м)	[ʃlóser]
marceneiro (m)	дърводелец (м)	[dərvodélets]
torneiro (m)	стругар (м)	[strugár]
construtor (m)	строител (м)	[stroítel]
soldador (m)	заварчик (м)	[zavártʃik]

professor (m) catedrático	професор (м)	[profésor]
arquiteto (m)	архитект (м)	[arhitékt]
historiador (m)	историк (м)	[istorík]
cientista (m)	учен (м)	[úʧen]
físico (m)	физик (м)	[fizík]
químico (m)	химик (м)	[himík]

arqueólogo (m)	археолог (м)	[arheolók]
geólogo (m)	геолог (м)	[geolók]
pesquisador (cientista)	изследовател (м)	[issledovátel]

babysitter (f)	детегледачка (ж)	[detegledáʧka]
professor (m)	учител, педагог (м)	[uʧítel], [pedagók]

redator (m)	редактор (м)	[redáktor]
redator-chefe (m)	главен редактор (м)	[gláven redáktor]
correspondente (m)	кореспондент (м)	[korespondént]
datilógrafa (f)	машинописка (ж)	[maʃinopíska]

designer (m)	дизайнер (м)	[dizájner]
especialista (m) em informática	компютърен специалист (м)	[kompʲútəren spetsialíst]
programador (m)	програмист (м)	[programíst]
engenheiro (m)	инженер (м)	[inʒenér]

marujo (m)	моряк (м)	[morʲák]
marinheiro (m)	матрос (м)	[matrós]
salvador (m)	спасител (м)	[spasítel]

bombeiro (m)	пожарникар (м)	[poʒarnikár]
polícia (m)	полицай (м)	[politsáj]
guarda-noturno (m)	пазач (м)	[pazáʧ]
detetive (m)	детектив (м)	[detektíf]

funcionário (m) da alfândega	митничар (м)	[mitniʧár]
guarda-costas (m)	телохранител (с)	[telohranítel]
guarda (m) prisional	надзирател (м)	[nadzirátel]
inspetor (m)	инспектор (м)	[inspéktor]

desportista (m)	спортист (м)	[sportíst]
treinador (m)	треньор (м)	[trenʲór]

talhante (m)	месар (м)	[mesár]
sapateiro (m)	обущар (м)	[obuʃtár]
comerciante (m)	търговец (м)	[tərgóvets]
carregador (m)	хамалин (м)	[hamálin]

| estilista (m) | моделиер (м) | [modeliér] |
| modelo (f) | модел (м) | [modél] |

131. Ocupações. Estatuto social

| aluno, escolar (m) | ученик (м) | [utʃeník] |
| estudante (~ universitária) | студент (м) | [studént] |

filósofo (m)	философ (м)	[filosóf]
economista (m)	икономист (м)	[ikonomíst]
inventor (m)	изобретател (м)	[izobretátel]

desempregado (m)	безработен човек (м)	[bezrabóten tʃovék]
reformado (m)	пенсионер (м)	[pensionér]
espião (m)	шпионин (м)	[ʃpiónin]

preso (m)	затворник (м)	[zatvórnik]
grevista (m)	стачник (м)	[státʃnik]
burocrata (m)	бюрократ (м)	[bʲurokrát]
viajante (m)	пътешественик (м)	[pəteʃéstvenik]

homossexual (m)	хомосексуалист (м)	[homoseksualíst]
hacker (m)	хакер (м)	[háker]
hippie	хипи (м)	[hípi]

bandido (m)	бандит (м)	[bandít]
assassino (m) a soldo	наемен убиец (м)	[naémen ubíets]
toxicodependente (m)	наркоман (м)	[narkomán]
traficante (m)	наркотрафикант (м)	[narkotrafikánt]
prostituta (f)	проститутка (ж)	[prostitútka]
chulo (m)	сутеньор (м)	[sutenʲór]

bruxo (m)	магьосник (м)	[magʲósnik]
bruxa (f)	магьосница (ж)	[magʲósnitsa]
pirata (m)	пират (м)	[pirát]
escravo (m)	роб (м)	[rop]
samurai (m)	самурай (м)	[samuráj]
selvagem (m)	дивак (м)	[divák]

Desportos

132. Tipos de desportos. Desportistas

desportista (m)	спортист (м)	[sportíst]
tipo (m) de desporto	вид (м) спорт	[vit sport]
basquetebol (m)	баскетбол (м)	[básketbol]
jogador (m) de basquetebol	баскетболист (м)	[basketbolíst]
beisebol (m)	бейзбол (м)	[bejzból]
jogador (m) de beisebol	бейзболист (м)	[bejzbolíst]
futebol (m)	футбол (м)	[fúdbol]
futebolista (m)	футболист (м)	[fudbolíst]
guarda-redes (m)	вратар (м)	[vratár]
hóquei (m)	хокей (м)	[hókej]
jogador (m) de hóquei	хокеист (м)	[hokeíst]
voleibol (m)	волейбол (м)	[vólejbol]
jogador (m) de voleibol	волейболист (м)	[volejbolíst]
boxe (m)	бокс (м)	[boks]
boxeador, pugilista (m)	боксьор (м)	[boksʲór]
luta (f)	борба (ж)	[borbá]
lutador (m)	борец (м)	[boréts]
karaté (m)	карате (с)	[karáte]
karateca (m)	каратист (м)	[karatíst]
judo (m)	джудо (с)	[dʒúdo]
judoca (m)	джудист (м)	[dʒudíst]
ténis (m)	тенис (м)	[ténis]
tenista (m)	тенисист (м)	[tenisíst]
natação (f)	плуване (с)	[plúvane]
nadador (m)	плувец (м)	[pluvéts]
esgrima (f)	фехтовка (ж)	[fehtófka]
esgrimista (m)	фехтувач (м)	[fehtuvátʃ]
xadrez (m)	шахмат (м)	[ʃáhmát]
xadrezista (m)	шахматист (м)	[ʃahmatíst]
alpinismo (m)	алпинизъм (м)	[alpinízəm]
alpinista (m)	алпинист (м)	[alpiníst]
corrida (f)	бягане (с)	[bʲágane]

corredor (m)	бегач (м)	[begátʃ]
atletismo (m)	лека атлетика (ж)	[léka atlétika]
atleta (m)	атлет (м)	[atlét]

| hipismo (m) | конен спорт (м) | [kónen sport] |
| cavaleiro (m) | ездач (м) | [ezdátʃ] |

patinagem (f) artística	фигурно пързаляне (с)	[fígurno pərzálʲane]
patinador (m)	фигурист (м)	[figuríst]
patinadora (f)	фигуристка (ж)	[figurístka]

halterofilismo (m)	тежка атлетика (ж)	[téʃka atlétika]
halterofilista (m)	щангист (м)	[ʃtangíst]
corrida (f) de carros	автомобилни състезания (с мн)	[aftomobílni səstezánija]
piloto (m)	автомобилен състезател (м)	[aftomobílen səstezátel]

| ciclismo (m) | колоездене (с) | [koloézdene] |
| ciclista (m) | колоездач (м) | [koloezdátʃ] |

salto (m) em comprimento	скок (м) на дължина	[skok na dəʒiná]
salto (m) à vara	овчарски скок (м)	[oftʃárski skok]
atleta (m) de saltos	скачач (м)	[skatʃátʃ]

133. Tipos de desportos. Diversos

futebol (m) americano	американски футбол (м)	[amerikánski fúdbol]
badminton (m)	бадминтон (м)	[bádminton]
biatlo (m)	биатлон (м)	[biatlón]
bilhar (m)	билярд (м)	[bilʲárt]

bobsleigh (m)	бобслей (м)	[bobsléj]
musculação (f)	културизъм (м)	[kulturízəm]
polo (m) aquático	водна топка (ж)	[vódna tópka]
handebol (m)	хандбал (м)	[hándbal]
golfe (m)	голф (м)	[golf]

remo (m)	гребане (с)	[grébane]
mergulho (m)	дайвинг (м)	[dájving]
corrida (f) de esqui	ски бягане (с мн)	[ski bʲágane]
ténis (m) de mesa	тенис (м) на маса	[ténis na mása]

vela (f)	спорт (м) с платноходки	[sport s platnohótki]
rali (m)	рали (с)	[ráli]
râguebi (m)	ръгби (с)	[régbi]
snowboard (m)	сноуборд (м)	[snóubort]

134. Ginásio

| barra (f) | щанга (ж) | [ʃtánga] |
| halteres (m pl) | гири (ж мн) | [gíri] |

aparelho (m) de musculaçao	тренажор (м)	[trenaʒór]
bicicleta (f) ergométrica	велоергометър (м)	[veloergométər]
passadeira (f) de corrida	писта (ж) за бягане	[písta za bˈágane]

barra (f) fixa	лост (м)	[lost]
barras (f) paralelas	успоредка (ж)	[úsporetka]
cavalo (m)	кон (м)	[kon]
tapete (m) de ginástica	дюшек (м)	[dˈuʃék]

aeróbica (f)	аеробика (ж)	[aeróbika]
ioga (f)	йога (ж)	[jóga]

135. Hoquei

hóquei (m)	хокей (м)	[hókej]
jogador (m) de hóquei	хокеист (м)	[hokeíst]
jogar hóquei	играя хокей	[igrája hókej]
gelo (m)	лед (м)	[let]

disco (m)	шайба (ж)	[ʃájba]
taco (m) de hóquei	стик (м)	[stik]
patins (m pl) de gelo	кънки (мн)	[kénki]

muro (m)	мантинела (ж)	[mantinéla]
tiro (m)	удар (м)	[údar]

guarda-redes (m)	вратар (м)	[vratár]
golo (m)	гол (м)	[gol]
marcar um golo	вкарам гол	[fkáram gol]

tempo (m)	третина (ж)	[tretína]
banco (m) de reservas	резервна скамейка (ж)	[rezérvna skaméjka]

136. Futebol

futebol (m)	футбол (м)	[fúdbol]
futebolista (m)	футболист (м)	[fudbolíst]
jogar futebol	играя футбол	[igrája fúdbol]

Liga Principal (f)	висша лига (ж)	[víʃʃa líga]
clube (m) de futebol	футболен клуб (м)	[fúdbolen klup]
treinador (m)	треньор (м)	[trenˈór]
proprietário (m)	собственик (м)	[sóbstvenik]

equipa (f)	отбор (м)	[otbór]
capitão (m) da equipa	капитан (м) на отбора	[kapitán na odbóra]
jogador (m)	играч (м)	[igrátʃ]
jogador (m) de reserva	резервен играч (м)	[rezérven igrátʃ]

atacante (m)	нападател (м)	[napadátel]
avançado (m) centro	централен нападател (м)	[tsentrálen napadátel]
marcador (m)	голмайстор (м)	[golmájstor]

defesa (m)	защитник (м)	[zaʃtítnik]
médio (m)	полузащитник (м)	[poluzaʃtítnik]
jogo (desafio)	мач (м)	[matʃ]
encontrar-se (vr)	срещам се	[sréʃtam se]
final (m)	финал (м)	[finál]
meia-final (f)	полуфинал (м)	[polufinál]
campeonato (m)	шампионат (м)	[ʃampionát]
tempo (m)	полувреме (с)	[poluvréme]
primeiro tempo (m)	първо полувреме (с)	[pɤ́rvo poluvréme]
intervalo (m)	почивка (ж)	[potʃífka]
baliza (f)	врата (ж)	[vratá]
guarda-redes (m)	вратар (м)	[vratár]
trave (f)	странична греда (ж)	[stranítʃna gredá]
barra (f) transversal	напречна греда (ж)	[naprétʃna gredá]
rede (f)	мрежа (ж)	[mréʒa]
sofrer um golo	пропусна топка	[propúsna tópka]
bola (f)	топка (ж)	[tópka]
passe (m)	пас (м)	[pas]
chute (m)	удар (м)	[údar]
chutar (vt)	бия	[bíja]
tiro (m) livre	наказателен удар (м)	[nakazátelen údar]
canto (m)	ъглов удар (м)	[ɤ́glov údar]
ataque (m)	атака (ж)	[atáka]
contra-ataque (m)	контраатака (ж)	[kóntra·atáka]
combinação (f)	комбинация (ж)	[kombinátsija]
árbitro (m)	арбитър (м)	[arbítər]
apitar (vi)	свиря	[svírʲa]
apito (m)	свирка (ж)	[svírka]
falta (f)	нарушение (с)	[naruʃénie]
cometer a falta	наруша	[naruʃá]
expulsar (vt)	отстраня	[otstranʲá]
cartão (m) amarelo	жълт картон (м)	[ʒəlt kartón]
cartão (m) vermelho	червен картон (м)	[tʃervén kartón]
desqualificação (f)	дисквалификация (ж)	[diskvalifikátsija]
desqualificar (vt)	дисквалифицирам	[diskvalifitsíram]
penálti (m)	дузпа (ж)	[dúspa]
barreira (f)	стена (ж)	[stená]
marcar (vt)	вкарам	[fkáram]
golo (m)	гол (м)	[gol]
marcar um golo	вкарам гол	[fkáram gol]
substituto (m)	смяна (ж)	[smʲána]
substituir (vt)	сменя	[smenʲá]
regras (f pl)	правила (с мн)	[pravilá]
tática (f)	тактика (ж)	[táktika]
estádio (m)	стадион (м)	[stadión]
bancadas (f pl)	трибуна (ж)	[tribúna]

| fã, adepto (m) | запалянко (м) | [zapalʲánko] |
| gritar (vi) | викам | [víkam] |

| marcador (m) | табло (с) | [tabl772] |
| resultado (m) | резултат (м) | [rezultát] |

| derrota (f) | поражение (с) | [poraʒénie] |
| perder (vt) | загубя | [zagúbʲa] |

| empate (m) | наравно | [narávno] |
| empatar (vi) | завърша наравно | [zavərʃa narávno] |

vitória (f)	победа (ж)	[pobéda]
ganhar, vencer (vi, vt)	победя	[pobedʲá]
campeão (m)	шампион (м)	[ʃampíon]
melhor	най-добър	[naj-dobér]
felicitar (vt)	поздравявам	[pozdravʲávam]

comentador (m)	коментатор (м)	[komentátor]
comentar (vt)	коментирам	[komentíram]
transmissão (f)	предаване (с)	[predávane]

137. Ski Alpino

esqui (m)	ски (мн)	[ski]
esquiar (vi)	карам ски	[káram ski]
estância (f) de esqui	планински курорт (м)	[planínski kurórt]
teleférico (m)	лифт (м)	[lift]

bastões (m pl) de esqui	щеки (ж мн)	[ʃtéki]
declive (m)	склон (м)	[sklon]
slalom (m)	слалом (м)	[slálom]

138. Ténis. Golfe

golfe (m)	голф (м)	[golf]
clube (m) de golfe	голф клуб (м)	[golf klúp]
jogador (m) de golfe	играч (м) на голф	[igrátʃ na golf]

buraco (m)	дупка (ж)	[dúpka]
taco (m)	стик (м)	[stik]
trolley (m)	количка (ж) за голф	[kolítʃka za golf]

| ténis (m) | тенис (м) | [ténis] |
| quadra (f) de ténis | корт (м) | [kort] |

| saque (m) | сервис (м) | [sérvis] |
| sacar (vi) | сервирам | [servíram] |

raquete (f)	ракета (ж)	[rakéta]
rede (f)	мрежа (ж)	[mréʒa]
bola (f)	топка (ж)	[tópka]

139. Xadrez

xadrez (m)	шахмат (м)	[ʃáhmát]
peças (f pl) de xadrez	шахматни фигури (ж мн)	[ʃáhmátni fíguri]
xadrezista (m)	шахматист (м)	[ʃahmatíst]
tabuleiro (m) de xadrez	шахматна дъска (ж)	[ʃáhmatna dəská]
peça (f) de xadrez	фигура (ж)	[fígura]
brancas (f pl)	бели (мн)	[béli]
pretas (f pl)	черни (мн)	[tʃérni]
peão (m)	пионка (ж)	[piónka]
bispo (m)	офицер (м)	[ofitsér]
cavalo (m)	кон (м)	[kon]
torre (f), roque (m)	топ (м)	[top]
dama (f)	царица (ж)	[tsarítsa]
rei (m)	цар (м)	[tsar]
vez (m)	ход (м)	[hot]
mover (vt)	предвижвам	[predvíʒvam]
sacrificar (vt)	жертвам	[ʒértvam]
roque (m)	рокада (ж)	[rokáda]
xeque (m)	шах (м)	[ʃah]
xeque-mate (m)	мат (м)	[mat]
torneio (m) de xadrez	шахматен турнир (м)	[ʃáhmaten turnír]
grão-mestre (m)	гросмайстор (м)	[grosmájstor]
combinação (f)	комбинация (ж)	[kombinátsija]
partida (f)	партия (ж)	[pártija]
jogo (m) de damas	шашки (мн)	[ʃáʃki]

140. Boxe

boxe (m)	бокс (м)	[boks]
combate (m)	бой (м)	[boj]
duelo (m)	двубой (м)	[dvubój]
round, assalto (m)	рунд (м)	[runt]
ringue (m)	ринг (м)	[rink]
gongo (m)	гонг (м)	[gonk]
murro, soco (m)	удар (м)	[údar]
knockdown (m)	нокдаун (м)	[nokdáun]
nocaute (m)	нокаут (м)	[nokáut]
nocautear (vt)	нокаутирам	[nokautíram]
luva (f) de boxe	боксьорска ръкавица (ж)	[boksʲórska rəkavítsa]
árbitro (m)	рефер (м)	[réfer]
peso-leve (m)	лека категория (ж)	[léka kategórija]
peso-médio (m)	средна категория (ж)	[srédna kategórija]
peso-pesado (m)	тежка категория (ж)	[téʃka kategórija]

141. Desportos. Diversos

Jogos (m pl) Olímpicos	олимпийски игри (ж мн)	[olimpíjski igrí]
vencedor (m)	победител (м)	[pobedítel]
vencer (vi)	побеждавам	[pobeʒdávam]
vencer, ganhar (vi)	спечеля	[spetʃélʲa]
líder (m)	водач (м)	[vodátʃ]
liderar (vt)	водя	[vódʲa]
primeiro lugar (m)	първо място (с)	[pérvo mʲásto]
segundo lugar (m)	второ място (с)	[ftóro mʲásto]
terceiro lugar (m)	трето място (с)	[tréto mʲásto]
medalha (f)	медал (м)	[medál]
troféu (m)	трофей (м)	[troféj]
taça (f)	купа (ж)	[kupá]
prémio (m)	награда (ж)	[nagráda]
prémio (m) principal	първа награда (ж)	[pérva nagráda]
recorde (m)	рекорд (м)	[rekórt]
estabelecer um recorde	поставям рекорд	[postávʲam rekórt]
final (m)	финал (м)	[finál]
final	финален	[finálen]
campeão (m)	шампион (м)	[ʃampíon]
campeonato (m)	шампионат (м)	[ʃampionát]
estádio (m)	стадион (м)	[stadión]
bancadas (f pl)	трибуна (ж)	[tribúna]
fã, adepto (m)	запалянко (м)	[zapalʲánko]
adversário (m)	съперник (м)	[səpérnik]
partida (f)	старт (м)	[start]
chegada, meta (f)	финиш (м)	[fíniʃ]
derrota (f)	загуба (ж)	[záguba]
perder (vt)	загубя	[zagúbʲa]
árbitro (m)	съдия (м)	[sədijá]
júri (m)	жури (с)	[ʒúri]
resultado (m)	резултат (м)	[rezultát]
empate (m)	наравно (с)	[narávno]
empatar (vi)	завърша наравно	[zavérʃa narávno]
ponto (m)	точка (ж)	[tótʃka]
resultado (m) final	резултат (м)	[rezultát]
intervalo (m)	почивка (ж)	[potʃífka]
doping (m)	допинг (м)	[dóping]
penalizar (vt)	наказвам	[nakázvam]
desqualificar (vt)	дисквалифицирам	[diskvalifitsíram]
aparelho (m)	уред (м)	[úret]
dardo (m)	копие (с)	[kópie]

| peso (m) | гюлле (c) | [gʲulé] |
| bola (f) | топка (ж) | [tópka] |

alvo, objetivo (m)	цел (ж)	[tsel]
alvo (~ de papel)	мишена (ж)	[miʃéna]
atirar, disparar (vi)	стрелям	[strélʲam]
preciso (tiro ~)	точен	[tótʃen]

treinador (m)	треньор (м)	[trenʲór]
treinar (vt)	тренирам	[treníram]
treinar-se (vr)	тренирам се	[treníram se]
treino (m)	тренировка (ж)	[trenirófka]

ginásio (m)	спортна зала (ж)	[spórtna zála]
exercício (m)	упражнение (c)	[uraʒnénie]
aquecimento (m)	загряване (c)	[zagrʲávane]

Educação

142. Escola

| escola (f) | училище (с) | [utʃíliʃte] |
| diretor (m) de escola | директор (м) на училище | [diréktor na utʃíliʃte] |

aluno (m)	ученик (м)	[utʃeník]
aluna (f)	ученичка (ж)	[utʃenítʃka]
escolar (m)	ученик (м)	[utʃeník]
escolar (f)	ученичка (ж)	[utʃenítʃka]

ensinar (vt)	уча	[útʃa]
aprender (vt)	уча	[útʃa]
aprender de cor	уча наизуст	[útʃa naizúst]

estudar (vi)	уча се	[útʃa se]
andar na escola	ходя на училище	[hódʲa na utʃíliʃte]
ir à escola	отивам на училище	[otívam na utʃíliʃte]

| alfabeto (m) | алфавит (м) | [alfavít] |
| disciplina (f) | предмет (м) | [predmét] |

sala (f) de aula	клас (м)	[klas]
lição (f)	час (м)	[tʃas]
recreio (m)	междучасие (с)	[meʒdutʃásie]
toque (m)	звънец (м)	[zvənéts]
carteira (f)	чин (м)	[tʃin]
quadro (m) negro	дъска (ж)	[dəská]

nota (f)	бележка (ж)	[beléʃka]
boa nota (f)	добра оценка (ж)	[dobrá otsénka]
nota (f) baixa	лоша оценка (ж)	[lóʃa otsénka]
dar uma nota	пиша оценка (ж)	[píʃa otsénka]

erro (m)	грешка (ж)	[gréʃka]
fazer erros	правя грешки	[právʲa gréʃki]
corrigir (vt)	поправям	[poprávʲam]
cábula (f)	пищов (м)	[piʃtóv]

| dever (m) de casa | домашно (с) | [domáʃno] |
| exercício (m) | упражнение (с) | [upraʒnénie] |

| estar presente | присъствам | [priséstvam] |
| estar ausente | отсъствам | [otséstvam] |

punir (vt)	наказвам	[nakázvam]
punição (f)	наказание (с)	[nakazánie]
comportamento (m)	поведение (с)	[povedénie]
boletim (m) escolar	дневник (м)	[dnévnik]

lápis (m)	молив (м)	[móliv]
borracha (f)	гума (ж)	[gúma]
giz (m)	тебешир (м)	[tebeʃír]
estojo (m)	несесер (м)	[nesesér]

pasta (f) escolar	раница (ж)	[ránitsa]
caneta (f)	химикалка (ж)	[himikálka]
caderno (m)	тетрадка (ж)	[tetrátka]
manual (m) escolar	учебник (м)	[utʃébnik]
compasso (m)	пергел (м)	[pergél]

| traçar (vt) | чертая | [tʃertája] |
| desenho (m) técnico | чертеж (м) | [tʃertéʒ] |

poesia (f)	стихотворение (c)	[stihotvorénie]
de cor	наизуст	[naizúst]
aprender de cor	уча наизуст	[útʃa naizúst]

férias (f pl)	ваканция (ж)	[vakántsija]
estar de férias	във ваканция съм	[vəf vakántsija səm]
passar as férias	прекарвам ваканция	[prekárvam vakántsija]

teste (m)	контролна работа (ж)	[kontrólna rábota]
composição, redação (f)	съчинение (c)	[sətʃinénie]
ditado (m)	диктовка (ж)	[diktófka]

exame (m)	изпит (м)	[íspit]
fazer exame	полагам изпити	[polágam íspiti]
experiência (~ química)	опит (м)	[ópit]

143. Colégio. Universidade

academia (f)	академия (ж)	[akadémija]
universidade (f)	университет (м)	[universitét]
faculdade (f)	факултет (м)	[fakultét]

estudante (m)	студент (м)	[studént]
estudante (f)	студентка (ж)	[studéntka]
professor (m)	преподавател (м)	[prepodavátel]

| sala (f) de palestras | аудитория (ж) | [auditórija] |
| graduado (m) | абсолвент (м) | [absolvént] |

| diploma (m) | диплома (ж) | [díploma] |
| tese (f) | дисертация (ж) | [disertátsija] |

| estudo (obra) | изследване (c) | [isslédvane] |
| laboratório (m) | лаборатория (ж) | [laboratórija] |

| palestra (f) | лекция (ж) | [léktsija] |
| colega (m) de curso | състудент (м) | [səstudént] |

| bolsa (f) de estudos | стипендия (ж) | [stipéndija] |
| grau (m) académico | научна степен (ж) | [naútʃna stépen] |

144. Ciências. Disciplinas

matemática (f)	математика (ж)	[matemátika]
álgebra (f)	алгебра (ж)	[álgebra]
geometria (f)	геометрия (ж)	[geométrija]
astronomia (f)	астрономия (ж)	[astronómija]
biologia (f)	биология (ж)	[biológija]
geografia (f)	география (ж)	[geográfija]
geologia (f)	геология (ж)	[geológija]
história (f)	история (ж)	[istórija]
medicina (f)	медицина (ж)	[meditsína]
pedagogia (f)	педагогика (ж)	[pedagógika]
direito (m)	право (с)	[právo]
física (f)	физика (ж)	[fízika]
química (f)	химия (ж)	[hímija]
filosofia (f)	философия (ж)	[filosófija]
psicologia (f)	психология (ж)	[psihológija]

145. Sistema de escrita. Ortografia

gramática (f)	граматика (ж)	[gramátika]
vocabulário (m)	лексика (ж)	[léksika]
fonética (f)	фонетика (ж)	[fonétika]
substantivo (m)	съществително име (с)	[səʃtestvítelno íme]
adjetivo (m)	прилагателно име (с)	[prilagátelno íme]
verbo (m)	глагол (м)	[glagól]
advérbio (m)	наречие (с)	[narétʃie]
pronome (m)	местоимение (с)	[mestoiménie]
interjeição (f)	междуметие (с)	[meʒdumétie]
preposição (f)	предлог (м)	[predlók]
raiz (f) da palavra	корен (м) на думата	[kóren na dúmata]
terminação (f)	окончание (с)	[okontʃánie]
prefixo (m)	представка (ж)	[pretstáfka]
sílaba (f)	сричка (ж)	[srítʃka]
sufixo (m)	наставка (ж)	[nastáfka]
acento (m)	ударение (с)	[udarénie]
apóstrofo (m)	апостроф (м)	[apostróf]
ponto (m)	точка (ж)	[tótʃka]
vírgula (f)	запетая (ж)	[zapetája]
ponto e vírgula (m)	точка (ж) и запетая	[tótʃka i zapetája]
dois pontos (m pl)	двоеточие (с)	[dvoetótʃie]
reticências (f pl)	многоточие (с)	[mnogotótʃie]
ponto (m) de interrogação	въпросителен знак (м)	[vəprosítelen znák]
ponto (m) de exclamação	удивителна (ж)	[udivítelna]

aspas (f pl)	кавички (мн)	[kavítʃki]
entre aspas	в кавички	[v kavítʃki]
parênteses (m pl)	скоби (ж мн)	[skóbi]
entre parênteses	в скоби	[v skóbi]

hífen (m)	дефис (м)	[defís]
travessão (m)	тире (с)	[tiré]
espaço (m)	бяло поле (с)	[bʲálo polé]

| letra (f) | буква (ж) | [búkva] |
| letra (f) maiúscula | главна буква (ж) | [glávna búkva] |

| vogal (f) | гласен звук (м) | [glásen zvuk] |
| consoante (f) | съгласен звук (м) | [səglásen zvuk] |

frase (f)	изречение (с)	[izretʃénie]
sujeito (m)	подлог (м)	[pódlok]
predicado (m)	сказуемо (с)	[skazúemo]

linha (f)	ред (м)	[ret]
em uma nova linha	от нов ред	[ot nóv ret]
parágrafo (m)	абзац (м)	[abzáts]

palavra (f)	дума (ж)	[dúma]
grupo (m) de palavras	словосъчетание (с)	[slovo·sətʃetánie]
expressão (f)	израз (м)	[ízraz]
sinónimo (m)	синоним (м)	[sinoním]
antónimo (m)	антоним (м)	[antoním]

regra (f)	правило (с)	[právilo]
exceção (f)	изключение (с)	[izklʲutʃénie]
correto	верен	[véren]

conjugação (f)	спрежение (с)	[spreʒénie]
declinação (f)	склонение (с)	[sklonénie]
caso (m)	падеж (м)	[padéʒ]
pergunta (f)	въпрос (м)	[vəprós]
sublinhar (vt)	подчертая	[podtʃertája]
linha (f) pontilhada	пунктир (м)	[punktír]

146. Línguas estrangeiras

língua (f)	език (м)	[ezík]
estrangeiro	чужд	[tʃuʒd]
língua (f) estrangeira	чужд език (м)	[tʃuʒd ezík]
estudar (vt)	изучавам	[izutʃávam]
aprender (vt)	уча	[útʃa]

ler (vt)	чета	[tʃeta]
falar (vi)	говоря	[govórʲa]
compreender (vt)	разбирам	[razbíram]
escrever (vt)	пиша	[píʃa]
rapidamente	бързо	[bérzo]
devagar	бавно	[bávno]

fluentemente	свободно	[svobódno]
regras (f pl)	правила (с мн)	[pravilá]
gramática (f)	граматика (ж)	[gramátika]
vocabulário (m)	лексика (ж)	[léksika]
fonética (f)	фонетика (ж)	[fonétika]

manual (m) escolar	учебник (м)	[utʃébnik]
dicionário (m)	речник (м)	[rétʃnik]
manual (m) de autoaprendizagem	самоучител (м)	[samoutʃítel]
guia (m) de conversação	разговорник (м)	[razgovórnik]

cassete (f)	касета (ж)	[kaséta]
vídeo cassete (m)	видеокасета (ж)	[video·kaséta]
CD (m)	CD диск (м)	[sidí disk]
DVD (m)	DVD (м)	[dividí]

alfabeto (m)	алфавит (м)	[alfavít]
soletrar (vt)	спелувам	[spelúvam]
pronúncia (f)	произношение (с)	[proiznoʃénie]

sotaque (m)	акцент (м)	[aktsént]
com sotaque	с акцент	[s aktsént]
sem sotaque	без акцент	[bez aktsént]

palavra (f)	дума (ж)	[dúma]
sentido (m)	смисъл (м)	[smísəl]

cursos (m pl)	курсове (м мн)	[kúrsove]
inscrever-se (vr)	запиша се	[zapíʃa se]
professor (m)	преподавател (м)	[prepodavátel]

tradução (processo)	превод (м)	[prévot]
tradução (texto)	превод (м)	[prévot]
tradutor (m)	преводач (м)	[prevodátʃ]
intérprete (m)	преводач (м)	[prevodátʃ]

poliglota (m)	полиглот (м)	[poliglót]
memória (f)	памет (ж)	[pámet]

147. Personagens de contos de fadas

Pai (m) Natal	Дядо Коледа	[dʲádo kóleda]
sereia (f)	русалка (ж)	[rusálka]

mago (m)	вълшебник (м)	[vəlʃébnik]
fada (f)	вълшебница (ж)	[vəlʃébnitsa]
mágico	вълшебен	[vəlʃében]
varinha (f) mágica	вълшебна пръчица (ж)	[vəlʃébna prétʃitsa]

conto (m) de fadas	приказка (ж)	[príkaska]
milagre (m)	чудо (с)	[tʃúdo]
anão (m)	джудже (с)	[dʒudʒé]
transformar-se em ...	превърна се в ...	[prevérna se v]

fantasma (m)	призрак (м)	[prízrak]
espetro (m)	привидение (c)	[prividénie]
monstro (m)	чудовище (c)	[ʧudóviʃte]
dragão (m)	ламя (ж)	[lamʲá]
gigante (m)	великан (м)	[velikán]

148. Signos do Zodíaco

Carneiro	Овен (м)	[ovén]
Touro	Телец (м)	[teléts]
Gémeos	Близнаци (м мн)	[bliznátsi]
Caranguejo	Рак (м)	[rak]
Leão	Лъв (м)	[ləv]
Virgem	Дева (ж)	[déva]

Balança	Везни (ж мн)	[vezní]
Escorpião	Скорпион (м)	[skorpión]
Sagitário	Стрелец (м)	[streléts]
Capricórnio	Козирог (м)	[kózirok]
Aquário	Водолей (м)	[vodoléj]
Peixes	Риби (ж мн)	[ríbi]

caráter (m)	характер (м)	[harákter]
traços (m pl) do caráter	черти (ж мн) на характера	[ʧertí na haráktera]
comportamento (m)	поведение (c)	[povedénie]
predizer (vt)	гледам	[glédam]
adivinha (f)	гледачка (ж)	[gledáʧka]
horóscopo (m)	хороскоп (м)	[horoskóp]

Artes

149. Teatro

teatro (m)	театър (м)	[teátər]
ópera (f)	опера (ж)	[ópera]
opereta (f)	оперета (ж)	[operéta]
balé (m)	балет (м)	[balét]

cartaz (m)	афиш (м)	[afíʃ]
companhia (f) teatral	трупа (ж)	[trúpa]
turné (digressão)	гастроли (м мн)	[gastróli]
estar em turné	гастролирам	[gastrolíram]
ensaiar (vt)	репетирам	[repetíram]
ensaio (m)	репетиция (ж)	[repetítsija]
repertório (m)	репертоар (м)	[repertuár]

apresentação (f)	представление (с)	[pretstavlénie]
espetáculo (m)	спектакъл (м)	[spektákəl]
peça (f)	пиеса (ж)	[piésa]

bilhete (m)	билет (м)	[bilét]
bilheteira (f)	билетна каса (ж)	[bilétna kása]
hall (m)	хол (м)	[hol]
guarda-roupa (m)	гардероб (м)	[garderóp]
senha (f) numerada	номерче (с)	[nómertʃe]
binóculo (m)	бинокъл (м)	[binókəl]
lanterninha (m)	контрольор (м)	[kontrolʲór]

plateia (f)	партер (м)	[párter]
balcão (m)	балкон (м)	[balkón]
primeiro balcão (m)	първи балкон (м)	[pérvi balkón]
camarote (m)	ложа (ж)	[lóʒa]
fila (f)	ред (м)	[ret]
assento (m)	място (с)	[mʲásto]

público (m)	публика (ж)	[públika]
espetador (m)	зрител (м)	[zrítel]
aplaudir (vt)	аплодирам	[aplodíram]
aplausos (m pl)	аплодисменти (м мн)	[aplodisménti]
ovação (f)	овации (ж мн)	[ovátsii]

palco (m)	сцена (ж)	[stséna]
pano (m) de boca	завеса (ж)	[zavésa]
cenário (m)	декорация (ж)	[dekorátsija]
bastidores (m pl)	кулиси (ж мн)	[kulísi]

cena (f)	сцена (ж)	[stséna]
ato (m)	действие (с)	[déjstvie]
entreato (m)	антракт (м)	[antrákt]

150. Cinema

ator (m)	актьор (м)	[aktjór]
atriz (f)	актриса (ж)	[aktrísa]

cinema (m)	кино (с)	[kíno]
filme (m)	филм (м)	[film]
episódio (m)	серия (ж)	[sérija]

filme (m) policial	детективски филм (м)	[detektífski film]
filme (m) de ação	екшън филм (м)	[ékʃən film]
filme (m) de aventuras	приключенски филм (м)	[priklʲutʃénski film]
filme (m) de ficção científica	фантастичен филм (м)	[fantastítʃen film]
filme (m) de terror	филм (м) на ужаси	[film na úʒasi]

comédia (f)	кинокомедия (ж)	[kinokomédija]
melodrama (m)	мелодрама (ж)	[melodráma]
drama (m)	драма (ж)	[dráma]

filme (m) ficcional	игрален филм (м)	[igrálen film]
documentário (m)	документален филм (м)	[dokumentálen film]
desenho (m) animado	анимационен филм (м)	[animatsiónen film]
cinema (m) mudo	нямо кино (с)	[nʲámo kíno]

papel (m)	роля (ж)	[rólʲa]
papel (m) principal	главна роля (ж)	[glávna rólʲa]
representar (vt)	играя	[igrája]

estrela (f) de cinema	кинозвезда (ж)	[kinozvezdá]
conhecido	известен	[izvésten]
famoso	прочут	[protʃút]
popular	популярен	[populʲáren]

argumento (m)	сценарий (м)	[stsenárij]
argumentista (m)	сценарист (м)	[stsenaríst]
realizador (m)	режисьор (м)	[reʒisʲór]
produtor (m)	продуцент (м)	[produtsént]
assistente (m)	асистент (м)	[asistént]
diretor (m) de fotografia	оператор (м)	[operátor]
duplo (m)	каскадьор (м)	[kaskadʲór]

filmar (vt)	снимам филм	[snímam film]
audição (f)	проби (ж мн)	[próbi]
filmagem (f)	снимане (с)	[snímane]
equipe (f) de filmagem	снимачен екип (м)	[snimátʃen ekíp]
set (m) de filmagem	снимачна площадка (ж)	[snimátʃna ploʃtátka]
câmara (f)	кинокамера (ж)	[kinokámera]

cinema (m)	кинотеатър (м)	[kinoteátər]
ecrã (m), tela (f)	екран (м)	[ekrán]
exibir um filme	прожектирам филм	[proʒektíram film]

pista (f) sonora	звукова пътека (ж)	[zvúkova pətéka]
efeitos (m pl) especiais	специални ефекти (м мн)	[spetsiálni efékti]
legendas (f pl)	субтитри (мн)	[suptítri]

crédito (m)	титри (мн)	[títri]
tradução (f)	превод (м)	[prévot]

151. Pintura

arte (f)	изкуство (с)	[izkústvo]
belas-artes (f pl)	изящни изкуства (с мн)	[izʲáʃtni iskústva]
galeria (f) de arte	галерия (ж)	[galérija]
exposição (f) de arte	изложба (ж) на картини	[izlóʒba na kartíni]

pintura (f)	живопис (м)	[ʒivopís]
arte (f) gráfica	графика (ж)	[gráfika]
arte (f) abstrata	абстракционизъм (м)	[abstraktsionízəm]
impressionismo (m)	импресионизъм (м)	[impresionízəm]

pintura (f), quadro (m)	картина (ж)	[kartína]
desenho (m)	рисунка (ж)	[risúnka]
cartaz, póster (m)	постер (м)	[póster]

ilustração (f)	илюстрация (ж)	[ilʲustrátsija]
miniatura (f)	миниатюра (ж)	[miniatʲúra]
cópia (f)	копие (с)	[kópie]
reprodução (f)	репродукция (ж)	[reprodúktsija]

mosaico (m)	мозайка (ж)	[mozájka]
vitral (m)	стъклопис (м)	[stəklopís]
fresco (m)	фреска (ж)	[fréska]
gravura (f)	гравюра (ж)	[gravʲúra]

busto (m)	бюст (м)	[bʲust]
escultura (f)	скулптура (ж)	[skulptúra]
estátua (f)	статуя (ж)	[státuja]
gesso (m)	гипс (м)	[gips]
em gesso	от гипс	[ot gips]

retrato (m)	портрет (м)	[portrét]
autorretrato (m)	автопортрет (м)	[aftoportrét]
paisagem (f)	пейзаж (м)	[pejzáʒ]
natureza (f) morta	натюрморт (м)	[natʲurmórt]
caricatura (f)	карикатура (ж)	[karikatúra]
esboço (m)	скица (ж)	[skítsa]

tinta (f)	боя (ж)	[bojá]
aguarela (f)	акварел (м)	[akvaról]
óleo (m)	маслени бои (ж мн)	[másleni boí]
lápis (m)	молив (м)	[móliv]
tinta da China (f)	туш (м)	[tuʃ]
carvão (m)	въглен (м)	[véglen]

desenhar (vt)	рисувам	[risúvam]
pintar (vt)	рисувам	[risúvam]

posar (vi)	позирам	[pozíram]
modelo (m)	модел (м)	[modél]

modelo (f)	модел (м)	[modél]
pintor (m)	художник (м)	[hudóʒnik]
obra (f)	произведение (с)	[proizvedénie]
obra-prima (f)	шедьовър (м)	[ʃedʲóvər]
estúdio (m)	ателие (с)	[atelié]

tela (f)	платно (с)	[platnó]
cavalete (m)	статив (м)	[statíf]
paleta (f)	палитра (ж)	[palítra]

moldura (f)	рамка (ж)	[rámka]
restauração (f)	реставрация (ж)	[restavrátsija]
restaurar (vt)	реставрирам	[restavríram]

152. Literatura & Poesia

literatura (f)	литература (ж)	[literatúra]
autor (m)	автор (м)	[áftor]
pseudónimo (m)	псевдоним (м)	[psevdoním]

livro (m)	книга (ж)	[kníga]
volume (m)	том (м)	[tom]
índice (m)	съдържание (с)	[sədərʒánie]
página (f)	страница (ж)	[stránitsa]
protagonista (m)	главен герой (м)	[gláven gerój]
autógrafo (m)	автограф (м)	[aftográf]

conto (m)	разказ (м)	[rázkaz]
novela (f)	повест (ж)	[póvest]
romance (m)	роман (м)	[román]
obra (f)	съчинение (с)	[səʧinénie]
fábula (m)	басня (ж)	[básnʲa]
romance (m) policial	детективски роман (м)	[detektífski román]

poesia (obra)	стихотворение (с)	[stihotvorénie]
poesia (arte)	поезия (ж)	[poézija]
poema (m)	поема (ж)	[poéma]
poeta (m)	поет (м)	[poét]

ficção (f)	белетристика (ж)	[beletrístika]
ficção (f) científica	научна фантастика (ж)	[naúʧna fantástika]
aventuras (f pl)	приключения (с мн)	[priklʲuʧénija]
literatura (f) didática	учебна литература (ж)	[uʧébna literatúra]
literatura (f) infantil	детска литература (ж)	[détska literatúra]

153. Circo

circo (m)	цирк (м)	[tsirk]
programa (m)	програма (ж)	[prográma]
apresentação (f)	представление (с)	[pretstavlénie]
número (m)	номер (м)	[nómer]
arena (f)	арена (ж)	[aréna]

| pantomima (f) | пантомима (ж) | [pantomíma] |
| palhaço (m) | клоун (м) | [klóun] |

acrobata (m)	акробат (м)	[akrobát]
acrobacia (f)	акробатика (ж)	[akrobátika]
ginasta (m)	гимнастик (м)	[gimnastík]
ginástica (f)	гимнастика (ж)	[gimnástika]
salto (m) mortal	салто (с)	[sálto]

homem forte (m)	атлет (м)	[atlét]
domador (m)	укротител (м)	[ukrotítel]
cavaleiro (m) equilibrista	ездач (м)	[ezdátʃ]
assistente (m)	асистент (м)	[asistént]

truque (m)	трик (м)	[trik]
truque (m) de mágica	фокус (м)	[fókus]
mágico (m)	фокусник (м)	[fókusnik]

malabarista (m)	жонгльор (м)	[ʒonglʲór]
fazer malabarismos	жонглирам	[ʒonglíram]
domador (m)	дресьор (м)	[dresʲór]
adestramento (m)	дресиране (с)	[dresírane]
adestrar (vt)	дресирам	[dresíram]

154. Música. Música popular

música (f)	музика (ж)	[múzika]
músico (m)	музикант (м)	[muzikánt]
instrumento (m) musical	музикален инструмент (м)	[muzikálen instrumént]
tocar ...	свиря на ...	[svírʲa na]

guitarra (f)	китара (ж)	[kitára]
violino (m)	цигулка (ж)	[tsigúlka]
violoncelo (m)	чело (с)	[tʃélo]
contrabaixo (m)	контрабас (м)	[kontrabás]
harpa (f)	арфа (ж)	[árfa]

piano (m)	пиано (с)	[piáno]
piano (m) de cauda	роял (м)	[rojál]
órgão (m)	орган (м)	[orgán]

instrumentos (m pl) de sopro	духови инструменти (м мн)	[dúhovi instruménti]
oboé (m)	обой (м)	[obój]
saxofone (m)	саксофон (м)	[saksofón]
clarinete (m)	кларнет (м)	[klarnét]
flauta (f)	флейта (ж)	[fléjta]
trompete (m)	тръба (ж)	[trəbá]

| acordeão (m) | акордеон (м) | [akordeón] |
| tambor (m) | барабан (м) | [barabán] |

duo, dueto (m)	дует (м)	[duét]
trio (m)	трио (с)	[trío]
quarteto (m)	квартет (м)	[kvartét]

| coro (m) | хор (м) | [hor] |
| orquestra (f) | оркестър (м) | [orkéstər] |

música (f) pop	поп музика (ж)	[pop múzika]
música (f) rock	рок музика (ж)	[rok múzika]
grupo (m) de rock	рок-група (ж)	[rok-grúpa]
jazz (m)	джаз (м)	[dʒaz]

| ídolo (m) | кумир (м) | [kumír] |
| fã, admirador (m) | почитател (м) | [potʃitátel] |

concerto (m)	концерт (м)	[kontsért]
sinfonia (f)	симфония (ж)	[simfónija]
composição (f)	съчинение (c)	[sətʃinénie]
compor (vt)	съчинявам	[sətʃinʲávam]

canto (m)	пеене (c)	[péene]
canção (f)	песен (ж)	[pésen]
melodia (f)	мелодия (ж)	[melódija]
ritmo (m)	ритъм (м)	[rítəm]
blues (m)	блус (м)	[blus]

notas (f pl)	ноти (ж мн)	[nóti]
batuta (f)	диригентска палка (ж)	[dirigénska pálka]
arco (m)	лък (м)	[lək]
corda (f)	струна (ж)	[strúna]
estojo (m)	калъф (м)	[kaléf]

Descanso. Entretenimento. Viagens

155. Viagens

turismo (m)	туризъм (м)	[turízəm]
turista (m)	турист (м)	[turíst]
viagem (f)	пътешествие (c)	[pəteʃéstvie]
aventura (f)	приключение (c)	[priklʲutʃénie]
viagem (f)	пътуване (c)	[pətúvane]
férias (f pl)	отпуска (ж)	[ótpuska]
estar de férias	бъда в отпуска	[béda v ótpuska]
descanso (m)	почивка (ж)	[potʃífka]
comboio (m)	влак (м)	[vlak]
de comboio (chegar ~)	с влак	[s vlak]
avião (m)	самолет (м)	[samolét]
de avião	със самолет	[səs samolét]
de carro	с кола	[s kolá]
de navio	с кораб	[s kórap]
bagagem (f)	багаж (м)	[bagáʃ]
mala (f)	куфар (м)	[kúfar]
carrinho (m)	количка (ж) за багаж	[kolítʃka za bagáʃ]
passaporte (m)	паспорт (м)	[paspórt]
visto (m)	виза (ж)	[víza]
bilhete (m)	билет (м)	[bilét]
bilhete (m) de avião	самолетен билет (м)	[samoléten bilét]
guia (m) de viagem	пътеводител (м)	[pətevodítel]
mapa (m)	карта (ж)	[kárta]
local (m), area (f)	местност (ж)	[méstnost]
lugar, sítio (m)	място (c)	[mʲásto]
exotismo (m)	екзотика (ж)	[ekzótika]
exótico	екзотичен	[ekzotítʃen]
surpreendente	удивителен	[udivítelen]
grupo (m)	група (ж)	[grúpa]
excursão (f)	екскурзия (ж)	[ekskúrzija]
guia (m)	гид (м)	[git]

156. Hotel

hotel (m)	хотел (м)	[hotél]
motel (m)	мотел (м)	[motél]
três estrelas	три звезди	[tri zvezdí]

cinco estrelas	пет звезди	[pet zvezdí]
ficar (~ num hotel)	отсядам	[otsʲádam]
quarto (m)	стая (ж) в хотел	[stája f hotél]
quarto (m) individual	еднинична стая (ж)	[edinítʃna stája]
quarto (m) duplo	двойна стая (ж)	[dvójna stája]
reservar um quarto	резервирам стая	[rezervíram stája]
meia pensão (f)	полупансион (м)	[polupansión]
pensão (f) completa	пълен пансион (м)	[pélen pansión]
com banheira	с баня	[s bánʲa]
com duche	с душ	[s duʃ]
televisão (m) satélite	сателитна телевизия (ж)	[satelítna televízija]
ar (m) condicionado	климатик (м)	[klimatík]
toalha (f)	кърпа (ж)	[kérpa]
chave (f)	ключ (м)	[klʲutʃ]
administrador (m)	администратор (м)	[administrátor]
camareira (f)	камериерка (ж)	[kameriérka]
bagageiro (m)	носач (м)	[nosátʃ]
porteiro (m)	портиер (м)	[portiér]
restaurante (m)	ресторант (м)	[restoránt]
bar (m)	бар (м)	[bar]
pequeno-almoço (m)	закуска (ж)	[zakúska]
jantar (m)	вечеря (ж)	[vetʃérʲa]
buffet (m)	шведска маса (ж)	[ʃvétska mása]
hall (m) de entrada	вестибюл (м)	[vestibʲúl]
elevador (m)	асансьор (м)	[asansʲór]
NÃO PERTURBE	НЕ МЕ БЕЗПОКОЙТЕ!	[ne me bespokójte]
PROIBIDO FUMAR!	ПУШЕНЕТО ЗАБРАНЕНО!	[puʃenéto zabráneno]

157. Livros. Leitura

livro (m)	книга (ж)	[kníga]
autor (m)	автор (м)	[áftor]
escritor (m)	писател (м)	[pisátel]
escrever (vt)	напиша	[napíʃa]
leitor (m)	читател (м)	[tʃitátel]
ler (vt)	чета	[tʃeta]
leitura (f)	четене (с)	[tʃétene]
para si	на ум	[na úm]
em voz alta	на глас	[na glás]
publicar (vt)	издавам	[izdávam]
publicação (f)	издание (с)	[izdánie]
editor (m)	издател (м)	[izdátel]
editora (f)	издателство (с)	[izdátelstvo]
sair (vi)	излизам	[izlízam]

lançamento (m)	излизане (c)	[izlízane]
tiragem (f)	тираж (м)	[tiráʒ]
livraria (f)	книжарница (ж)	[kniʒárnitsa]
biblioteca (f)	библиотека (ж)	[bibliotéka]
novela (f)	повест (ж)	[póvest]
conto (m)	разказ (м)	[rázkaz]
romance (m)	роман (м)	[román]
romance (m) policial	детективски роман (м)	[detektífski román]
memórias (f pl)	мемоари (мн)	[memoári]
lenda (f)	легенда (ж)	[legénda]
mito (m)	мит (м)	[mit]
poesia (f)	стихове (м мн)	[stihové]
autobiografia (f)	автобиография (ж)	[aftobiográfija]
obras (f pl) escolhidas	избрани съчинения	[izbráni søtʃinénija]
ficção (f) científica	фантастика (ж)	[fantástika]
título (m)	название (c)	[nazvánie]
introdução (f)	въведение (c)	[vøvedénie]
folha (f) de rosto	заглавна страница (ж)	[zaglávna stránitsa]
capítulo (m)	глава (ж)	[glavá]
excerto (m)	откъс (м)	[ótkøs]
episódio (m)	епизод (м)	[epizót]
tema (m)	сюжет (м)	[sʲuʒét]
conteúdo (m)	съдържание (c)	[sødørʒánie]
protagonista (m)	главен герой (м)	[gláven gerój]
tomo, volume (m)	том (м)	[tom]
capa (f)	корица (ж)	[korítsa]
encadernação (f)	подвързия (ж)	[podvørzíja]
marcador (m) de livro	маркер (м)	[márker]
página (f)	страница (ж)	[stránitsa]
folhear (vt)	прелиствам	[prelístvam]
margem (f)	полета (с мн)	[poléta]
anotação (f)	бележка (ж)	[beléʃka]
nota (f) de rodapé	забележка (ж)	[zabeléʃka]
texto (m)	текст (м)	[tekst]
fonte (f)	шрифт (м)	[ʃrift]
gralha (f)	печатна грешка (ж)	[petʃátna gréʃka]
tradução (f)	превод (м)	[prévot]
traduzir (vt)	превеждам	[prevéʒdam]
original (m)	оригинал (м)	[originál]
famoso	прочут	[protʃút]
desconhecido	неизвестен	[neizvésten]
interessante	интересен	[interésen]
best-seller (m)	бестселър (м)	[bestsélør]
dicionário (m)	речник (м)	[rétʃnik]

| manual (m) escolar | учебник (м) | [utʃébnik] |
| enciclopédia (f) | енциклопедия (ж) | [entsiklopédija] |

158. Caça. Pesca

caça (f)	лов (м)	[lov]
caçar (vi)	ловувам	[lovúvam]
caçador (m)	ловец (м)	[lovéts]

atirar (vi)	стрелям	[strélʲam]
caçadeira (f)	пушка (ж)	[púʃka]
cartucho (m)	патрон (м)	[patrón]
chumbo (m) de caça	сачма (ж)	[satʃmá]

armadilha (f)	капан (м)	[kapán]
armadilha (com corda)	примка (ж)	[prímka]
pôr a armadilha	залагам капан	[zalágam kapán]

caçador (m) furtivo	бракониер (м)	[brakoniér]
caça (f)	дивеч (ж)	[dívetʃ]
cão (m) de caça	ловно куче (с)	[lóvno kútʃe]
safári (m)	сафари (с)	[safári]
animal (m) empalhado	препарирано животно (с)	[preparírano ʒivótno]

pescador (m)	рибар (м)	[ribár]
pesca (f)	риболов (м)	[ribolóv]
pescar (vt)	ловя риба	[lovʲá ríba]
cana (f) de pesca	въдица (ж)	[véditsa]
linha (f) de pesca	месина (ж)	[mesína]
anzol (m)	кука (ж)	[kúka]
boia (f)	плувка (ж)	[plúfka]
isca (f)	стръв (ж)	[strəv]

lançar a linha	хвърлям въдица	[hvérlʲam véditsa]
morder (vt)	кълва	[kəlvá]
pesca (f)	улов (м)	[úlof]
buraco (m) no gelo	дупка (ж) в леда	[dúpka v ledá]

rede (f)	мрежа (ж)	[mréʒa]
barco (m)	лодка (ж)	[lótka]
pescar com rede	ловя с мрежа	[lovʲá s mréʒa]
lançar a rede	хвърлям мрежа	[hvérlʲam mréʒa]
puxar a rede	изваждам мрежа	[izváʒdam mréʒa]

baleeiro (m)	китоловец (м)	[kitolóvets]
baleeira (f)	китоловен кораб (м)	[kitolóven kórap]
arpão (m)	харпун (м)	[harpún]

159. Jogos. Bilhar

| bilhar (m) | билярд (м) | [bilʲárt] |
| sala (f) de bilhar | билярдна зала (ж) | [bilʲárdna zála] |

bola (f) de bilhar	билярдна топка (ж)	[bil'árdna tópka]
embolsar uma bola	вкарам топка	[fkáram tópka]
taco (m)	щека (ж)	[ʃtéka]
bolsa (f)	дупка (ж)	[dúpka]

160. Jogos. Jogar cartas

ouros (m pl)	каро (c)	[karó]
espadas (f pl)	пики (ж мн)	[píki]
copas (f pl)	купи (ж мн)	[kúpi]
paus (m pl)	спатии (ж мн)	[spatíi]

ás (m)	асо (c)	[asó]
rei (m)	поп (м)	[pop]
dama (f)	дама (ж)	[dáma]
valete (m)	вале (м)	[valé]

carta (f) de jogar	карта (ж)	[kárta]
cartas (f pl)	карти (ж мн)	[kárti]
trunfo (m)	коз (м)	[kos]
baralho (m)	тесте (c)	[testé]

dar, distribuir (vt)	раздавам	[razdávam]
embaralhar (vt)	размесвам	[razmésvam]
vez, jogada (f)	ход (м)	[hot]
batoteiro (m)	шмекер (м)	[ʃméker]

161. Casino. Roleta

casino (m)	казино (c)	[kazíno]
roleta (f)	рулетка (ж)	[rulétka]
aposta (f)	залагане (c)	[zalágane]
apostar (vt)	залагам	[zalágam]

vermelho (m)	червено (c)	[tʃervéno]
preto (m)	черно (c)	[tʃérno]
apostar no vermelho	залагам на червено	[zalágam na tʃervéno]
apostar no preto	залагам на черно	[zalágam na tʃérno]

crupiê (m, f)	крупие (c)	[krupié]
girar a roda	въртя барабан	[vert'á barabán]
regras (f pl) do jogo	правила (c мн) на игра	[pravilá na igrá]
ficha (f)	пул (м)	[pul]

| ganhar (vi, vt) | спечеля | [spetʃél'a] |
| ganho (m) | печалба (ж) | [petʃálba] |

| perder (dinheiro) | загубя | [zagúb'a] |
| perda (f) | загуба (ж) | [záguba] |

| jogador (m) | играч (м) | [igrátʃ] |
| blackjack (m) | блекджек (м) | [blekdʒék] |

| jogo (m) de dados | игра (ж) на зарове | [igrá na zárove] |
| máquina (f) de jogo | игрален автомат (м) | [igrálen aftomát] |

162. Descanso. Jogos. Diversos

passear (vi)	разхождам се	[rashóʒdam se]
passeio (m)	разходка (ж)	[rashótka]
viagem (f) de carro	пътуване (с)	[pətúvane]
aventura (f)	приключение (с)	[priklʲutʃénie]
piquenique (m)	пикник (м)	[píknik]

jogo (m)	игра (ж)	[igrá]
jogador (m)	играч (м)	[igrátʃ]
partida (f)	партия (ж)	[pártija]

colecionador (m)	колекционер (м)	[kolektsionér]
colecionar (vt)	колекционирам	[kolektsioníram]
coleção (f)	колекция (ж)	[koléktsija]

palavras (f pl) cruzadas	кръстословица (ж)	[krəstoslóvitsa]
hipódromo (m)	хиподрум (м)	[hipodrúm]
discoteca (f)	дискотека (ж)	[diskotéka]

| sauna (f) | сауна (ж) | [sáuna] |
| lotaria (f) | лотария (ж) | [lotárija] |

campismo (m)	поход (м)	[póhot]
acampamento (m)	лагер (м)	[láger]
tenda (f)	палатка (ж)	[palátka]
bússola (f)	компас (м)	[kompás]
campista (m)	турист (м)	[turíst]

ver (vt), assistir à ...	гледам	[glédam]
telespectador (m)	телезрител (м)	[telezrítel]
programa (m) de TV	телевизионно предаване (с)	[televiziónno predávane]

163. Fotografia

| máquina (f) fotográfica | фотоапарат (м) | [fotoaparát] |
| foto, fotografia (f) | снимка (ж) | [snímka] |

fotógrafo (m)	фотограф (м)	[fotográf]
estúdio (m) fotográfico	фотостудио (с)	[fotostúdio]
álbum (m) de fotografias	фотоалбум (м)	[fotoalbúm]

objetiva (f)	обектив (м)	[obektív]
teleobjetiva (f)	телеобектив (м)	[teleobektíf]
filtro (m)	филтър (м)	[fíltər]
lente (f)	леща (ж)	[léʃta]
ótica (f)	оптика (ж)	[óptika]
abertura (f)	диафрагма (ж)	[diafrágma]

| exposição (f) | експозиция (ж) | [ekspozítsija] |
| visor (m) | визьор (м) | [vizʲór] |

câmara (f) digital	цифрова камера (ж)	[tsífrova kámera]
tripé (m)	статив (м)	[statíf]
flash (m)	светкавица (ж)	[svetkávitsa]

fotografar (vt)	снимам	[snímam]
tirar fotos	снимам	[snímam]
fotografar-se	снимам се	[snímam se]

foco (m)	фокус (м)	[fókus]
focar (vt)	нагласявам рязкост	[naglasʲávam rʲáskost]
nítido	рязък	[rʲázək]
nitidez (f)	рязкост (ж)	[rʲáskost]

| contraste (m) | контраст (м) | [kontrást] |
| contrastante | контрастен | [kontrásten] |

retrato (m)	снимка (ж)	[snímka]
negativo (m)	негатив (м)	[negatíf]
filme (m)	фотолента (ж)	[fotolénta]
fotograma (m)	кадър (м)	[kádər]
imprimir (vt)	печатам	[petʃátam]

164. Praia. Natação

praia (f)	плаж (м)	[plaʒ]
areia (f)	пясък (м)	[pʲásək]
deserto	пустинен	[pustínen]

bronzeado (m)	тен (м)	[ten]
bronzear-se (vr)	пека се	[peká se]
bronzeado	почернял	[potʃernʲál]
protetor (m) solar	крем (м) за тен	[krem za ten]

biquíni (m)	бикини (мн)	[bikíni]
fato (m) de banho	бански костюм (м)	[bánski kostʲúm]
calção (m) de banho	плувки (мн)	[plúfki]

piscina (f)	басейн (м)	[baséjn]
nadar (vi)	плувам	[plúvam]
duche (m)	душ (м)	[duʃ]
mudar de roupa	преобличам се	[preoblítʃam se]
toalha (f)	кърпа (ж)	[kérpa]

| barco (m) | лодка (ж) | [lótka] |
| lancha (f) | катер (м) | [káter] |

esqui (m) aquático	водни ски (мн)	[vódni ski]
barco (m) de pedais	водно колело (с)	[vódno koleló]
surf (m)	сърфинг (м)	[sérfing]
surfista (m)	сърфист (м)	[sərfíst]
scuba (m)	акваланг (м)	[akvaláng]

barbatanas (f pl)	плавници (ж мн)	[plávnitsi]
máscara (f)	маска (ж)	[máska]
mergulhador (m)	гмуркач (м)	[gmurkátʃ]
mergulhar (vi)	гмуркам се	[gmúrkam se]
debaixo d'água	под вода	[pot vodá]

guarda-sol (m)	чадър (м)	[tʃadér]
espreguiçadeira (f)	шезлонг (м)	[ʃezlóng]
óculos (m pl) de sol	очила (мн)	[otʃilá]
colchão (m) de ar	плажен дюшек (м)	[plaჳén dʲuʃék]

brincar (vi)	играя	[igrája]
ir nadar	къпя се	[képʲa se]

bola (f) de praia	топка (ж)	[tópka]
encher (vt)	надувам	[nadúvam]
inflável, de ar	надуваем	[naduváem]

onda (f)	вълна (ж)	[vəlná]
boia (f)	шамандура (ж)	[ʃamandúra]
afogar-se (pessoa)	давя се	[dávʲa se]

salvar (vt)	спасявам	[spasʲávam]
colete (m) salva-vidas	спасителна жилетка (ж)	[spasítelna ჳilétka]
observar (vt)	наблюдавам	[nablʲudávam]
nadador-salvador (m)	спасител (м)	[spasítel]

EQUIPAMENTO TÉCNICO. TRANSPORTES

Equipamento técnico. Transportes

165. Computador

| computador (m) | компютър (м) | [kompʲútər] |
| portátil (m) | лаптоп (м) | [laptóp] |

| ligar (vt) | включа | [fklʲútʃa] |
| desligar (vt) | изключа | [isklʲútʃa] |

teclado (m)	клавиатура (ж)	[klaviatúra]
tecla (f)	клавиш (м)	[klavíʃ]
rato (m)	мишка (ж)	[míʃka]
tapete (m) de rato	подложка (ж) за мишка	[podlóʃka za míʃka]

| botão (m) | бутон (м) | [butón] |
| cursor (m) | курсор (м) | [kursór] |

| monitor (m) | монитор (м) | [monítor] |
| ecrã (m) | екран (м) | [ekrán] |

disco (m) rígido	твърд диск (м)	[tvérd dísk]
capacidade (f) do disco rígido	капацитет (м) на твърдия диск	[kapatsitét na tvérdija disk]
memória (f)	памет (ж)	[pámet]
memória (f) operativa	операционна памет (ж)	[operatsiónna pámet]

ficheiro (m)	файл (м)	[fajl]
pasta (f)	папка (ж)	[pápka]
abrir (vt)	отворя	[otvórʲa]
fechar (vt)	затворя	[zatvórʲa]

guardar (vt)	съхраня	[səhranʲá]
apagar, eliminar (vt)	изтрия	[istríja]
copiar (vt)	копирам	[kopíram]
ordenar (vt)	сортирам	[sortíram]
copiar (vt)	копира	[kopíra]

programa (m)	програма (ж)	[prográma]
software (m)	софтуер (м)	[softuér]
programador (m)	програмист (м)	[programíst]
programar (vt)	програмирам	[programíram]

hacker (m)	хакер (м)	[háker]
senha (f)	парола (ж)	[paróla]
vírus (m)	вирус (м)	[vírus]
detetar (vt)	намеря	[namérʲa]

| byte (m) | байт (м) | [bajt] |
| megabyte (m) | мегабайт (м) | [megabájt] |

| dados (m pl) | данни (мн) | [dánni] |
| base (f) de dados | база (ж) данни | [báza dánni] |

cabo (m)	кабел (м)	[kábel]
desconectar (vt)	разединя	[razedinᶦá]
conetar (vt)	съединя	[səedinᶦá]

166. Internet. E-mail

internet (f)	интернет (м)	[internét]
browser (m)	браузър (м)	[bráuzər]
motor (m) de busca	търсачка (ж)	[tərsátʃka]
provedor (m)	интернет доставчик (м)	[ínternet dostáftʃik]

webmaster (m)	уеб майстор (м)	[web májstor]
website, sítio web (m)	уеб сайт (м)	[web sajt]
página (f) web	уеб страница (ж)	[web stránitsa]

| endereço (m) | адрес (м) | [adrés] |
| livro (m) de endereços | адресна книга (ж) | [adrésna kníga] |

caixa (f) de correio	пощенска кутия (ж)	[póʃtenska kutíja]
correio (m)	поща (ж)	[póʃta]
cheia (caixa de correio)	препълнен	[prepélnen]

mensagem (f)	съобщение (с)	[səobʃténie]
mensagens (f pl) recebidas	входящи съобщения (с мн)	[fhodᶦáʃti səobʃténija]
mensagens (f pl) enviadas	изходящи съобщения (с мн)	[ishodᶦáʃti səobʃténija]
remetente (m)	подател (м)	[podátel]
enviar (vt)	изпратя	[isprátᶦa]
envio (m)	изпращане (с)	[ispráʃtane]

| destinatário (m) | получател (м) | [polutʃátel] |
| receber (vt) | получа | [polútʃa] |

| correspondência (f) | кореспонденция (ж) | [korespondéntsija] |
| corresponder-se (vr) | кореспондирам | [korespondíram] |

ficheiro (m)	файл (м)	[fajl]
fazer download, baixar	свалям	[sválᶦam]
criar (vt)	създам	[səzdám]
apagar, eliminar (vt)	изтрия	[istríja]
eliminado	изтрит	[istrít]

ligação (f)	връзка (ж)	[vréska]
velocidade (f)	скорост (ж)	[skórost]
modem (m)	модем (м)	[modém]
acesso (m)	достъп (м)	[dóstəp]
porta (f)	порт (м)	[port]
conexão (f)	връзка (ж)	[vréska]
conetar (vi)	се свържа с ...	[se svérʒa s]

| escolher (vt) | избера | [izberá] |
| buscar (vt) | търся | [térsʲa] |

167. Eletricidade

eletricidade (f)	електричество (c)	[elektrítʃestvo]
elétrico	електрически	[elektrítʃeski]
central (f) elétrica	електроцентрала (ж)	[elektro·tsentrála]
energia (f)	енергия (ж)	[enérgija]
energia (f) elétrica	електроенергия (ж)	[elektro·enérgija]

lâmpada (f)	крушка (ж)	[krúʃka]
lanterna (f)	фенер (м)	[fenér]
poste (m) de iluminação	фенер (м)	[fenér]

luz (f)	електричество (c)	[elektrítʃestvo]
ligar (vt)	включвам	[fklʲútʃvam]
desligar (vt)	изключвам	[isklʲútʃvam]
apagar a luz	изключвам ток	[isklʲútʃvam tok]

fundir (vi)	прегоря	[pregorʲá]
curto-circuito (m)	късо съединение (c)	[késo səedinénie]
rutura (f)	прекъсване (c)	[prekésvane]
contacto (m)	контакт (м)	[kontákt]

interruptor (m)	изключвател (м)	[izklʲútʃvátel]
tomada (f)	контакт (м)	[kontákt]
ficha (f)	щепсел (м)	[ʃtépsel]
extensão (f)	удължител (м)	[udəʒítel]

fusível (m)	предпазител (м)	[predpázitel]
fio, cabo (m)	кабел (м)	[kábel]
instalação (f) elétrica	инсталация (ж)	[instalátsija]

ampere (m)	ампер (м)	[ampér]
amperagem (f)	сила (ж) на тока	[síla na tóka]
volt (m)	волт (м)	[volt]
voltagem (f)	напрежение (c)	[napreʒénie]

| aparelho (m) elétrico | електроуред (м) | [elektroúret] |
| indicador (m) | индикатор (м) | [indikátor] |

eletricista (m)	електротехник (м)	[elektrotehník]
soldar (vt)	запоявам	[zapojávam]
ferro (m) de soldar	поялник (м)	[pojálnik]
corrente (f) elétrica	ток (м)	[tok]

168. Ferramentas

ferramenta (f)	инструмент (м)	[instrumént]
ferramentas (f pl)	инструменти (м мн)	[instruménti]
equipamento (m)	оборудване (c)	[oborúdvane]

martelo (m)	чук (м)	[tʃuk]
chave (f) de fendas	отвертка (ж)	[otvértka]
machado (m)	брадва (ж)	[brádva]
serra (f)	трион (м)	[trión]
serrar (vt)	режа с трион	[réʒa s trión]
plaina (f)	ренде (с)	[rendé]
aplainar (vt)	рендосвам	[rendósvam]
ferro (m) de soldar	поялник (м)	[pojálnik]
soldar (vt)	запоявам	[zapojávam]
lima (f)	пила (ж)	[pilá]
tenaz (f)	клещи (мн)	[kléʃti]
alicate (m)	плоски клещи (мн)	[plóski kléʃti]
formão (m)	длето (с)	[dletó]
broca (f)	свредел (с)	[svredél]
berbequim (f)	дрелка (ж)	[drélka]
furar (vt)	пробивам с дрелка	[probívam s drélka]
faca (f)	нож (м)	[noʒ]
canivete (m)	сгъваем нож (м)	[sgəváem noʒ]
lâmina (f)	острие (с)	[ostrié]
afiado	остър	[óstər]
cego	тъп	[təp]
embotar-se (vr)	затъпявам се	[zatəpʲávam se]
afiar, amolar (vt)	точа	[tótʃa]
parafuso (m)	болт (м)	[bolt]
porca (f)	гайка (ж)	[gájka]
rosca (f)	резба (ж)	[rezbá]
parafuso (m) para madeira	винт (м)	[vint]
prego (m)	пирон (м)	[pirón]
cabeça (f) do prego	глава (ж)	[glavá]
régua (f)	линийка (ж)	[línijka]
fita (f) métrica	рулетка (ж)	[rulétka]
nível (m)	нивелир (с)	[nivelír]
lupa (f)	лупа (ж)	[lúpa]
medidor (m)	измервателен уред (м)	[izmervátelen úret]
medir (vt)	измервам	[izmérvam]
escala (f)	скала (ж)	[skála]
leitura (f)	показание (с)	[pokazánie]
compressor (m)	компресор (м)	[komprésor]
microscópio (m)	микроскоп (м)	[mikroskóp]
bomba (f)	помпа (ж)	[pómpa]
robô (m)	робот (м)	[robót]
laser (m)	лазер (м)	[lázer]
chave (f) de boca	гаечен ключ (м)	[gáetʃen klʲutʃ]
fita (f) adesiva	тиксо (с)	[tíkso]

cola (f)	лепило (c)	[lepílo]
lixa (f)	шмиргелова хартия (ж)	[ʃmírgelova hartíja]
mola (f)	пружина (ж)	[pruʒína]
íman (m)	магнит (м)	[magnít]
luvas (f pl)	ръкавици (ж мн)	[rəkavítsi]

corda (f)	въже (c)	[vəʒé]
cordel (m)	шнур (м)	[ʃnur]
fio (m)	кабел (м)	[kábel]
cabo (m)	кабел (м)	[kábel]

marreta (f)	боен чук (м)	[bóen tʃuk]
pé de cabra (f)	лом (м)	[lom]
escada (f) de mão	стълба (ж)	[stélba]
escadote (m)	подвижна стълба (ж)	[podvíʒna stélba]

enroscar (vt)	завъртам	[zavértam]
desenroscar (vt)	отвъртам	[otvértam]
apertar (vt)	притискам	[pritískam]
colar (vt)	залепвам	[zalépvam]
cortar (vt)	режа	[réʒa]

falha (mau funcionamento)	неизправност (ж)	[neisprávnost]
conserto (m)	поправка (ж)	[popráfka]
consertar, reparar (vt)	ремонтирам	[remontíram]
regular, ajustar (vt)	регулирам	[regulíram]

verificar (vt)	проверявам	[proverʲávam]
verificação (f)	проверка (ж)	[provérka]
leitura (f)	показание (c)	[pokazánie]

seguro	сигурен	[síguren]
complicado	сложен	[slóʒen]

enferrujar (vi)	ръждясвам	[rəʒdʲásvam]
enferrujado	ръждясал	[rəʒdʲásal]
ferrugem (f)	ръжда (ж)	[rəʒdá]

Transportes

169. Avião

avião (m)	самолет (м)	[samolét]
bilhete (m) de avião	самолетен билет (м)	[samoléten bilét]
companhia (f) aérea	авиокомпания (ж)	[aviokompánija]
aeroporto (m)	летище (с)	[letíſte]
supersónico	свръхзвуков	[svrəh·zvúkov]

comandante (m) do avião	командир (м) на самолет	[komandír na samolét]
tripulação (f)	екипаж (м)	[ekipáʒ]
piloto (m)	пилот (м)	[pilót]
hospedeira (f) de bordo	стюардеса (ж)	[stʲuardésa]
copiloto (m)	щурман (м)	[ſtúrman]

asas (f pl)	крила (мн)	[krilá]
cauda (f)	опашка (ж)	[opáſka]
cabine (f) de pilotagem	кабина (ж)	[kabína]
motor (m)	двигател (м)	[dvigátel]
trem (m) de aterragem	шаси (мн)	[ſasí]
turbina (f)	турбина (ж)	[turbína]

hélice (f)	перка (ж)	[pérka]
caixa-preta (f)	черна кутия (ж)	[tʃérna kutíja]
coluna (f) de controlo	кормило (с)	[kormílo]
combustível (m)	гориво (с)	[gorívo]

instruções (f pl) de segurança	инструкция (ж)	[instrúktsija]
máscara (f) de oxigénio	кислородна маска (ж)	[kisloródna máska]
uniforme (m)	униформа (ж)	[unifórma]

colete (m) salva-vidas	спасителна жилетка (ж)	[spasítelna ʒilétka]
paraquedas (m)	парашут (м)	[paraſút]

descolagem (f)	излитане (с)	[izlítane]
descolar (vi)	излитам	[izlítam]
pista (f) de descolagem	писта (ж) за излитане	[písta za izlítane]

visibilidade (f)	видимост (ж)	[vídimost]
voo (m)	полет (м)	[pólet]

altura (f)	височина (ж)	[visotʃiná]
poço (m) de ar	въздушна яма (ж)	[vəzdúſna jáma]

assento (m)	място (с)	[mʲásto]
auscultadores (m pl)	слушалки (ж мн)	[sluſálki]
mesa (f) rebatível	прибираща се масичка (ж)	[pribíraſta se másitſka]
vigia (f)	илюминатор (м)	[iʲuminátor]
passagem (f)	проход (м)	[próhot]

170. Comboio

comboio (m)	влак (м)	[vlak]
comboio (m) suburbano	електрически влак (м)	[elektrítʃeski vlak]
comboio (m) rápido	бърз влак (м)	[bérz vlak]
locomotiva (f) diesel	дизелов локомотив (м)	[dízelof lokomotíf]
comboio (m) a vapor	парен локомотив (м)	[páren lokomotíf]
carruagem (f)	вагон (м)	[vagón]
carruagem restaurante (f)	вагон-ресторант (м)	[vagón-restoránt]
carris (m pl)	релси (ж мн)	[rélsi]
caminho de ferro (m)	железница (ж)	[ʒeléznitsa]
travessa (f)	траверса (ж)	[travérsa]
plataforma (f)	платформа (ж)	[platfórma]
linha (f)	коловоз (м)	[kolovós]
semáforo (m)	семафор (м)	[semafór]
estação (f)	гара (ж)	[gára]
maquinista (m)	машинист (м)	[maʃiníst]
bagageiro (m)	носач (м)	[nosátʃ]
hospedeiro, -a (da carruagem)	стюард (м)	[stʲuárt]
passageiro (m)	пътник (м)	[pétnik]
revisor (m)	контрольор (м)	[kontrolʲór]
corredor (m)	коридор (м)	[koridór]
freio (m) de emergência	аварийна спирачка (ж)	[avaríjna spirátʃka]
compartimento (m)	купе (с)	[kupé]
cama (f)	легло (с)	[legló]
cama (f) de cima	горно легло (с)	[górno legló]
cama (f) de baixo	долно легло (с)	[dólno legló]
roupa (f) de cama	спално бельо (с)	[spálno belʲó]
bilhete (m)	билет (м)	[bilét]
horário (m)	разписание (с)	[raspisánie]
painel (m) de informação	табло (с)	[tabló]
partir (vt)	заминавам	[zaminávam]
partida (f)	заминаване (с)	[zaminávane]
chegar (vi)	пристигам	[pristígam]
chegada (f)	пристигане (с)	[pristígane]
chegar de comboio	пристигна с влак	[pristígna s vlak]
apanhar o comboio	качвам се във влак	[kátʃvam se vəf vlak]
sair do comboio	слизам от влак	[slízam ot vlak]
acidente (m) ferroviário	катастрофа (ж)	[katastrófa]
descarrilar (vi)	дерайлирам	[derajlíram]
comboio (m) a vapor	парен локомотив (м)	[páren lokomotíf]
fogueiro (m)	огняр (м)	[ognʲár]
fornalha (f)	пещ (м) на локомотив	[peʃt na lokomotíf]
carvão (m)	въглища (ж)	[végliʃta]

171. Barco

| navio (m) | кораб (м) | [kórap] |
| embarcação (f) | плавателен съд (м) | [plavátelen set] |

vapor (m)	параход (м)	[parahót]
navio (m)	моторен кораб (м)	[motóren kórap]
transatlântico (m)	рейсов кораб (м)	[réjsov kórap]
cruzador (m)	крайцер (м)	[krájtser]

iate (m)	яхта (ж)	[jáhta]
rebocador (m)	влекач (м)	[vlekátʃ]
barcaça (f)	шлеп (м)	[ʃlep]
ferry (m)	сал (м)	[sal]

| veleiro (m) | платноходка (ж) | [platnohótka] |
| bergantim (m) | бригантина (ж) | [brigantína] |

| quebra-gelo (m) | ледоразбивач (м) | [ledo·razbivátʃ] |
| submarino (m) | подводница (ж) | [podvódnitsa] |

bote, barco (m)	лодка (ж)	[lótka]
bote, dingue (m)	лодка (ж)	[lótka]
bote (m) salva-vidas	спасителна лодка (ж)	[spasítelna lótka]
lancha (f)	катер (м)	[káter]

capitão (m)	капитан (м)	[kapitán]
marinheiro (m)	матрос (м)	[matrós]
marujo (m)	моряк (м)	[morʲák]
tripulação (f)	екипаж (м)	[ekipáʒ]

contramestre (m)	боцман (м)	[bótsman]
grumete (m)	юнга (м)	[júnga]
cozinheiro (m) de bordo	корабен готвач (м)	[kóraben gotvátʃ]
médico (m) de bordo	корабен лекар (м)	[kóraben lékar]

convés (m)	палуба (ж)	[páluba]
mastro (m)	мачта (ж)	[mátʃta]
vela (f)	корабно платно (с)	[kórabno platnó]

porão (m)	трюм (м)	[trʲum]
proa (f)	нос (м)	[nos]
popa (f)	кърма (ж)	[kermá]
remo (m)	гребло (с)	[grebló]
hélice (f)	витло (с)	[vitló]

camarote (m)	каюта (ж)	[kajúta]
sala (f) dos oficiais	каюткомпания (ж)	[kajut kompánija]
sala (f) das máquinas	машинно отделение (с)	[maʃínno otdelénie]
ponte (m) de comando	капитански мостик (м)	[kapitánski móstik]
sala (f) de comunicações	радиобудка (ж)	[rádiobútka]
onda (f) de rádio	вълна (ж)	[velná]
diário (m) de bordo	корабен дневник (м)	[kóraben dnévnik]
luneta (f)	далекоглед (м)	[dalekoglét]
sino (m)	камбана (ж)	[kambána]

bandeira (f)	знаме (c)	[známe]
cabo (m)	дебело въже (c)	[debélo veʒé]
nó (m)	възел (м)	[vézel]

| corrimão (m) | дръжка (ж) | [dréʃka] |
| prancha (f) de embarque | трап (м) | [trap] |

âncora (f)	котва (ж)	[kótva]
recolher a âncora	вдигна котва	[vdígna kótva]
lançar a âncora	хвърля котва	[hvérlʲa kótva]
amarra (f)	котвена верига (ж)	[kótvena veríga]

porto (m)	пристанище (c)	[pristániʃte]
cais, amarradouro (m)	кей (м)	[kej]
atracar (vi)	акостирам	[akostíram]
desatracar (vi)	отплувам	[otplúvam]

viagem (f)	пътешествие (c)	[peteʃéstvie]
cruzeiro (m)	морско пътешествие (c)	[mórsko peteʃéstvie]
rumo (m), rota (f)	курс (м)	[kurs]
itinerário (m)	маршрут (м)	[marʃrút]

canal (m) navegável	фарватер (м)	[farváter]
baixio (m)	плитчина (ж)	[plittʃiná]
encalhar (vt)	заседна на плитчина	[zasédna na plittʃiná]

tempestade (f)	буря (ж)	[búrʲa]
sinal (m)	сигнал (м)	[signál]
afundar-se (vr)	потъвам	[potévam]
SOS	SOS	[sos]
boia (f) salva-vidas	спасителен пояс (м)	[spasítilen pójas]

172. Aeroporto

aeroporto (m)	летище (c)	[letíʃte]
avião (m)	самолет (м)	[samolét]
companhia (f) aérea	авиокомпания (ж)	[aviokompánija]
controlador (m) de tráfego aéreo	авиодиспечер (м)	[aviodispétʃer]

partida (f)	излитане (c)	[izlítane]
chegada (f)	кацане (c)	[kátsane]
chegar (~ de avião)	кацна	[kátsna]

| hora (f) de partida | време (c) на излитане | [vréme na izlítane] |
| hora (f) de chegada | време (c) на кацане | [vréme na kátsane] |

| estar atrasado | закъснявам | [zakesnʲávam] |
| atraso (m) de voo | закъснение (c) на излитане | [zakesnénie na izlítane] |

painel (m) de informação	информационно табло (c)	[informatsiónno tabló]
informação (f)	информация (ж)	[informátsija]
anunciar (vt)	обявявам	[obʲavʲávam]
voo (m)	рейс (м)	[rejs]

| alfândega (f) | митница (ж) | [mítnitsa] |
| funcionário (m) da alfândega | митничар (м) | [mitnitʃár] |

declaração (f) alfandegária	декларация (ж)	[deklarátsija]
preencher (vt)	попълня	[popélnʲa]
preencher a declaração	попълня декларация	[popélnʲa deklarátsija]
controlo (m) de passaportes	паспортен контрол (м)	[paspórten kontról]

bagagem (f)	багаж (м)	[bagáʃ]
bagagem (f) de mão	ръчен багаж (м)	[rétʃen bagáʃ]
carrinho (m)	количка (ж)	[kolítʃka]

aterragem (f)	кацане (с)	[kátsane]
pista (f) de aterragem	писта (ж) за кацане	[písta za kátsane]
aterrar (vi)	кацам	[kátsam]
escada (f) de avião	стълба (ж)	[stélba]

check-in (m)	регистрация (ж)	[registrátsija]
balcão (m) do check-in	гише (с) за регистрация	[giʃé za registrátsija]
fazer o check-in	регистрирам се	[registríram se]
cartão (m) de embarque	бордна карта (ж)	[bórdna kárta]
porta (f) de embarque	излизане (с)	[izlízane]

trânsito (m)	транзит (м)	[tranzít]
esperar (vi, vt)	чакам	[tʃákam]
sala (f) de espera	чакалня (ж)	[tʃakálnʲa]
despedir-se de …	изпращам	[ispráʃtam]
despedir-se (vr)	сбогувам се	[sbogúvam se]

173. Bicicleta. Motocicleta

bicicleta (f)	колело (с)	[koleló]
scotter, lambreta (f)	моторолер (м)	[motoróler]
mota (f)	мотоциклет (м)	[mototsiklét]

ir de bicicleta	карам колело	[káram koleló]
guiador (m)	волан (м)	[volán]
pedal (m)	педал (м)	[pedál]
travões (m pl)	спирачки (ж мн)	[spirátʃki]
selim (m)	седло (с)	[sedló]

bomba (f) de ar	помпа (ж)	[pómpa]
porta-bagagens (m)	багажник (м)	[bagáʒnik]
lanterna (f)	фенер (м)	[fenér]
capacete (m)	шлем (м)	[ʃlem]

roda (f)	колело (с)	[koleló]
guarda-lamas (m)	калник (с)	[kálnik]
aro (m)	джанта (ж)	[dʒánta]
raio (m)	спица (ж)	[spítsa]

Carros

174. Tipos de carros

carro, automóvel (m)	автомобил (м)	[aftomobíl]
carro (m) desportivo	спортен автомобил (м)	[spórten aftomobíl]
limusine (f)	лимузина (ж)	[limuzína]
todo o terreno (m)	джип (м)	[dʒip]
descapotável (m)	кабриолет (м)	[kabriolét]
minibus (m)	микробус (м)	[mikrobús]
ambulância (f)	бърза помощ (ж)	[bérza pómoʃt]
limpa-neve (m)	снегорин (м)	[snegorín]
camião (m)	камион (м)	[kamión]
camião-cisterna (m)	автоцистерна (ж)	[aftotsistérna]
carrinha (f)	фургон (м)	[furgón]
camião-trator (m)	влекач (м)	[vlekátʃ]
atrelado (m)	ремарке (с)	[remarké]
confortável	комфортен	[komfórten]
usado	употребяван	[upotrebʲávan]

175. Carros. Carroçaria

capô (m)	капак (м)	[kapák]
guarda-lamas (m)	калник (м)	[kálnik]
tejadilho (m)	покрив (м)	[pókriv]
para-brisa (m)	предно стъкло (с)	[prédno stəkló]
espelho (m) retrovisor	огледало (с) за задно виждане	[ogledálo za zádno vízdane]
lavador (m)	стькломиячка (ж)	[stəklomijátʃka]
limpa-para-brisas (m)	чистачки (ж мн)	[tʃistátʃki]
vidro (m) lateral	странично стъкло (с)	[stranítʃno stəkló]
elevador (m) do vidro	стъклоповдигач (м)	[stəklo·povdigátʃ]
antena (f)	антена (ж)	[anténa]
teto solar (m)	шибидах (м)	[ʃibidáh]
para-choques (m pl)	броня (ж)	[brónʲa]
bagageira (f)	багажник (м)	[bagáznik]
bagageira (f) de tejadilho	багажник (м) на покрива	[bagáznik na pókriva]
porta (f)	врата (ж)	[vratá]
maçaneta (f)	дръжка (ж)	[dréʃka]
fechadura (f)	ключалка (ж)	[klʲutʃálka]
matrícula (f)	номер (м)	[nómer]

silenciador (m)	гърне (c)	[gərné]
tanque (m) de gasolina	резервоар (м) за бензин	[rezervoár za benzín]
tubo (m) de escape	ауспух (м)	[áuspuh]

acelerador (m)	газ (м)	[gas]
pedal (m)	педал (м)	[pedál]
pedal (m) do acelerador	газ (м)	[gas]

travão (m)	спирачки (ж мн)	[spirátʃki]
pedal (m) do travão	спирачка (ж)	[spirátʃka]
travar (vt)	удрям спирачка	[údrʲam spirátʃka]
travão (m) de mão	ръчна спирачка (ж)	[rétʃna spirátʃka]

embraiagem (f)	съединител (м)	[səedinítel]
pedal (m) da embraiagem	педал (м) на съединител	[pedál na səedinítel]
disco (m) de embraiagem	диск (м) на съединител	[disk na səedinítel]
amortecedor (m)	амортизатор (м)	[amortizátor]

roda (f)	колело (c)	[koleló]
pneu (m) sobresselente	резервна гума (ж)	[rezérvna gúma]
pneu (m)	гума (ж)	[gúma]
tampão (m) de roda	капак (м)	[kapák]

rodas (f pl) motrizes	водещи колела (мн)	[vódeʃti kolelá]
de tração dianteira	с предно задвижване	[s prédno zadvíʒvane]
de tração traseira	със задно задвижване	[səs zádno zadvíʒvane]
de tração às 4 rodas	с пълно задвижване	[s pélno zadvíʒvane]

caixa (f) de mudanças	скоростна кутия (ж)	[skórostna kutíja]
automático	автоматичен	[aftomatítʃen]
mecânico	механически	[mehanítʃeski]
alavanca (f) das mudanças	лост (м) на скоростна кутия	[lost na skórostna kutíja]

farol (m)	фар (м)	[far]
faróis, luzes	фарове (м мн)	[fárove]

médios (m pl)	къси светлини (ж мн)	[kési svetliní]
máximos (m pl)	дълги светлини (ж мн)	[délgi svetliní]
luzes (f pl) de stop	сигнал (м) стоп	[signál stop]

mínimos (m pl)	габаритни светлини (ж мн)	[gabarítni svetliní]
luzes (f pl) de emergência	аварийни светлини (ж мн)	[avaríjni svetliní]
faróis (m pl) antinevoeiro	фарове (м мн) за мъгла	[fárove za məglá]
pisca-pisca (m)	мигач (м)	[migátʃ]
luz (f) de marcha atrás	заден ход (м)	[záden hot]

176. Carros. Habitáculo

interior (m) do carro	салон (м)	[salón]
de couro, de pele	кожен	[kóʒen]
de veludo	велурен	[velúren]
estofos (m pl)	тапицерия (ж)	[tapitsérija]
indicador (m)	уред (м)	[úret]

painel (m) de instrumentos	бордово табло (c)	[bórdovo tabló]
velocímetro (m)	скоростомер (м)	[skorostomér]
ponteiro (m)	стрелка (ж)	[strelká]

conta-quilómetros (m)	километраж (м)	[kilometráʃ]
sensor (m)	датчик (м)	[dátʧik]
nível (m)	ниво (c)	[nivó]
luz (f) avisadora	крушка (ж)	[krúʃka]

volante (m)	волан (м)	[volán]
buzina (f)	сигнал (м)	[signál]
botão (m)	бутон (м)	[butón]
interruptor (m)	превключвател (м)	[prefklʲuʧvátel]

assento (m)	седалка (ж)	[sedálka]
costas (f pl) do assento	облегалка (ж)	[oblegálka]
cabeceira (f)	подглавник (м)	[podglávnik]
cinto (m) de segurança	предпазен колан (м)	[predpázen kolán]
apertar o cinto	слагам колан	[slágam kolán]
regulação (f)	регулиране (c)	[regulírane]

| airbag (m) | въздушна възглавница (ж) | [vəzdúʃna vəzglávnitsa] |
| ar (m) condicionado | климатик (м) | [klimatík] |

rádio (m)	радио (c)	[rádio]
leitor (m) de CD	CD плейър (м)	[sidí pléər]
ligar (vt)	включа	[fklʲúʧa]
antena (f)	антена (ж)	[anténa]
porta-luvas (m)	жабка (ж)	[ʒábka]
cinzeiro (m)	пепелник (м)	[pepelník]

177. Carros. Motor

motor (m)	двигател (м)	[dvigátel]
motor (m)	мотор (м)	[motór]
diesel	дизелов	[dízelof]
a gasolina	бензинов	[benzínov]

cilindrada (f)	обем (м) на двигателя	[obém na dvigátelʲa]
potência (f)	мощност (ж)	[móʃtnost]
cavalo-vapor (m)	конска сила (ж)	[kónska síla]
pistão (m)	бутало (c)	[butálo]
cilindro (m)	цилиндър (м)	[tsilíndər]
válvula (f)	клапа (ж)	[klápa]

injetor (m)	инжектор (м)	[inʒéktor]
gerador (m)	генератор (м)	[generátor]
carburador (m)	карбуратор (м)	[karburátor]
óleo (m) para motor	моторно масло (c)	[motórno masló]

radiador (m)	радиатор (м)	[radiátor]
refrigerante (m)	охлаждаща течност (ж)	[ohláʒdaʃta téʧnost]
ventilador (m)	вентилатор (м)	[ventilátor]
bateria (f)	акумулатор (м)	[akumulátor]

dispositivo (m) de arranque	стартер (м)	[stárter]
ignição (f)	запалване (с)	[zapálvane]
vela (f) de ignição	запалителна свещ (ж)	[zapalítelna sveʃt]
borne (m)	клема (ж)	[kléma]
borne (m) positivo	плюс (м)	[plʲus]
borne (m) negativo	минус (м)	[mínus]
fusível (m)	предпазител (м)	[predpázitel]
filtro (m) de ar	въздушен филтър (м)	[vəzdúʃen fíltər]
filtro (m) de óleo	маслен филтър (м)	[máslen fíltər]
filtro (m) de combustível	филтър (м) за гориво	[fíltər za gorívo]

178. Carros. Batidas. Reparação

acidente (m) de carro	катастрофа (ж)	[katastrófa]
acidente (m) rodoviário	пътно-транспортно произшествие (с)	[pétno-transpórtno proisʃéstvie]
ir contra ...	блъсна се в ...	[blésna se v]
sofrer um acidente	катастрофирам	[katastrofíram]
danos (m pl)	повреда (ж)	[povréda]
intato	цял	[tsʲal]
avaria (no motor, etc.)	счупване (с)	[stʃúpvane]
avariar (vi)	счупя се	[stʃúpʲa se]
cabo (m) de reboque	автомобилно въже (с)	[aftomobílno vəʒé]
furo (m)	спукване (с)	[spúkvane]
estar furado	спусна	[spúsna]
encher (vt)	напомпвам	[napómpvam]
pressão (f)	налягане (с)	[nalʲágane]
verificar (vt)	проверя	[proverʲá]
reparação (f)	ремонт (м)	[remónt]
oficina (f) de reparação de carros	автосервиз (м)	[aftoservís]
peça (f) sobresselente	резервна част (ж)	[rezérvna tʃast]
peça (f)	детайл (м)	[detájl]
parafuso (m)	болт (м)	[bolt]
parafuso (m)	винт (м)	[vint]
porca (f)	гайка (ж)	[gájka]
anilha (f)	шайба (ж)	[ʃájba]
rolamento (m)	лагер (м)	[láger]
tubo (m)	тръба (ж)	[trəbá]
junta (f)	уплътнение (с)	[upletnénie]
fio, cabo (m)	кабел (м)	[kábel]
macaco (m)	крик (м)	[krik]
chave (f) de boca	гаечен ключ (м)	[gáetʃen klʲutʃ]
martelo (m)	чук (м)	[tʃuk]
bomba (f)	помпа (ж)	[pómpa]
chave (f) de fendas	отвертка (ж)	[otvértka]

| extintor (m) | пожарогасител (м) | [poʒarogasítel] |
| triângulo (m) de emergência | авариен триъгълник (м) | [avaríen triə́gəlnik] |

parar (vi) (motor)	заглъхвам	[zagléhvam]
paragem (f)	спиране (с)	[spírane]
estar quebrado	счупен съм	[stʃúpen səm]

superaquecer-se (vr)	прегря се	[pregrʲá se]
entupir-se (vr)	запуша се	[zapúʃa se]
congelar (vi)	замръзна	[zamrézna]
rebentar (vi)	спука се	[spúka se]

pressão (f)	налягане (с)	[nalʲágane]
nível (m)	ниво (с)	[nivó]
frouxo	слаб	[slap]

mossa (f)	вдлъбнатина (ж)	[vdləbnatiná]
ruído (m)	тракане (с)	[trákane]
fissura (f)	пукнатина (ж)	[puknatiná]
aranhão (m)	драскотина (ж)	[draskotína]

179. Carros. Estrada

estrada (f)	път (м)	[pət]
autoestrada (f)	автомагистрала (ж)	[aftomagistrála]
rodovia (f)	шосе (с)	[ʃosé]
direção (f)	посока (ж)	[posóka]
distância (f)	разстояние (с)	[rastojánie]

ponte (f)	мост (м)	[most]
parque (m) de estacionamento	паркинг (м)	[párking]
praça (f)	площад (м)	[ploʃtát]
nó (m) rodoviário	кръстовище (с)	[krəstóviʃte]
túnel (m)	тунел (м)	[tunél]

posto (m) de gasolina	бензиностанция (ж)	[benzino·stántsija]
parque (m) de estacionamento	паркинг (м)	[párking]
bomba (f) de gasolina	колонка (ж)	[kolónka]
oficina (f) de reparação de carros	автосервиз (м)	[aftoservís]
abastecer (vi)	заредя	[zaredʲá]
combustível (m)	гориво (с)	[gorívo]
bidão (m) de gasolina	туба (ж)	[túba]

asfalto (m)	асфалт (м)	[asfált]
marcação (f) de estradas	маркировка (ж)	[markirófka]
lancil (m)	бордюр (м)	[bordʲúr]
proteção (f) guard-rail	мантинела (ж)	[mantinéla]
valeta (f)	канавка (ж)	[kanáfka]
berma (f) da estrada	банкет (м)	[bankét]
poste (m) de luz	стълб (м)	[stəlp]

| conduzir, guiar (vt) | карам | [káram] |
| virar (ex. ~ à direita) | завивам | [zavívam] |

| dar retorno | обръщам се | [obréʃtam se] |
| marcha-atrás (f) | заден ход (м) | [záden hot] |

buzinar (vi)	сигнализирам	[signalizíram]
buzina (f)	звуков сигнал (м)	[zvúkof signál]
atolar-se (vr)	заседна	[zasédna]
patinar (na lama)	буксувам	[buksúvam]
desligar (vt)	гася	[gasʲá]

velocidade (f)	скорост (ж)	[skórost]
exceder a velocidade	превиша скорост	[previʃá skórost]
multar (vt)	глобявам	[globʲávam]
semáforo (m)	светофар (м)	[svetofár]
carta (f) de condução	шофьорска книжка (ж)	[ʃofʲórska kníʃka]

passagem (f) de nível	прелез (м)	[prélez]
cruzamento (m)	кръстовище (с)	[krəstóviʃte]
passadeira (f)	пешеходна пътека (ж)	[peʃehódna petéka]
curva (f)	завой (м)	[zavój]
zona (f) pedonal	пешеходна зона (ж)	[peʃehódna zóna]

180. Sinais de trânsito

código (m) da estrada	правила (с мн) за улично движение	[pravilá za úliʧno dviʒénie]
sinal (m) de trânsito	пътен знак (м)	[péten znak]
ultrapassagem (f)	изпреварване (с)	[isprevárvane]
curva (f)	завой (м)	[zavój]
inversão (f) de marcha	обръщане (с)	[obréʃtane]
rotunda (f)	кръгово движение (с)	[krégovo dviʒénie]

sentido proibido	влизането забранено	[vlízaneto zabranéno]
trânsito proibido	движението забранено	[dviʒénieto zabranéno]
proibição de ultrapassar	изпреварването забранено	[isprevárvaneto zabranéno]

| estacionamento proibido | паркирането забранено | [parkíraneto zabranéno] |
| paragem proibida | спирането забранено | [spíraneto zabranéno] |

curva (f) perigosa	остър завой (м)	[óstər zavój]
descida (f) perigosa	стръмно спускане (с)	[strémno spúskane]
trânsito de sentido único	еднопосочно движение (с)	[ednoposóʧno dviʒénie]
passadeira (f)	пешеходна пътека (ж)	[peʃehódna petéka]
pavimento (m) escorregadio	хлъзгав път (м)	[hlézgaf pət]
cedência de passagem	дай път	[daj pət]

PESSOAS. EVENTOS

Eventos

181. Férias. Evento

festa (f)	празник (м)	[práznik]
festa (f) nacional	национален празник (м)	[natsionálen práznik]
feriado (m)	празничен ден (м)	[práznitʃen den]
festejar (vt)	празнувам	[praznúvam]

evento (festa, etc.)	събитие (c)	[səbítie]
evento (banquete, etc.)	мероприятие (c)	[meroprijátie]
banquete (m)	банкет (м)	[bankét]
receção (f)	прием (м)	[príem]
festim (m)	пир (м)	[pir]

aniversário (m)	годишнина (ж)	[godíʃnina]
jubileu (m)	юбилей (м)	[jubiléj]
celebrar (vt)	отбележа	[otbeléʒa]

Ano (m) Novo	Нова година (ж)	[nóva godína]
Feliz Ano Novo!	Честита нова година!	[tʃestíta nóva godína]

Natal (m)	Коледа	[kóleda]
Feliz Natal!	Весела Коледа!	[vésela kóleda]
árvore (f) de Natal	коледна елха (ж)	[kóledna elhá]
fogo (m) de artifício	заря (ж)	[zarʲá]

boda (f)	сватба (ж)	[svátba]
noivo (m)	годеник (м)	[godeník]
noiva (f)	годеница (ж)	[godenítsa]

convidar (vt)	каня	[kánʲa]
convite (m)	покана (ж)	[pokána]

convidado (m)	гост (м)	[gost]
visitar (vt)	отивам на гости	[otívam na gósti]
receber os hóspedes	посрещам гости	[posréʃtam gósti]

presente (m)	подарък (м)	[podárək]
oferecer (vt)	подарявам	[podarʲávam]
receber presentes	получавам подаръци	[polutʃávam podárətsi]
ramo (m) de flores	букет (м)	[bukét]

felicitações (f pl)	поздравление (c)	[pozdravlénie]
felicitar (dar os parabéns)	поздравявам	[pozdravʲávam]
cartão (m) de parabéns	поздравителна картичка (ж)	[pozdravítelna kártitʃka]

| enviar um postal | изпратя картичка | [isprátⁱa kártitʃka] |
| receber um postal | получа картичка | [polútʃa kártitʃka] |

brinde (m)	тост (м)	[tost]
oferecer (vt)	черпя	[tʃérpⁱa]
champanhe (m)	шампанско (с)	[ʃampánsko]

divertir-se (vr)	веселя се	[veselⁱá se]
diversão (f)	веселба (ж)	[veselbá]
alegria (f)	радост (ж)	[rádost]

| dança (f) | танц (м) | [tants] |
| dançar (vi) | танцувам | [tantsúvam] |

| valsa (f) | валс (м) | [vals] |
| tango (m) | танго (с) | [tangó] |

182. Funerais. Enterro

cemitério (m)	гробища (мн)	[gróbiʃta]
sepultura (f), túmulo (m)	гроб (м)	[grop]
cruz (f)	кръст (м)	[krəst]
lápide (f)	надгробен паметник (м)	[nadgróben pámetnik]
cerca (f)	ограда (ж)	[ográda]
capela (f)	параклис (м)	[paráklis]

morte (f)	смърт (ж)	[smərt]
morrer (vi)	умра	[umrá]
defunto (m)	покойник (м)	[pokójnik]
luto (m)	траур (м)	[tráur]

enterrar, sepultar (vt)	погребвам	[pogrébvam]
agência (f) funerária	погребални услуги (мн)	[pogrebálni uslúgi]
funeral (m)	погребение (с)	[pogrebénie]

coroa (f) de flores	венец (м)	[venéts]
caixão (m)	ковчег (м)	[koftʃék]
carro (m) funerário	катафалка (ж)	[katafálka]
mortalha (f)	саван (м)	[saván]

procissão (f) funerária	погребално шествие (с)	[pogrebálno ʃéstvie]
urna (f) funerária	урна (ж)	[úrna]
crematório (m)	крематориум (м)	[krematórium]

obituário (m), necrologia (f)	некролог (м)	[nekrolók]
chorar (vi)	плача	[plátʃa]
soluçar (vi)	ридая	[ridája]

183. Guerra. Soldados

| pelotão (m) | взвод (м) | [vzvot] |
| companhia (f) | рота (ж) | [róta] |

regimento (m)	полк (м)	[polk]
exército (m)	армия (ж)	[ármija]
divisão (f)	дивизия (ж)	[divízija]

| destacamento (m) | отряд (м) | [otrʲát] |
| hoste (f) | войска (ж) | [vojská] |

| soldado (m) | войник (м) | [vojník] |
| oficial (m) | офицер (м) | [ofitsér] |

soldado (m) raso	редник (м)	[rédnik]
sargento (m)	сержант (м)	[serʒánt]
tenente (m)	лейтенант (м)	[lejtenánt]
capitão (m)	капитан (м)	[kapitán]
major (m)	майор (м)	[majór]
coronel (m)	полковник (м)	[polkóvnik]
general (m)	генерал (м)	[generál]

marujo (m)	моряк (м)	[morʲák]
capitão (m)	капитан (м)	[kapitán]
contramestre (m)	боцман (м)	[bótsman]

artilheiro (m)	артилерист (м)	[artileríst]
soldado (m) paraquedista	десантчик (м)	[desánttʃik]
piloto (m)	летец (м)	[letéts]
navegador (m)	щурман (м)	[ʃtúrman]
mecânico (m)	механик (м)	[mehánik]

sapador (m)	сапьор (м)	[sapʲór]
paraquedista (m)	парашутист (м)	[paraʃutíst]
explorador (m)	разузнавач (м)	[razuznavátʃ]
franco-atirador (m)	снайперист (м)	[snajperíst]

patrulha (f)	патрул (м)	[patrúl]
patrulhar (vt)	патрулирам	[patrulíram]
sentinela (f)	часови (м)	[tʃasoví]

| guerreiro (m) | войник (м) | [vojník] |
| patriota (m) | патриот (м) | [patriót] |

| herói (m) | герой (м) | [gerój] |
| heroína (f) | героиня (ж) | [geroínʲa] |

| traidor (m) | предател (м) | [predátel] |
| trair (vt) | предавам | [predávam] |

| desertor (m) | дезертьор (м) | [dezertʲór] |
| desertar (vt) | дезертирам | [dezertíram] |

mercenário (m)	наемник (м)	[naémnik]
recruta (m)	новобранец (м)	[novobránets]
voluntário (m)	доброволец (м)	[dobrovólets]

morto (m)	убит (м)	[ubít]
ferido (m)	ранен (м)	[ranén]
prisioneiro (m) de guerra	пленник (м)	[plénnik]

184. Guerra. Ações militares. Parte 1

guerra (f)	война (ж)	[vojná]
guerrear (vt)	воювам	[vojúvam]
guerra (f) civil	гражданска война (ж)	[grázdanska vojná]
perfidamente	вероломно	[verolómno]
declaração (f) de guerra	обявяване (c)	[obʲavʲávane]
declarar (vt) guerra	обявя	[obʲavʲá]
agressão (f)	агресия (ж)	[agrésija]
atacar (vt)	нападам	[napádam]
invadir (vt)	завземам	[zavzémam]
invasor (m)	окупатор (м)	[okupátor]
conquistador (m)	завоевател (м)	[zavoevátel]
defesa (f)	отбрана (ж)	[otbrána]
defender (vt)	отбранявам	[otbranʲávam]
defender-se (vr)	отбранявам се	[otbranʲávam se]
inimigo (m)	враг (м)	[vrak]
adversário (m)	противник (м)	[protívnik]
inimigo	вражески	[vrázeski]
estratégia (f)	стратегия (ж)	[stratégija]
tática (f)	тактика (ж)	[táktika]
ordem (f)	заповед (ж)	[zápovet]
comando (m)	команда (ж)	[kománda]
ordenar (vt)	заповядвам	[zapovʲádvam]
missão (f)	задача (ж)	[zadátʃa]
secreto	секретен	[sekréten]
batalha (f)	сражение (c)	[srazénie]
combate (m)	бой (м)	[boj]
ataque (m)	атака (ж)	[atáka]
assalto (m)	щурм (м)	[ʃturm]
assaltar (vt)	щурмувам	[ʃturmúvam]
assédio, sítio (m)	обсада (ж)	[obsáda]
ofensiva (f)	настъпление (c)	[nastəplénie]
passar à ofensiva	настъпвам	[nastəpvam]
retirada (f)	отстъпление (c)	[otstəplénie]
retirar-se (vr)	отстъпвам	[otstəpvam]
cerco (m)	обкръжение (c)	[opkrəzénie]
cercar (vt)	обкръжавам	[opkrəzávam]
bombardeio (m)	бомбардиране (c)	[bombardírane]
lançar uma bomba	хвърлям бомба	[hvárlʲam bómba]
bombardear (vt)	бомбардирам	[bombardíram]
explosão (f)	експлозия (ж)	[eksplózija]
tiro (m)	изстрел (м)	[ísstrel]

| disparar um tiro | изстрелям | [isstrél'am] |
| tiroteio (m) | стрелба (ж) | [strelbá] |

apontar para ...	целя се	[tsél'a se]
apontar (vt)	насоча	[nasótʃa]
acertar (vt)	улуча	[ulútʃa]

afundar (um navio)	потопя	[potop'á]
brecha (f)	дупка (ж)	[dúpka]
afundar (vi)	потъвам	[potévam]

frente (m)	фронт (м)	[front]
evacuação (f)	евакуация (ж)	[evakuátsija]
evacuar (vt)	евакуирам	[evakuíram]

arame (m) farpado	бодлив тел (м)	[bodlív tel]
obstáculo (m) anticarro	заграждение (с)	[zagraჳdénie]
torre (f) de vigia	кула (ж)	[kúla]

hospital (m)	военна болница (ж)	[voénna bólnitsa]
ferir (vt)	раня	[ran'á]
ferida (f)	рана (ж)	[rána]
ferido (m)	ранен (м)	[ranén]
ficar ferido	получа нараняване	[polútʃa naran'ávane]
grave (ferida ~)	тежък	[téჳək]

185. Guerra. Ações militares. Parte 2

cativeiro (m)	плен (м)	[plen]
capturar (vt)	пленявам	[plen'ávam]
estar em cativeiro	намирам се в плен	[namíram se v plen]
ser aprisionado	попадна в плен	[popádna v plen]

campo (m) de concentração	концлагер (м)	[kóntsláger]
prisioneiro (m) de guerra	пленник (м)	[plénnik]
escapar (vi)	бягам	[b'ágam]

trair (vt)	предам	[predám]
traidor (m)	предател (м)	[predátel]
traição (f)	предателство (с)	[predátelstvo]

| fuzilar, executar (vt) | разстрелям | [rasstrél'am] |
| fuzilamento (m) | разстрелване (с) | [rasstrélvane] |

equipamento (m)	военна униформа (ж)	[voénna unifórma]
platina (f)	пагон (м)	[pagón]
máscara (f) antigás	противогаз (м)	[protivogás]

rádio (m)	радиостанция (ж)	[radiostántsija]
cifra (f), código (m)	шифър (м)	[ʃífər]
conspiração (f)	конспирация (ж)	[konspirátsija]
senha (f)	парола (ж)	[paróla]
mina (f)	мина (ж)	[mína]
minar (vt)	минирам	[miníram]

campo (m) minado	минно поле (c)	[mínno polé]
alarme (m) aéreo	въздушна тревога (ж)	[vəzdúʃna trevóga]
alarme (m)	тревога (ж)	[trevóga]
sinal (m)	сигнал (м)	[signál]
sinalizador (m)	сигнална ракета (ж)	[signálna rakéta]

estado-maior (m)	щаб (м)	[ʃtap]
reconhecimento (m)	разузнаване (c)	[razuznávane]
situação (f)	обстановка (ж)	[opstanófka]
relatório (m)	рапорт (м)	[ráport]
emboscada (f)	засада (ж)	[zasáda]
reforço (m)	подкрепа (ж)	[potkrépa]

alvo (m)	мишена (ж)	[miʃéna]
campo (m) de tiro	полигон (м)	[poligón]
manobras (f pl)	маневри (м мн)	[manévri]

pânico (m)	паника (ж)	[pánika]
devastação (f)	разруха (ж)	[razrúha]
ruínas (f pl)	разрушения (c мн)	[razruʃénija]
destruir (vt)	разрушавам	[razruʃávam]

sobreviver (vi)	оцелея	[otseléja]
desarmar (vt)	обезоръжа	[obezorəʒá]
manusear (vt)	служа си	[slúʒa si]

Firmes!	Мирно!	[mírno]
Descansar!	Свободно!	[svobódno]

façanha (f)	подвиг (м)	[pódvik]
juramento (m)	клетва (ж)	[klétva]
jurar (vi)	заклевам се	[zaklévam se]

condecoração (f)	награда (ж)	[nagráda]
condecorar (vt)	награждавам	[nagraʒdávam]
medalha (f)	медал (м)	[medál]
ordem (f)	орден (м)	[órden]

vitória (f)	победа (ж)	[pobéda]
derrota (f)	поражение (c)	[poraʒénie]
armistício (m)	примирие (c)	[primírie]

bandeira (f)	знаме (c)	[známe]
glória (f)	слава (ж)	[sláva]
desfile (m) militar	парад (м)	[parát]
marchar (vi)	марш企рувам	[marʃirúvam]

186. Armas

arma (f)	оръжие (c)	[oréʒie]
arma (f) de fogo	огнестрелно оръжие (c)	[ognestrélno oréʒie]
arma (f) branca	хладно оръжие (c)	[hládno oréʒie]
arma (f) química	химическо оръжие (c)	[himíʧesko oréʒie]
nuclear	ядрен	[jádren]

arma (f) nuclear	ядрено оръжие (c)	[jádreno oréʒie]
bomba (f)	бомба (ж)	[bómba]
bomba (f) atómica	атомна бомба (ж)	[átomna bómba]

pistola (f)	пистолет (м)	[pistolét]
caçadeira (f)	пушка (ж)	[púʃka]
pistola-metralhadora (f)	автомат (м)	[aftomát]
metralhadora (f)	картечница (ж)	[kartétʃnitsa]

boca (f)	дуло (c)	[dúlo]
cano (m)	цев (м)	[tsev]
calibre (m)	калибър (м)	[kalíbər]

gatilho (m)	спусък (м)	[spúsək]
mira (f)	мерник (м)	[mérnik]
carregador (m)	магазин (м)	[magazín]
coronha (f)	приклад (м)	[priklát]

granada (f) de mão	граната (ж)	[granáta]
explosivo (m)	експлозив (c)	[eksplozíf]

bala (f)	куршум (м)	[kurʃúm]
cartucho (m)	патрон (м)	[patrón]
carga (f)	заряд (м)	[zarʲát]
munições (f pl)	боеприпаси (мн)	[boeprípasi]

bombardeiro (m)	бомбардировач (м)	[bombardirovátʃ]
avião (m) de caça	изтребител (м)	[istrebítel]
helicóptero (m)	хеликоптер (м)	[helikópter]

canhão (m) antiaéreo	зенитно оръдие (c)	[zenítno orédie]
tanque (m)	танк (м)	[tank]
canhão (de um tanque)	оръдие (c)	[orédie]

artilharia (f)	артилерия (ж)	[artilérija]
fazer a pontaria	насоча	[nasótʃa]

obus (m)	снаряд (м)	[snarʲát]
granada (f) de morteiro	мина (ж)	[mína]
morteiro (m)	миномет (м)	[minomét]
estilhaço (m)	парче (c)	[partʃé]

submarino (m)	подводница (ж)	[podvódnitsa]
torpedo (m)	торпедо (c)	[torpédo]
míssil (m)	ракета (ж)	[rakéta]

carregar (uma arma)	зареждам	[zaréʒdam]
atirar, disparar (vi)	стрелям	[strélʲam]
apontar para ...	целя се в ...	[tsélʲa se v]
baioneta (f)	щик (м)	[ʃtik]

espada (f)	шпага (ж)	[ʃpága]
sabre (m)	сабя (ж)	[sábʲa]
lança (f)	копие (c)	[kópie]
arco (m)	лък (м)	[lək]
flecha (f)	стрела (ж)	[strelá]

mosquete (m)	мускет (м)	[muskét]
besta (f)	арбалет (м)	[arbalét]

187. Povos da antiguidade

primitivo	първобитен	[pərvobíten]
pré-histórico	доисторически	[doistorítʃeski]
antigo	древен	[dréven]

Idade (f) da Pedra	Каменен век (м)	[kámenen vek]
Idade (f) do Bronze	бронзова епоха (ж)	[brónzova epóha]
período (m) glacial	ледникова епоха (ж)	[lédnikova epóha]

tribo (f)	племе (с)	[pléme]
canibal (m)	човекоядец (м)	[tʃovekojádets]
caçador (m)	ловец (м)	[lovéts]
caçar (vi)	ловувам	[lovúvam]
mamute (m)	мамут (м)	[mamút]

caverna (f)	пещера (ж)	[peʃterá]
fogo (m)	огън (м)	[ógən]
fogueira (f)	клада (ж)	[kláda]
pintura (f) rupestre	скална рисунка (ж)	[skálna risúnka]

ferramenta (f)	оръдие (с) на труда	[orédie na trudá]
lança (f)	копие (с)	[kópie]
machado (m) de pedra	каменна брадва (ж)	[kámenna brádva]
guerrear (vt)	воювам	[vojúvam]
domesticar (vt)	опитомявам	[opitomʲávam]

ídolo (m)	идол (м)	[ídol]
adorar, venerar (vt)	покланям се	[poklánʲam se]
superstição (f)	суеверие (с)	[suevérie]

evolução (f)	еволюция (ж)	[evolʲútsija]
desenvolvimento (m)	развитие (с)	[razvítie]
desaparecimento (m)	изчезване (с)	[iztʃézvane]
adaptar-se (vr)	приспособявам се	[prisposobʲávam se]

arqueologia (f)	археология (ж)	[arheológija]
arqueólogo (m)	археолог (м)	[arheolók]
arqueológico	археологически	[arheologítʃeski]

local (m) das escavações	разкопки (мн)	[raskópki]
escavações (f pl)	разкопки (мн)	[raskópki]
achado (m)	находка (ж)	[nahótka]
fragmento (m)	фрагмент (м)	[fragmént]

188. Idade média

povo (m)	народ (м)	[narót]
povos (m pl)	народи (м мн)	[naródi]

tribo (f)	племе (c)	[pléme]
tribos (f pl)	племена (c мн)	[plemená]
bárbaros (m pl)	варвари (м мн)	[várvari]
gauleses (m pl)	гали (м мн)	[gáli]
godos (m pl)	готи (м мн)	[góti]
eslavos (m pl)	славяни (м мн)	[slavʲáni]
víquingues (m pl)	викинги (м мн)	[víkingi]
romanos (m pl)	римляни (м мн)	[rímlʲani]
romano	римски	[rímski]
bizantinos (m pl)	византийци (м мн)	[vizantíjtsi]
Bizâncio	Византия (ж)	[vizántija]
bizantino	византийски	[vizantíjski]
imperador (m)	император (м)	[imperátor]
líder (m)	вожд (м)	[voʒt]
poderoso	могъщ	[mogéʃt]
rei (m)	крал (м)	[kral]
governante (m)	владетел (м)	[vladétel]
cavaleiro (m)	рицар (м)	[rítsar]
senhor feudal (m)	феодал (м)	[feodál]
feudal	феодален	[feodálen]
vassalo (m)	васал (м)	[vasál]
duque (m)	херцог (м)	[hertsók]
conde (m)	граф (м)	[graf]
barão (m)	барон (м)	[barón]
bispo (m)	епископ (м)	[episkóp]
armadura (f)	доспехи (мн)	[dospéhi]
escudo (m)	щит (м)	[ʃtit]
espada (f)	меч (м)	[metʃ]
viseira (f)	забрало (c)	[zabrálo]
cota (f) de malha	ризница (ж)	[ríznitsa]
cruzada (f)	кръстоносен поход (м)	[krəstonósen póhot]
cruzado (m)	кръстоносец (м)	[krəstonósets]
território (m)	територия (ж)	[teritórija]
atacar (vt)	нападам	[napádam]
conquistar (vt)	завоювам	[zavojúvam]
ocupar, invadir (vt)	завзема	[zavzéma]
assédio, sítio (m)	обсада (ж)	[obsáda]
sitiado	обсаден	[opsadén]
assediar, sitiar (vt)	обсаждам	[opsáʒdam]
inquisição (f)	инквизиция (ж)	[inkvizítsija]
inquisidor (m)	инквизитор (м)	[inkvizítor]
tortura (f)	изтезаване (c)	[izmétʃvane]
cruel	жесток	[ʒestók]
herege (m)	еретик (м)	[eretík]
heresia (f)	ерес (ж)	[éres]

navegação (f) marítima	мореплаване (c)	[moreplávane]
pirata (m)	пират (м)	[pirát]
pirataria (f)	пиратство (c)	[pirátstvo]
abordagem (f)	абордаж (м)	[abordáʒ]
saque (m), pulhagem (f)	плячка (ж)	[plʲátʃka]
tesouros (m pl)	съкровища (c мн)	[səkróviʃta]

descobrimento (m)	откритие (c)	[otkrítie]
descobrir (novas terras)	откривам	[otkrívam]
expedição (f)	експедиция (ж)	[ekspedítsija]

mosqueteiro (m)	мускетар (м)	[musketár]
cardeal (m)	кардинал (м)	[kardinál]
heráldica (f)	хералдика (ж)	[heráldika]
heráldico	хералдически	[heraldítʃeski]

189. Líder. Chefe. Autoridades

rei (m)	крал (м)	[kral]
rainha (f)	кралица (ж)	[kralítsa]
real	кралски	[králski]
reino (m)	кралство (c)	[králstvo]

| príncipe (m) | принц (м) | [prints] |
| princesa (f) | принцеса (ж) | [printsésa] |

presidente (m)	президент (м)	[prezidént]
vice-presidente (m)	вицепрезидент (м)	[vítse·prezidént]
senador (m)	сенатор (м)	[senátor]

monarca (m)	монарх (м)	[monárh]
governante (m)	владетел (м)	[vladétel]
ditador (m)	диктатор (м)	[diktátor]
tirano (m)	тиранин (м)	[tiránin]
magnata (m)	магнат (м)	[magnát]

diretor (m)	директор (м)	[diréktor]
chefe (m)	шеф (м)	[ʃef]
dirigente (m)	управител (м)	[uprávitel]
patrão (m)	бос (м)	[bos]
dono (m)	собственик (м)	[sóbstvenik]

chefe (~ de delegação)	глава (ж)	[glavá]
autoridades (f pl)	власти (ж мн)	[vlásti]
superiores (m pl)	началство (c)	[natʃálstvo]

governador (m)	губернатор (м)	[gubernátor]
cônsul (m)	консул (м)	[kónsul]
diplomata (m)	дипломат (м)	[diplomát]
prefeito (m)	кмет (м)	[kmet]
xerife (m)	шериф (м)	[ʃeríf]

| imperador (m) | император (м) | [imperátor] |
| czar (m) | цар (м) | [tsar] |

| faraó (m) | фараон (м) | [faraón] |
| cã (m) | хан (м) | [han] |

190. Estrada. Caminho. Direções

| estrada (f) | път (м) | [pət] |
| caminho (m) | път (м) | [pət] |

rodovia (f)	шосе (с)	[ʃosé]
autoestrada (f)	автомагистрала (ж)	[aftomagistrála]
estrada (f) nacional	първостепенен път (м)	[pərvostépenen pət]

| estrada (f) principal | главен път (м) | [gláven pət] |
| caminho (m) de terra batida | междуселски път (м) | [meʒdusélski pət] |

| trilha (f) | пътека (ж) | [pətéka] |
| vereda (f) | пътечка (ж) | [pətétʃka] |

Onde?	Къде?	[kədé]
Para onde?	Къде?	[kədé]
De onde?	Откъде?	[otkədé]

| direção (f) | посока (ж) | [posóka] |
| indicar (orientar) | посочвам | [posótʃvam] |

para esquerda	наляво	[nalʲávo]
para direita	вдясно	[vdʲásno]
em frente	направо	[naprávo]
para trás	назад	[nazát]

curva (f)	завой (м)	[zavój]
virar (ex. ~ à direita)	завивам	[zavívam]
dar retorno	обръщам се	[obréʃtam se]

| estar visível | виждам се | [víʒdam se] |
| aparecer (vi) | покажа се | [pokáʒa se] |

paragem (pausa)	спиране (с)	[spírane]
descansar (vi)	почивам си	[potʃívam si]
descanso (m)	почивка (ж)	[potʃífka]

perder-se (vr)	загубя се	[zagúbʲa se]
conduzir (caminho)	водя към ...	[vódʲa kəm]
chegar a ...	изляза на ...	[izlʲáza na]
trecho (m)	отрязък (м)	[otrʲázək]

asfalto (m)	асфалт (м)	[asfált]
lancil (m)	бордюр (м)	[bordʲúr]
valeta (f)	канавка (ж)	[kanáfka]
tampa (f) de esgoto	капак (м)	[kapák]
berma (f) da estrada	банкет (м)	[bankét]
buraco (m)	дупка (ж)	[dúpka]
ir (a pé)	вървя	[vərvʲá]
ultrapassar (vt)	изпреваря	[isprevárʲa]

| passo (m) | крачка (ж) | [krátʃka] |
| a pé | пеш | [peʃ] |

bloquear (vt)	преградя	[pregradʲá]
cancela (f)	бариера (ж)	[bariéra]
beco (m) sem saída	задънена улица (ж)	[zadénena úlitsa]

191. Viloação da lei. Criminosos. Parte 1

bandido (m)	бандит (м)	[bandít]
crime (m)	престъпление (с)	[prestəplénie]
criminoso (m)	престъпник (м)	[prestépnik]

ladrão (m)	крадец (м)	[kradéts]
roubar (vt)	крада	[kradá]
furto, roubo (m)	кражба (ж)	[kráʒba]

raptar (ex. ~ uma criança)	отвлека	[otvleká]
rapto (m)	отвличане (с)	[otvlítʃane]
raptor (m)	похитител (м)	[pohitítel]

| resgate (m) | откуп (м) | [ótkup] |
| pedir resgate | искам откуп | [ískam ótkup] |

| roubar (vt) | грабя | [grábʲa] |
| assaltante (m) | грабител (м) | [grabítel] |

extorquir (vt)	изнудвам	[iznúdvam]
extorsionário (m)	изнудвач (м)	[iznudvátʃ]
extorsão (f)	изнудване (с)	[iznúdvane]

matar, assassinar (vt)	убия	[ubíja]
homicídio (m)	убийство (с)	[ubíjstvo]
homicida, assassino (m)	убиец (м)	[ubíets]

tiro (m)	изстрел (м)	[ísstrel]
dar um tiro	изстрелям	[isstrélʲam]
matar a tiro	застрелям	[zastrélʲam]
atirar, disparar (vi)	стрелям	[strélʲam]
tiroteio (m)	стрелба (ж)	[strelbá]

acontecimento (m)	произшествие (с)	[proisʃéstvie]
porrada (f)	сбиване (с)	[zbívane]
Socorro!	Помогнете!	[pomognéte]
vítima (f)	жертва (ж)	[ʒértva]

danificar (vt)	повредя	[povredʲá]
dano (m)	щета (ж)	[ʃtetá]
cadáver (m)	труп (м)	[trup]
grave	тежък	[téʒək]

atacar (vt)	нападна	[napádna]
bater (espancar)	бия	[bíja]
espancar (vt)	набия	[nabíja]

tirar, roubar (dinheiro)	отнема	[otnéma]
esfaquear (vt)	заколя	[zakólʲa]
mutilar (vt)	осакатя	[osakatʲá]
ferir (vt)	раня	[ranʲá]

chantagem (f)	шантаж (м)	[ʃantáʒ]
chantagear (vt)	шантажирам	[ʃantaʒíram]
chantagista (m)	шантажист (м)	[ʃantaʒíst]

extorsão (em troca de proteção)	рекет (м)	[réket]
extorsionário (m)	рекетьор (м)	[reketʲór]
gângster (m)	гангстер (м)	[gángster]
máfia (f)	мафия (ж)	[máfija]

carteirista (m)	джебчия (м)	[dʒebtʃíja]
assaltante, ladrão (m)	разбивач (м) на врати	[razbivátʃ na vratí]
contrabando (m)	контрабанда (ж)	[kontrabánda]
contrabandista (m)	контрабандист (м)	[kontrabandíst]

falsificação (f)	фалшификат (м)	[falʃifikát]
falsificar (vt)	фалшифицирам	[falʃifitsíram]
falsificado	фалшив	[falʃív]

192. Viloação da lei. Criminosos. Parte 2

violação (f)	изнасилване (c)	[iznasílvane]
violar (vt)	изнасиля	[iznasílʲa]
violador (m)	насилник (м)	[nasílnik]
maníaco (m)	маниак (м)	[maniák]

prostituta (f)	проститутка (ж)	[prostitútka]
prostituição (f)	проституция (ж)	[prostitútsija]
chulo (m)	сутеньор (м)	[sutenʲór]

| toxicodependente (m) | наркоман (м) | [narkomán] |
| traficante (m) | наркотрафикант (м) | [narkotrafikánt] |

explodir (vt)	взривя	[vzrivʲá]
explosão (f)	експлозия (ж)	[eksplózija]
incendiar (vt)	подпаля	[podpálʲa]
incendiário (m)	подпалвач (м)	[podpalvátʃ]

terrorismo (m)	тероризъм (м)	[terorízəm]
terrorista (m)	терорист (м)	[teroríst]
refém (m)	заложник (м)	[zalóʒnik]

enganar (vt)	измамя	[izmámʲa]
engano (m)	измама (ж)	[izmáma]
vigarista (m)	мошеник (м)	[moʃénik]

subornar (vt)	подкупя	[podkúpʲa]
suborno (atividade)	подкуп (м)	[pótkup]
suborno (dinheiro)	рушвет (м)	[ruʃvét]

veneno (m)	отрова (ж)	[otróva]
envenenar (vt)	отровя	[otróvʲa]
envenenar-se (vr)	отровя се	[otróvʲa se]

| suicídio (m) | самоубийство (c) | [samoubíjstvo] |
| suicida (m) | самоубиец (м) | [samoubíets] |

ameaçar (vt)	заплашвам	[zapláʃvam]
ameaça (f)	заплаха (ж)	[zapláha]
atentar contra a vida de ...	покушавам се	[pokuʃávam se]
atentado (m)	покушение (c)	[pokuʃénie]

| roubar (o carro) | открадна | [otkrádna] |
| desviar (o avião) | отвлека | [otvlеká] |

| vingança (f) | отмъщение (c) | [otmɘʃténie] |
| vingar (vt) | отмъщавам | [otmɘʃtávam] |

torturar (vt)	изтезавам	[istezávam]
tortura (f)	измъчване (c)	[izmɘtʃvane]
atormentar (vt)	измъчвам	[izmɘtʃvam]

pirata (m)	пират (м)	[pirát]
desordeiro (m)	хулиган (м)	[huligán]
armado	въоръжен	[vɘorɘʒén]
violência (f)	насилие (c)	[nasílie]
ilegal	незаконен	[nezakónen]

| espionagem (f) | шпионаж (м) | [ʃpionáʒ] |
| espionar (vi) | шпионирам | [ʃpioníram] |

193. Polícia. Lei. Parte 1

| justiça (f) | правосъдие (c) | [pravosédie] |
| tribunal (m) | съд (м) | [sɘt] |

juiz (m)	съдия (м)	[sɘdijá]
jurados (m pl)	съдебни заседатели (м мн)	[sɘdébni zasedáteli]
tribunal (m) do júri	съд (м) със съдебни заседатели	[sɘt sɘs sɘdébni zasedáteli]
julgar (vt)	съдя	[sédʲa]

advogado (m)	адвокат (м)	[advokát]
réu (m)	подсъдим (м)	[potsɘdím]
banco (m) dos réus	подсъдима скамейка (ж)	[potsɘdíma skaméjka]

| acusação (f) | обвинение (c) | [obvinénie] |
| acusado (m) | обвиняем (м) | [obvinʲáem] |

| sentença (f) | присъда (ж) | [priséda] |
| sentenciar (vt) | осъдя | [osédʲa] |

| culpado (m) | виновник (м) | [vinóvnik] |
| punir (vt) | накажа | [nakáʒa] |

punição (f)	наказание (с)	[nakazánie]
multa (f)	глоба (ж)	[glóba]
prisão (f) perpétua	доживотен затвор (м)	[doʒivóten zatvór]
pena (f) de morte	смъртно наказание (с)	[smértno nakazánie]
cadeira (f) elétrica	електрически стол (м)	[elektrítʃeski stol]
forca (f)	бесилка (ж)	[besílka]

| executar (vt) | екзекутирам | [ekzekutíram] |
| execução (f) | екзекуция (ж) | [ekzekútsija] |

| prisão (f) | затвор (м) | [zatvór] |
| cela (f) de prisão | килия (ж) | [kilíja] |

escolta (f)	караул (м)	[karaúl]
guarda (m) prisional	надзирател (м)	[nadzirátel]
preso (m)	затворник (м)	[zatvórnik]

| algemas (f pl) | белезници (мн) | [beleznítsi] |
| algemar (vt) | сложа белезници | [slóʒa beleznítsi] |

fuga, evasão (f)	бягство (с)	[bʲákstvo]
fugir (vi)	избягам	[izbʲágam]
desaparecer (vi)	изчезна	[iztʃézna]
soltar, libertar (vt)	освободя	[osvobodʲá]
amnistia (f)	амнистия (ж)	[amnístija]

polícia (instituição)	полиция (ж)	[polítsija]
polícia (m)	полицай (м)	[politsáj]
esquadra (f) de polícia	полицейско управление (с)	[politséjsko upravlénie]

| cassetete (m) | палка (ж) | [pálka] |
| megafone (m) | рупор (м) | [rúpor] |

carro (m) de patrulha	патрулка (ж)	[patrúlka]
sirene (f)	сирена (ж)	[siréna]
ligar a sirene	включа сирена	[fklʲútʃa siréna]
toque (m) da sirene	звук (м) на сирена	[zvuk na siréna]

cena (f) do crime	място (с) на произшествието	[mʲásto na proisʃéstvieto]
testemunha (f)	свидетел (м)	[svidétel]
liberdade (f)	свобода (ж)	[svobodá]
cúmplice (m)	съучастник (м)	[səutʃásnik]
escapar (vi)	скрия се	[skríja sé]
traço (não deixar ~s)	следа (ж)	[sledá]

194. Polícia. Lei. Parte 2

procura (f)	издирване (с)	[izdírvane]
procurar (vt)	издирвам	[izdírvam]
suspeita (f)	подозрение (с)	[podozrénie]
suspeito	подозрителен	[podozrítelen]
parar (vt)	спра	[spra]
deter (vt)	задържа	[zadərʒá]

caso (criminal)	дело (c)	[délo]
investigação (f)	следствие (c)	[slétstvie]
detetive (m)	детектив (м)	[detektíf]
investigador (m)	следовател (м)	[sledovátel]
versão (f)	версия (ж)	[vérsija]
motivo (m)	мотив (м)	[motív]
interrogatório (m)	разпит (м)	[ráspit]
interrogar (vt)	разпитвам	[raspítvam]
questionar (vt)	разпитвам	[raspítvam]
verificação (f)	проверка (ж)	[provérka]
rusga (f)	хайка (ж)	[hájka]
busca (f)	обиск (м)	[óbisk]
perseguição (f)	преследване (c)	[preslédvane]
perseguir (vt)	преследвам	[preslédvam]
seguir (vt)	следя	[sledʲá]
prisão (f)	арест (м)	[árest]
prender (vt)	арестувам	[arestúvam]
pegar, capturar (vt)	заловя	[zalovʲá]
captura (f)	залавяне (c)	[zalávʲane]
documento (m)	документ (м)	[dokumént]
prova (f)	доказателство (c)	[dokazátelstvo]
provar (vt)	доказвам	[dokázvam]
pegada (f)	следа (ж)	[sledá]
impressões (f pl) digitais	отпечатъци (м мн) на пръстите	[otpeʧátətsi na préstite]
prova (f)	улика (ж)	[úlika]
álibi (m)	алиби (c)	[alíbi]
inocente	невиновен	[nevinóven]
injustiça (f)	несправедливост (ж)	[nespravedlívost]
injusto	несправедлив	[nespravedlív]
criminal	криминален	[kriminálen]
confiscar (vt)	конфискувам	[konfiskúvam]
droga (f)	наркотик (м)	[narkotík]
arma (f)	оръжие (c)	[oréʒie]
desarmar (vt)	обезоръжа	[obezorəʒá]
ordenar (vt)	заповядвам	[zapovʲádvam]
desaparecer (vi)	изчезна	[izʧézna]
lei (f)	закон (м)	[zakón]
legal	законен	[zakónen]
ilegal	незаконен	[nezakónen]
responsabilidade (f)	отговорност (ж)	[otgovórnost]
responsável	отговорен	[otgovóren]

NATUREZA

A Terra. Parte 1

195. Espaço sideral

cosmos (m)	космос (м)	[kósmos]
cósmico	космически	[kosmítʃeski]
espaço (m) cósmico	космическо пространство (с)	[kosmítʃesko prostránstvo]
mundo (m)	свят (м)	[svʲat]
universo (m)	вселена (ж)	[fseléna]
galáxia (f)	галактика (ж)	[galáktika]
estrela (f)	звезда (ж)	[zvezdá]
constelação (f)	съзвездие (с)	[səzvézdie]
planeta (m)	планета (ж)	[planéta]
satélite (m)	спътник (м)	[spétnik]
meteorito (m)	метеорит (м)	[meteorít]
cometa (m)	комета (ж)	[kométa]
asteroide (m)	астероид (м)	[asteroít]
órbita (f)	орбита (ж)	[órbita]
girar (vi)	въртя се	[vərtʲá se]
atmosfera (f)	атмосфера (ж)	[atmosféra]
Sol (m)	Слънце	[sléntse]
Sistema (m) Solar	Слънчева система (ж)	[sléntʃeva sistéma]
eclipse (m) solar	слънчево затъмнение (с)	[sléntʃevo zatəmnénie]
Terra (f)	Земя	[zemʲá]
Lua (f)	Луна	[luná]
Marte (m)	Марс	[mars]
Vénus (m)	Венера	[venéra]
Júpiter (m)	Юпитер	[júpiter]
Saturno (m)	Сатурн	[satúrn]
Mercúrio (m)	Меркурий	[merkúrij]
Urano (m)	Уран	[urán]
Neptuno (m)	Нептун	[neptún]
Plutão (m)	Плутон	[plutón]
Via Láctea (f)	Млечен Път	[mlétʃen pət]
Ursa Maior (f)	Голяма Мечка	[golʲáma métʃka]
Estrela Polar (f)	Полярна Звезда	[polʲárna zvezdá]
marciano (m)	марсианец (м)	[marsiánets]

extraterrestre (m)	извънземен (м)	[izvənzémen]
alienígena (m)	пришелец (м)	[priʃeléts]
disco (m) voador	летяща чиния (ж)	[letʲáʃta tʃiníja]

nave (f) espacial	космически кораб (м)	[kosmítʃeski kórap]
estação (f) orbital	орбитална станция (ж)	[orbitálna stántsija]
lançamento (m)	старт (м)	[start]

motor (m)	двигател (м)	[dvigátel]
bocal (m)	дюза (ж)	[dʲúza]
combustível (m)	гориво (с)	[gorívo]

cabine (f)	кабина (ж)	[kabína]
antena (f)	антена (ж)	[anténa]
vigia (f)	илюминатор (м)	[ilʲuminátor]
bateria (f) solar	слънчева батерия (ж)	[slóntʃeva batérija]
traje (m) espacial	скафандър (м)	[skafándər]

imponderabilidade (f)	безтегловност (ж)	[besteglóvnost]
oxigénio (m)	кислород (м)	[kislorót]

acoplagem (f)	свързване (с)	[svérzvane]
fazer uma acoplagem	свързвам се	[svérzvam se]

observatório (m)	обсерватория (ж)	[opservatórija]
telescópio (m)	телескоп (м)	[teleskóp]
observar (vt)	наблюдавам	[nablʲudávam]
explorar (vt)	изследвам	[isslédvam]

196. A Terra

Terra (f)	Земя (ж)	[zemʲá]
globo terrestre (Terra)	земно кълбо (с)	[zémno kəlbó]
planeta (m)	планета (ж)	[planéta]

atmosfera (f)	атмосфера (ж)	[atmosféra]
geografia (f)	география (ж)	[geográfija]
natureza (f)	природа (ж)	[priróda]

globo (mapa esférico)	глобус (м)	[glóbus]
mapa (m)	карта (ж)	[kárta]
atlas (m)	атлас (м)	[atlás]

Europa (f)	Европа	[evrópa]
Ásia (f)	Азия	[ázija]
África (f)	Африка	[áfrika]
Austrália (f)	Австралия	[afstrálija]

América (f)	Америка	[amérika]
América (f) do Norte	Северна Америка	[séverna amérika]
América (f) do Sul	Южна Америка	[júʒna amérika]

Antártida (f)	Антарктида	[antarktída]
Ártico (m)	Арктика	[árktika]

197. Pontos cardeais

norte (m)	север (м)	[séver]
para norte	на север	[na séver]
no norte	на север	[na séver]
do norte	северен	[séveren]
sul (m)	юг (м)	[juk]
para sul	на юг	[na juk]
no sul	на юг	[na juk]
do sul	южен	[júʒen]
oeste, ocidente (m)	запад (м)	[zápat]
para oeste	на запад	[na zápat]
no oeste	на запад	[na zápat]
ocidental	западен	[západen]
leste, oriente (m)	изток (м)	[ístok]
para leste	на изток	[na ístok]
no leste	на изток	[na ístok]
oriental	източен	[ístotʃen]

198. Mar. Oceano

mar (m)	море (с)	[moré]
oceano (m)	океан (м)	[okeán]
golfo (m)	залив (м)	[zálif]
estreito (m)	пролив (м)	[próliv]
continente (m)	материк (м)	[materík]
ilha (f)	остров (м)	[óstrov]
península (f)	полуостров (м)	[poluóstrov]
arquipélago (m)	архипелаг (м)	[arhipelák]
baía (f)	залив (м)	[zálif]
porto (m)	залив (м)	[zálif]
lagoa (f)	лагуна (ж)	[lagúna]
cabo (m)	нос (м)	[nos]
atol (m)	атол (м)	[atól]
recife (m)	риф (м)	[rif]
coral (m)	корал (м)	[korál]
recife (m) de coral	коралов риф (м)	[korálov rif]
profundo	дълбок	[dəlbók]
profundidade (f)	дълбочина (ж)	[dəlbotʃiná]
abismo (m)	бездна (ж)	[bézna]
fossa (f) oceânica	падина (ж)	[padiná]
corrente (f)	течение (с)	[tetʃénie]
banhar (vt)	мия	[míja]
litoral (m)	бряг (м)	[briak]
costa (f)	крайбрежие (с)	[krajbréʒie]

maré (f) alta	прилив (м)	[príliv]
maré (f) baixa	отлив (м)	[ótliv]
restinga (f)	плитчина (ж)	[plittʃiná]
fundo (m)	дъно (с)	[déno]

onda (f)	вълна (ж)	[vəlná]
crista (f) da onda	гребен (м) на вълна	[grében na vəlná]
espuma (f)	пяна (ж)	[pʲána]

tempestade (f)	буря (ж)	[búrʲa]
furacão (m)	ураган (м)	[uragán]
tsunami (m)	цунами (с)	[tsunámi]
calmaria (f)	безветрие (с)	[bezvétrie]
calmo	спокоен	[spokóen]

| polo (m) | полюс (м) | [pólʲus] |
| polar | полярен | [polʲáren] |

latitude (f)	ширина (ж)	[ʃiriná]
longitude (f)	дължина (ж)	[dəʒiná]
paralela (f)	паралел (ж)	[paralél]
equador (m)	екватор (м)	[ekvátor]

céu (m)	небе (с)	[nebé]
horizonte (m)	хоризонт (м)	[horizónt]
ar (m)	въздух (м)	[vézduh]

farol (m)	фар (м)	[far]
mergulhar (vi)	гмуркам се	[gmúrkam se]
afundar-se (vr)	потъна	[poténa]
tesouros (m pl)	съкровища (с мн)	[səkróviʃta]

199. Nomes de Mares e Oceanos

Oceano (m) Atlântico	Атлантически океан	[atlantítʃeski okeán]
Oceano (m) Índico	Индийски океан	[indíjski okeán]
Oceano (m) Pacífico	Тихи океан	[tíhi okeán]
Oceano (m) Ártico	Северен Ледовит океан	[séveren ledovít okeán]

Mar (m) Negro	Черно море	[tʃérno moré]
Mar (m) Vermelho	Червено море	[tʃervéno moré]
Mar (m) Amarelo	Жълто море	[ʒélto moré]
Mar (m) Branco	Бяло море	[bʲálo moré]

Mar (m) Cáspio	Каспийско море	[káspijsko moré]
Mar (m) Morto	Мъртво море	[mértvo moré]
Mar (m) Mediterrâneo	Средиземно море	[sredizémno moré]

| Mar (m) Egeu | Егейско море | [egéjsko moré] |
| Mar (m) Adriático | Адриатическо море | [adriatítʃesko moré] |

Mar (m) Arábico	Арабско море	[arápsko moré]
Mar (m) do Japão	Японско море	[japónsko moré]
Mar (m) de Bering	Берингово море	[beríngovo moré]

Mar (m) da China Meridional	Южнокитайско море	[juʒnokitájsko moré]
Mar (m) de Coral	Коралово море	[korálovo moré]
Mar (m) de Tasman	Тасманово море	[tasmánovo moré]
Mar (m) do Caribe	Карибско море	[karíbsko moré]

| Mar (m) de Barents | Баренцово море | [baréntsovo moré] |
| Mar (m) de Kara | Карско море | [kársko moré] |

Mar (m) do Norte	Северно море	[séverno moré]
Mar (m) Báltico	Балтийско море	[baltíjsko moré]
Mar (m) da Noruega	Норвежко море	[norvéʃko moré]

200. Montanhas

montanha (f)	планина (ж)	[planiná]
cordilheira (f)	планинска верига (ж)	[planínska veríga]
serra (f)	планински хребет (м)	[planínski hrebét]

cume (m)	връх (м)	[vrəh]
pico (m)	пик (м)	[pik]
sopé (m)	подножие (с)	[podnóʒie]
declive (m)	склон (м)	[sklon]

vulcão (m)	вулкан (м)	[vulkán]
vulcão (m) ativo	действащ вулкан (м)	[déjstvaʃt vulkán]
vulcão (m) extinto	изгаснал вулкан (м)	[izgásnal vulkán]

erupção (f)	изригване (с)	[izrígvane]
cratera (f)	кратер (м)	[kráter]
magma (m)	магма (ж)	[mágma]
lava (f)	лава (ж)	[láva]
fundido (lava ~a)	нажежен	[naʒeʒén]

desfiladeiro (m)	каньон (м)	[kanjón]
garganta (f)	дефиле (с)	[defilé]
fenda (f)	тясна клисура (ж)	[tʲásna klisúra]
precipício (m)	пропаст (ж)	[própast]

passo, colo (m)	превал (м)	[prevál]
planalto (m)	плато (с)	[pláto]
falésia (f)	скала (ж)	[skalá]
colina (f)	хълм (м)	[həlm]

glaciar (m)	ледник (м)	[lédnik]
queda (f) d'água	водопад (м)	[vodopát]
géiser (m)	гейзер (м)	[géjzer]
lago (m)	езеро (с)	[ézero]

planície (f)	равнина (ж)	[ravniná]
paisagem (f)	пейзаж (м)	[pejzáʒ]
eco (m)	ехо (с)	[ého]

| alpinista (m) | алпинист (м) | [alpiníst] |
| escalador (m) | катерач (м) | [katerátʃ] |

| conquistar (vt) | покорявам | [pokoriávam] |
| subida, escalada (f) | възкачване (c) | [vəskátʃvane] |

201. Nomes de montanhas

Alpes (m pl)	Алпи	[álpi]
monte Branco (m)	Мон Блан	[mon blan]
Pirineus (m pl)	Пиринеи	[pirinéi]

Cárpatos (m pl)	Карпати	[karpáti]
montes (m pl) Urais	Урал	[urál]
Cáucaso (m)	Кавказ	[kafkáz]
Elbrus (m)	Елбрус	[elbrús]

Altai (m)	Алтай	[altáj]
Tian Shan (m)	Тяншан	[tʲanʃan]
Pamir (m)	Памир	[pamír]
Himalaias (m pl)	Хималаи	[himalái]
monte (m) Everest	Еверест	[everést]

| Cordilheira (f) dos Andes | Анди | [ándi] |
| Kilimanjaro (m) | Килиманджаро | [kilimandʒáro] |

202. Rios

rio (m)	река (ж)	[reká]
fonte, nascente (f)	извор (м)	[ízvor]
leito (m) do rio	корито (c)	[koríto]
bacia (f)	басейн (м)	[baséjn]
desaguar no ...	вливам се	[vlívam se]

| afluente (m) | приток (м) | [prítok] |
| margem (do rio) | бряг (м) | [briak] |

corrente (f)	течение (c)	[tetʃénie]
rio abaixo	надолу по течението	[nadólu po tetʃénieto]
rio acima	нагоре по течението	[nagóre po tetʃénieto]

inundação (f)	наводнение (c)	[navodnénie]
cheia (f)	пролетно пълноводие (c)	[prolétno pəlnovódie]
transbordar (vi)	разливам се	[razlívam se]
inundar (vt)	потопявам	[potopiávam]

| baixio (m) | плитчина (ж) | [plittʃiná] |
| rápidos (m pl) | праг (м) | [prak] |

barragem (f)	яз (м)	[jaz]
canal (m)	канал (м)	[kanál]
reservatório (m) de água	водохранилище (c)	[vodohraníliʃte]
eclusa (m)	шлюз (м)	[ʃlʲuz]
corpo (m) de água	водоем (м)	[vodoém]
pântano (m)	блато (c)	[bláto]

| tremedal (m) | тресавище (c) | [tresáviʃte] |
| remoinho (m) | водовъртеж (м) | [vodovərtéʒ] |

arroio, regato (m)	ручей (м)	[rútʃej]
potável	питеен	[pitéen]
doce (água)	сладководен	[slatkovóden]

| gelo (m) | лед (м) | [let] |
| congelar-se (vr) | замръзна | [zamrézna] |

203. Nomes de rios

| rio Sena (m) | Сена | [séna] |
| rio Loire (m) | Лоара | [loára] |

rio Tamisa (m)	Темза	[témza]
rio Reno (m)	Рейн	[rejn]
rio Danúbio (m)	Дунав	[dúnav]

rio Volga (m)	Волга	[vólga]
rio Don (m)	Дон	[don]
rio Lena (m)	Лена	[léna]

rio Amarelo (m)	Хуанхъ	[huanhé]
rio Yangtzé (m)	Яндзъ	[jandzé]
rio Mekong (m)	Меконг	[mekónk]
rio Ganges (m)	Ганг	[gang]

rio Nilo (m)	Нил	[nil]
rio Congo (m)	Конго	[kóngo]
rio Cubango (m)	Окаванго	[okavángo]
rio Zambeze (m)	Замбези	[zambézi]
rio Limpopo (m)	Лимпопо	[limpopó]
rio Mississípi (m)	Мисисипи	[misisípi]

204. Floresta

| floresta (f), bosque (m) | гора (ж) | [gorá] |
| florestal | горски | [górski] |

mata (f) cerrada	гъсталак (м)	[gəstalák]
arvoredo (m)	горичка (ж)	[gorítʃka]
clareira (f)	поляна (ж)	[polʲána]

| matagal (f) | гъсталак (м) | [gəstalák] |
| mato (m) | храсталак (м) | [hrastalák] |

| vereda (f) | пътечка (ж) | [pətétʃka] |
| ravina (f) | овраг (м) | [ovrák] |

| árvore (f) | дърво (c) | [dərvó] |
| folha (f) | лист (м) | [list] |

folhagem (f)	шума (ж)	[ʃúma]
queda (f) das folha	листопад (м)	[listopát]
cair (vi)	опадвам	[opádvam]
topo (m)	връх (м)	[vrəh]

ramo (m)	клонка (м)	[klónka]
galho (m)	дебел клон (м)	[debél klon]
botão, rebento (m)	пъпка (ж)	[pépka]
agulha (f)	игла (ж)	[iglá]
pinha (f)	шишарка (ж)	[ʃiʃárka]

buraco (m) de árvore	хралупа (ж)	[hralúpa]
ninho (m)	гнездо (с)	[gnezdó]
toca (f)	дупка (ж)	[dúpka]

tronco (m)	стъбло (с)	[stəbló]
raiz (f)	корен (м)	[kóren]
casca (f) de árvore	кора (ж)	[korá]
musgo (m)	мъх (м)	[məh]

arrancar pela raiz	изкоренявам	[izkorenʲávam]
cortar (vt)	сека	[seká]
desflorestar (vt)	изсичам	[issítʃam]
toco, cepo (m)	пън (м)	[pən]

fogueira (f)	клада (ж)	[kláda]
incêndio (m) florestal	пожар (м)	[poʒár]
apagar (vt)	загасявам	[zagasʲávam]

guarda-florestal (m)	горски пазач (м)	[górski pazátʃ]
proteção (f)	опазване (с)	[opázvane]
proteger (a natureza)	опазвам	[opázvam]
caçador (m) furtivo	бракониер (м)	[brakoniér]
armadilha (f)	капан (м)	[kapán]

| colher (cogumelos, bagas) | събирам | [səbíram] |
| perder-se (vr) | загубя се | [zagúbʲa se] |

205. Recursos naturais

recursos (m pl) naturais	природни ресурси (м мн)	[priródni resúrsi]
minerais (m pl)	полезни изкопаеми (с мн)	[polézni iskopáemi]
depósitos (m pl)	залежи (мн)	[zaléʒi]
jazida (f)	находище (с)	[nahódiʃte]

extrair (vt)	добивам	[dobívam]
extração (f)	добиване (с)	[dobívane]
minério (m)	руда (ж)	[rudá]
mina (f)	рудник (м)	[rúdnik]
poço (m) de mina	шахта (ж)	[ʃáhta]
mineiro (m)	миньор (м)	[minʲór]

| gás (m) | газ (м) | [gas] |
| gasoduto (m) | газопровод (м) | [gazoprovót] |

petróleo (m)	нефт (м)	[neft]
oleoduto (m)	нефтопровод (м)	[neftoprovót]
poço (m) de petróleo	нефтена кула (ж)	[néftena kúla]
torre (f) petrolífera	сондажна кула (ж)	[sondáʒna kúla]
petroleiro (m)	танкер (м)	[tánker]

areia (f)	пясък (м)	[pʲásək]
calcário (m)	варовик (м)	[varóvik]
cascalho (m)	дребен чакъл (м)	[drében ʧakél]
turfa (f)	торф (м)	[torf]
argila (f)	глина (ж)	[glína]
carvão (m)	въглища (мн)	[végliʃta]

ferro (m)	желязо (с)	[ʒelʲázo]
ouro (m)	злато (с)	[zláto]
prata (f)	сребро (с)	[srebró]
níquel (m)	никел (м)	[níkel]
cobre (m)	мед (ж)	[met]

zinco (m)	цинк (м)	[tsink]
manganês (m)	манган (м)	[mangán]
mercúrio (m)	живак (м)	[ʒivák]
chumbo (m)	олово (с)	[olóvo]

mineral (m)	минерал (м)	[minerál]
cristal (m)	кристал (м)	[kristál]
mármore (m)	мрамор (м)	[mrámor]
urânio (m)	уран (м)	[urán]

A Terra. Parte 2

206. Tempo

tempo (m)	време (c)	[vréme]
previsão (f) do tempo	прогноза (ж) за времето	[prognóza za vrémeto]
temperatura (f)	температура (ж)	[temperatúra]
termómetro (m)	термометър (м)	[termométər]
barómetro (m)	барометър (м)	[barométər]
húmido	влажен	[vláʒen]
humidade (f)	влажност (ж)	[vláʒnost]
calor (m)	пек (м)	[pek]
cálido	горещ	[goréʃt]
está muito calor	горещо	[goréʃto]
está calor	топло	[tóplo]
quente	топъл	[tópəl]
está frio	студено	[studéno]
frio	студен	[studén]
sol (m)	слънце (c)	[sléntse]
brilhar (vi)	грея	[gréja]
de sol, ensolarado	слънчев	[sléntʃev]
nascer (vi)	изгрея	[izgréja]
pôr-se (vr)	заляза	[zalʲáza]
nuvem (f)	облак (м)	[óblak]
nublado	облачен	[óblatʃen]
nuvem (f) preta	голям облак (м)	[golʲám óblak]
escuro, cinzento	навъсен	[navésen]
chuva (f)	дъжд (м)	[dəʒt]
está a chover	вали дъжд	[valí dəʒt]
chuvoso	дъждовен	[dəʒdóven]
chuviscar (vi)	ръмя	[rəmʲá]
chuva (f) torrencial	пороен дъжд (м)	[poróen dəʒt]
chuvada (f)	порой (м)	[porój]
forte (chuva)	силен	[sílen]
poça (f)	локва (ж)	[lókva]
molhar-se (vr)	намокря се	[namókrʲa se]
nevoeiro (m)	мъгла (ж)	[məglá]
de nevoeiro	мъглив	[məglíf]
neve (f)	сняг (м)	[snʲak]
está a nevar	вали сняг	[valí snʲak]

207. Tempo extremo. Catástrofes naturais

trovoada (f)	гръмотевична буря (ж)	[grəmotéviʧna búrʲa]
relâmpago (m)	мълния (ж)	[mélnija]
relampejar (vi)	блясвам	[blʲásvam]

trovão (m)	гръм (м)	[grəm]
trovejar (vi)	гърмя	[gərmʲá]
está a trovejar	гърми	[gərmí]

granizo (m)	градушка (ж)	[gradúʃka]
está a cair granizo	пада градушка	[páda gradúʃka]

inundar (vt)	потопя	[potopʲá]
inundação (f)	наводнение (с)	[navodnénie]

terremoto (m)	земетресение (с)	[zemetresénie]
abalo, tremor (m)	трус (м)	[trus]
epicentro (m)	епицентър (м)	[epitséntər]

erupção (f)	изригване (с)	[izrígvane]
lava (f)	лава (ж)	[láva]

turbilhão, tornado (m)	торнадо (с)	[tornádo]
tufão (m)	тайфун (м)	[tajfún]

furacão (m)	ураган (м)	[uragán]
tempestade (f)	буря (ж)	[búrʲa]
tsunami (m)	цунами (с)	[tsunámi]

ciclone (m)	циклон (м)	[tsiklón]
mau tempo (m)	лошо време (с)	[lóʃo vréme]
incêndio (m)	пожар (м)	[poʒár]
catástrofe (f)	катастрофа (ж)	[katastrófa]
meteorito (m)	метеорит (м)	[meteorít]

avalanche (f)	лавина (ж)	[lavína]
deslizamento (f) de neve	лавина (ж)	[lavína]
nevasca (f)	виелица (ж)	[viélitsa]
tempestade (f) de neve	снежна буря (ж)	[snéʒna búrʲa]

208. Ruídos. Sons

silêncio (m)	тишина (ж)	[tiʃiná]
som (m)	звук (м)	[zvuk]
ruído, barulho (m)	шум (м)	[ʃum]
fazer barulho	шумя	[ʃumʲá]
ruidoso, barulhento	шумен	[ʃúmen]

alto (adv)	силно	[sílno]
alto (adj)	силен	[sílen]
constante (ruído, etc.)	постоянен	[postojánen]
grito (m)	вик (м)	[vik]

gritar (vi)	викам	[víkam]
sussurro (m)	шепот (м)	[ʃépot]
sussurrar (vt)	шептя	[ʃeptʲá]
latido (m)	лай (м)	[laj]
latir (vi)	лая	[lája]
gemido (m)	стон (м)	[ston]
gemer (vi)	стена	[sténa]
tosse (f)	кашлица (ж)	[káʃlitsa]
tossir (vi)	кашлям	[káʃlʲam]
assobio (m)	свирене (с)	[svírene]
assobiar (vi)	свиря	[svírʲa]
batida (f)	тракане (с)	[trákane]
bater (vi)	чукам	[ʧúkam]
estalar (vi)	пращя	[praʃtʲá]
estalido (m)	трясък (м)	[trʲásək]
sirene (f)	сирена (ж)	[siréna]
apito (m)	сирена (ж)	[siréna]
apitar (vi)	буча	[buʧá]
buzina (f)	клаксон (м)	[klákson]
buzinar (vi)	сигнализирам	[signalizíram]

209. Inverno

inverno (m)	зима (ж)	[zíma]
de inverno	зимен	[zímen]
no inverno	през зимата	[prez zímata]
neve (f)	сняг (м)	[snʲak]
está a nevar	вали сняг	[valí snʲak]
queda (f) de neve	снеговалеж (м)	[snegovaléʒ]
amontoado (m) de neve	преспа (ж)	[préspa]
floco (m) de neve	снежинка (ж)	[sneʒínka]
bola (f) de neve	снежна топка (ж)	[snéʒna tópka]
boneco (m) de neve	снежен човек (м)	[snéʒen ʧovék]
sincelo (m)	ледена висулка (ж)	[lédena visúlka]
dezembro (m)	декември (м)	[dekémvri]
janeiro (m)	януари (м)	[januári]
fevereiro (m)	февруари (м)	[fevruári]
gelo (m)	мраз (м)	[mraz]
gelado, glacial	мразовит	[mrazovít]
abaixo de zero	под нулата	[pot núlata]
geada (f)	леко застудяване (с)	[léko zastudʲávane]
geada (f) branca	скреж (м)	[skreʒ]
frio (m)	студ (м)	[stut]
está frio	студено	[studéno]

| casaco (m) de peles | кожено палто (c) | [kóʒeno paltó] |
| mitenes (f pl) | ръкавици (ж мн) с един пръст | [rəkavítsi s edín pərst] |

adoecer (vi)	разболявам	[razbolʲávam]
constipação (f)	настинка (ж)	[nastínka]
constipar-se (vr)	настина	[nastína]

gelo (m)	лед (м)	[let]
gelo (m) na estrada	поледица (ж)	[poléditsa]
congelar-se (vr)	замръзна	[zamrézna]
bloco (m) de gelo	леден блок (м)	[léden blok]

esqui (m)	ски (мн)	[ski]
esquiador (m)	скиор (м)	[skiór]
esquiar (vi)	карам ски	[káram ski]
patinar (vi)	пързалям се с кънки	[pərzálʲam se s kénki]

Fauna

210. Mamíferos. Predadores

predador (m)	хищник (м)	[híʃtnik]
tigre (m)	тигър (м)	[tígər]
leão (m)	лъв (м)	[ləv]
lobo (m)	вълк (м)	[vəlk]
raposa (f)	лисица (ж)	[lisítsa]
jaguar (m)	ягуар (м)	[jaguár]
leopardo (m)	леопард (м)	[leopárt]
chita (f)	гепард (м)	[gepárt]
pantera (f)	пантера (ж)	[pantéra]
puma (m)	пума (ж)	[púma]
leopardo-das-neves (m)	снежен барс (м)	[snéʒen bars]
lince (m)	рис (м)	[ris]
coiote (m)	койот (м)	[kojót]
chacal (m)	чакал (м)	[tʃakál]
hiena (f)	хиена (ж)	[hiéna]

211. Animais selvagens

animal (m)	животно (с)	[ʒivótno]
besta (f)	звяр (м)	[zvʲar]
esquilo (m)	катерица (ж)	[káteritsa]
ouriço (m)	таралеж (м)	[taraléʒ]
lebre (f)	заек (м)	[záek]
coelho (m)	питомен заек (м)	[pítomen záek]
texugo (m)	язовец (м)	[jázovets]
guaxinim (m)	енот (м)	[enót]
hamster (m)	хамстер (м)	[hámster]
marmota (f)	мармот (м)	[marmót]
toupeira (f)	къртица (ж)	[kərtítsa]
rato (m)	мишка (ж)	[míʃka]
ratazana (f)	плъх (м)	[pləh]
morcego (m)	прилеп (м)	[prílep]
arminho (m)	хермелин (м)	[hermelín]
zibelina (f)	самур (м)	[samúr]
marta (f)	бялка (ж)	[bʲálka]
doninha (f)	невестулка (ж)	[nevestúlka]
vison (m)	норка (ж)	[nórka]

| castor (m) | бобър (м) | [bóbər] |
| lontra (f) | видра (ж) | [vídra] |

cavalo (m)	кон (м)	[kon]
alce (m) americano	лос (м)	[los]
veado (m)	елен (м)	[elén]
camelo (m)	камила (ж)	[kamíla]

bisão (m)	бизон (м)	[bizón]
auroque (m)	зубър (м)	[zúbər]
búfalo (m)	бивол (м)	[bívol]

zebra (f)	зебра (ж)	[zébra]
antílope (m)	антилопа (ж)	[antilópa]
corça (f)	сърна (ж)	[sərná]
gamo (m)	лопатар (м)	[lopatár]
camurça (f)	сърна (ж)	[sərná]
javali (m)	глиган (м)	[gligán]

baleia (f)	кит (м)	[kit]
foca (f)	тюлен (м)	[tʲulén]
morsa (f)	морж (м)	[morʒ]
urso-marinho (m)	морска котка (ж)	[mórska kótka]
golfinho (m)	делфин (м)	[delfín]

urso (m)	мечка (ж)	[métʃka]
urso (m) branco	бяла мечка (ж)	[bʲála métʃka]
panda (m)	панда (ж)	[pánda]

macaco (em geral)	маймуна (ж)	[majmúna]
chimpanzé (m)	шимпанзе (с)	[ʃimpanzé]
orangotango (m)	орангутан (м)	[orangután]
gorila (m)	горила (ж)	[goríla]
macaco (m)	макак (м)	[makák]
gibão (m)	гибон (м)	[gibón]

elefante (m)	слон (м)	[slon]
rinoceronte (m)	носорог (м)	[nosorók]
girafa (f)	жираф (м)	[ʒiráf]
hipopótamo (m)	хипопотам (м)	[hipopotám]

| canguru (m) | кенгуру (с) | [kénguru] |
| coala (m) | коала (ж) | [koála] |

mangusto (m)	мангуста (ж)	[mangústa]
chinchila (f)	чинчила (ж)	[tʃintʃíla]
doninha-fedorenta (f)	скунс (м)	[skuns]
porco-espinho (m)	бодливец (м)	[bodlívets]

212. Animais domésticos

gata (f)	котка (ж)	[kótka]
gato (m) macho	котарак (м)	[kotarák]
cavalo (m)	кон (м)	[kon]

| garanhão (m) | жребец (м) | [ʒrebéts] |
| égua (f) | кобила (ж) | [kobíla] |

vaca (f)	крава (ж)	[kráva]
touro (m)	бик (м)	[bik]
boi (m)	вол (м)	[vol]

ovelha (f)	овца (ж)	[ovtsá]
carneiro (m)	овен (м)	[ovén]
cabra (f)	коза (ж)	[kozá]
bode (m)	козел (м)	[kozél]

| burro (m) | магаре (c) | [magáre] |
| mula (f) | муле (c) | [múle] |

porco (m)	свиня (ж)	[svinʲá]
porquinho (m)	прасе (c)	[prasé]
coelho (m)	питомен заек (м)	[pítomen záek]

| galinha (f) | кокошка (ж) | [kokóʃka] |
| galo (m) | петел (м) | [petél] |

pato (m), pata (f)	патица (ж)	[pátitsa]
pato (macho)	паток (м)	[patók]
ganso (m)	гъсок (м)	[gəsók]

| peru (m) | пуяк (м) | [pújak] |
| perua (f) | пуйка (ж) | [pújka] |

animais (m pl) domésticos	домашни животни (c мн)	[domáʃni ʒivótni]
domesticado	питомен	[pítomen]
domesticar (vt)	опитомявам	[opitomʲávam]
criar (vt)	отглеждам	[otgléʒdam]

quinta (f)	ферма (ж)	[férma]
aves (f pl) domésticas	домашна птица (ж)	[domáʃna ptítsa]
gado (m)	добитък (м)	[dobítək]
rebanho (m), manada (f)	стадо (c)	[stádo]

estábulo (m)	обор (м)	[obór]
pocilga (f)	кочина (ж)	[kótʃina]
estábulo (m)	краварник (м)	[kravárnik]
coelheira (f)	зайчарник (м)	[zajtʃárnik]
galinheiro (m)	курник (м)	[kúrnik]

213. Cães. Raças de cães

cão (m)	куче (c)	[kútʃe]
cão pastor (m)	овчарско куче (c)	[oftʃársko kútʃe]
pastor-alemão (m)	немска овчарка (ж)	[némska oftʃárka]
caniche (m)	пудел (м)	[púdel]
teckel (m)	дакел (м)	[dákel]
buldogue (m)	булдог (м)	[buldók]
boxer (m)	боксер (м)	[boksér]

mastim (m)	мастиф (м)	[mastíf]
rottweiler (m)	ротвайлер (м)	[rotvájler]
dobermann (m)	доберман (м)	[dóberman]
basset (m)	басет (м)	[báset]
pastor inglês (m)	бобтейл (м)	[bóbtejl]
dálmata (m)	далматинец (м)	[dalmatinéts]
cocker spaniel (m)	кокер шпаньол (м)	[kóker ʃpanʲól]
terra-nova (m)	нюфаундленд (м)	[nʲufáundlend]
são-bernardo (m)	санбернар (м)	[sanbernár]
husky (m)	сибирско хъски (c)	[sibírsko héski]
Chow-chow (m)	чау-чау (c)	[ʧáu-ʧáu]
spitz alemão (m)	шпиц (м)	[ʃpits]
carlindogue (m)	мопс (м)	[mops]

214. Sons produzidos pelos animais

latido (m)	лай (м)	[laj]
latir (vi)	лая	[lája]
miar (vi)	мяукам	[mʲaúkam]
ronronar (vi)	мъркам	[mérkam]
mugir (vaca)	муча	[muʧá]
bramir (touro)	рева	[revá]
rosnar (vi)	ръмжа	[rəmʒá]
uivo (m)	вой (м)	[voj]
uivar (vi)	вия	[víja]
ganir (vi)	скимтя	[skimtʲá]
balir (vi)	блея	[bléja]
grunhir (porco)	грухтя	[gruhtʲá]
guinchar (vi)	врещя	[vreʃtʲá]
coaxar (sapo)	крякам	[krʲákam]
zumbir (inseto)	бръмча	[brəmʧá]
estridular, ziziar (vi)	цвърча	[tsvərʧá]

215. Animais jovens

cria (f), filhote (m)	бебе, зверче (c)	[бébe], [zverʧé]
gatinho (m)	котенце (c)	[kótentse]
ratinho (m)	мишле (c)	[miʃlé]
cãozinho (m)	кученце (c)	[kúʧentse]
filhote (m) de lebre	зайче (c)	[zájʧe]
coelhinho (m)	зайче (c)	[zájʧe]
lobinho (m)	вълче (c)	[vəlʧé]
raposinho (m)	лисиче (c)	[lisíʧe]
ursinho (m)	мече (c)	[meʧé]

leãozinho (m)	лъвче (c)	[lóftʃe]
filhote (m) de tigre	тигърче (c)	[tígərtʃe]
filhote (m) de elefante	слонче (c)	[slóntʃe]

porquinho (m)	прасе (c)	[prasé]
bezerro (m)	теле (c)	[téle]
cabrito (m)	яре (c)	[járe]
cordeiro (m)	агне (c)	[ágne]
cria (f) de veado	еленче (c)	[eléntʃe]
cria (f) de camelo	камилче (c)	[kamíltʃe]

| filhote (m) de serpente | змийче (c) | [zmijtʃé] |
| cria (f) de rã | жабче (c) | [ʒáptʃe] |

cria (f) de ave	пиле (c)	[píle]
pinto (m)	пиле (c)	[píle]
patinho (m)	пате (c)	[páte]

216. Pássaros

pássaro, ave (m)	птица (ж)	[ptítsa]
pombo (m)	гълъб (м)	[gélap]
pardal (m)	врабче (c)	[vrabtʃé]
chapim-real (m)	синигер (м)	[siniɡér]
pega-rabuda (f)	сврака (ж)	[svráka]

corvo (m)	гарван (м)	[gárvan]
gralha (f) cinzenta	врана (ж)	[vrána]
gralha-de-nuca-cinzenta (f)	гарга (ж)	[gárga]
gralha-calva (f)	полски гарван (м)	[pólski gárvan]

pato (m)	патица (ж)	[pátitsa]
ganso (m)	гъсок (м)	[gəsók]
faisão (m)	фазан (м)	[fazán]

águia (f)	орел (м)	[orél]
açor (m)	ястреб (м)	[jástrep]
falcão (m)	сокол (м)	[sokól]
abutre (m)	гриф (м)	[grif]
condor (m)	кондор (м)	[kondór]

cisne (m)	лебед (м)	[lébet]
grou (m)	жерав (м)	[ʒérav]
cegonha (f)	щъркел (м)	[ʃtórkel]

papagaio (m)	папагал (м)	[papaɡál]
beija-flor (m)	колибри (c)	[kolíbri]
pavão (m)	паун (м)	[paún]

avestruz (f)	щраус (м)	[ʃtráus]
garça (f)	чапла (ж)	[tʃápla]
flamingo (m)	фламинго (c)	[flamíngo]
pelicano (m)	пеликан (м)	[pelikán]
rouxinol (m)	славей (м)	[slávej]

andorinha (f)	лястовица (ж)	[lʲástovitsa]
tordo-zornal (m)	дрозд (м)	[drozd]
tordo-músico (m)	поен дрозд (м)	[póen drozd]
melro-preto (m)	кос, черен дрозд (м)	[kos], [ʧéren drozd]
andorinhão (m)	бързолет (м)	[bərzolét]
cotovia (f)	чучулига (ж)	[ʧuʧulíga]
codorna (f)	пъдпъдък (м)	[pədpədék]
pica-pau (m)	кълвач (м)	[kəlváʧ]
cuco (m)	кукувица (ж)	[kúkuvitsa]
coruja (f)	сова (ж)	[sóva]
corujão, bufo (m)	бухал (м)	[búhal]
tetraz-grande (m)	глухар (м)	[gluhár]
tetraz-lira (m)	тетрев (м)	[tétrev]
perdiz-cinzenta (f)	яребица (ж)	[járebitsa]
estorninho (m)	скорец (м)	[skoréts]
canário (m)	канарче (с)	[kanárʧe]
galinha-do-mato (f)	лещарка (ж)	[leʃtárka]
tentilhão (m)	чинка (ж)	[ʧínka]
dom-fafe (m)	червенушка (ж)	[ʧervenúʃka]
gaivota (f)	чайка (ж)	[ʧájka]
albatroz (m)	албатрос (м)	[albatrós]
pinguim (m)	пингвин (м)	[pingvín]

217. Pássaros. Canto e sons

cantar (vi)	пея	[péja]
gritar (vi)	кряскам	[krʲáskam]
cantar (o galo)	кукуригам	[kukurígam]
cocorocó (m)	кукуригу	[kukurígu]
cacarejar (vi)	кудкудякам	[kutkudʲákam]
crocitar (vi)	грача	[gráʧa]
grasnar (vi)	кряکам	[krʲákam]
piar (vi)	пищя	[piʃtʲá]
chilrear, gorjear (vi)	чуруликам	[ʧurulíkam]

218. Peixes. Animais marinhos

brema (f)	платика (ж)	[platíka]
carpa (f)	шаран (м)	[ʃarán]
perca (f)	костур (м)	[kostúr]
siluro (m)	сом (м)	[som]
lúcio (m)	щука (ж)	[ʃtúka]
salmão (m)	сьомга (ж)	[sʲómga]
esturjão (m)	есетра (ж)	[esétra]
arenque (m)	селда (ж)	[sélda]
salmão (m)	сьомга (ж)	[sʲómga]

cavala, sarda (f)	скумрия (ж)	[skumríja]
solha (f)	калкан (м)	[kalkán]

lúcio perca (m)	бяла риба (ж)	[bʲála ríba]
bacalhau (m)	треска (ж)	[tréska]
atum (m)	риба тон (м)	[ríba ton]
truta (f)	пъстърва (ж)	[pəstə́rva]

enguia (f)	змиорка (ж)	[zmiórka]
raia elétrica (f)	електрически скат (м)	[elektrítʃeski skat]
moreia (f)	мурена (ж)	[muréna]
piranha (f)	пираня (ж)	[piránʲa]

tubarão (m)	акула (ж)	[akúla]
golfinho (m)	делфин (м)	[delfín]
baleia (f)	кит (м)	[kit]

caranguejo (m)	морски рак (м)	[mórski rak]
medusa, alforreca (f)	медуза (ж)	[medúza]
polvo (m)	октопод (м)	[oktopót]

estrela-do-mar (f)	морска звезда (ж)	[mórska zvezdá]
ouriço-do-mar (m)	морски таралеж (м)	[mórski taraléʒ]
cavalo-marinho (m)	морско конче (с)	[mórsko kóntʃe]

ostra (f)	стрида (ж)	[strída]
camarão (m)	скарида (ж)	[skarída]
lavagante (m)	омар (м)	[omár]
lagosta (f)	лангуста (ж)	[langústa]

219. Amfíbios. Répteis

serpente, cobra (f)	змия (ж)	[zmijá]
venenoso	отровен	[otróven]

víbora (f)	усойница (ж)	[usójnitsa]
cobra-capelo, naja (f)	кобра (ж)	[kóbra]
pitão (m)	питон (м)	[pitón]
jiboia (f)	боа (ж)	[boá]
cobra-de-água (f)	смок (м)	[smok]
cascavel (f)	гърмяща змия (ж)	[gərmʲáʃta zmijá]
anaconda (f)	анаконда (ж)	[anakónda]

lagarto (m)	гущер (м)	[gúʃter]
iguana (f)	игуана (ж)	[iguána]
varano (m)	варан (м)	[varán]
salamandra (f)	саламандър (м)	[salamándər]
camaleão (m)	хамелеон (м)	[hameleón]
escorpião (m)	скорпион (м)	[skorpión]

tartaruga (f)	костенурка (ж)	[kostenúrka]
rã (f)	водна жаба (ж)	[vódna ʒába]
sapo (m)	жаба (ж)	[ʒába]
crocodilo (m)	крокодил (м)	[krokodíl]

220. Insetos

inseto (m)	насекомо (c)	[nasekómo]
borboleta (f)	пеперуда (ж)	[peperúda]
formiga (f)	мравка (ж)	[mráfka]
mosca (f)	муха (ж)	[muhá]
mosquito (m)	комар (м)	[komár]
escaravelho (m)	бръмбар (м)	[brémbar]
vespa (f)	оса (ж)	[osá]
abelha (f)	пчела (ж)	[ptʃelá]
zangão (m)	земна пчела (ж)	[zémna ptʃelá]
moscardo (m)	щръклица (ж), овод (м)	[ʃtréklitsa], [óvot]
aranha (f)	паяк (м)	[pájak]
teia (f) de aranha	паяжина (ж)	[pájaʒina]
libélula (f)	водно конче (c)	[vódno kóntʃe]
gafanhoto-do-campo (m)	скакалец (м)	[skakaléts]
traça (f)	нощна пеперуда (ж)	[nóʃtna peperúda]
barata (f)	хлебарка (ж)	[hlebárka]
carraça (f)	кърлеж (м)	[kérleʃ]
pulga (f)	бълха (ж)	[bəlhá]
borrachudo (m)	мушица (ж)	[muʃítsa]
gafanhoto (m)	прелетен скакалец (м)	[préleten skakaléts]
caracol (m)	охлюв (м)	[óhlʲuf]
grilo (m)	щурец (м)	[ʃturéts]
pirilampo (m)	светулка (ж)	[svetúlka]
joaninha (f)	калинка (ж)	[kalínka]
besouro (m)	майски бръмбар (м)	[májski brémbar]
sanguessuga (f)	пиявица (ж)	[pijávitsa]
lagarta (f)	гъсеница (ж)	[gəsénitsa]
minhoca (f)	червей (м)	[tʃérvej]
larva (f)	буба (ж)	[búba]

221. Animais. Partes do corpo

bico (m)	клюн (м)	[klʲun]
asas (f pl)	криле (мн)	[krilé]
pata (f)	крак (м)	[krak]
plumagem (f)	перушина (ж)	[peruʃína]
pena, pluma (f)	перо (c)	[peró]
crista (f)	качул (c)	[katʃúl]
brânquias, guelras (f pl)	хриле (c)	[hrilé]
ovas (f pl)	хайвер (м)	[hajvér]
larva (f)	личинка (ж)	[lítʃinka]
barbatana (f)	перка (ж)	[pérka]
escama (f)	люспа (ж)	[lʲúspa]
canino (m)	зъб (м)	[zəp]

pata (f)	лапа (ж)	[lápa]
focinho (m)	муцуна (ж)	[mutsúna]
boca (f)	уста (ж)	[ustá]
cauda (f), rabo (m)	опашка (ж)	[opáʃka]
bigodes (m pl)	мустаци (м мн)	[mustátsi]

| casco (m) | копито (c) | [kopíto] |
| corno (m) | рог (м) | [rok] |

carapaça (f)	черупка (ж)	[ʧerúpka]
concha (f)	мида (ж)	[mída]
casca (f) de ovo	черупка (ж)	[ʧerúpka]

| pelo (m) | козина (ж) | [kózina] |
| pele (f), couro (m) | кожа (ж) | [kóʒa] |

222. Ações dos animais

voar (vi)	летя	[letʲá]
dar voltas	вия се	[víja se]
voar (para longe)	отлетя	[otletʲá]
bater as asas	махам	[máham]

bicar (vi)	кълва	[kəlvá]
incubar (vt)	излюпвам	[izlʲúpvam]
sair do ovo	излюпвам се	[izlʲúpvam se]
fazer o ninho	вия	[víja]

rastejar (vi)	пълзя	[pəlzʲá]
picar (vt)	жиля	[ʒílʲa]
morder (vt)	хапя	[hápʲa]

cheirar (vt)	душа	[dúʃa]
latir (vi)	лая	[lája]
silvar (vi)	съска	[séska]
assustar (vt)	плаша	[pláʃa]
atacar (vt)	нападам	[napádam]

roer (vt)	гриза	[grizá]
arranhar (vt)	драскам	[dráskam]
esconder-se (vr)	крия се	[kríja se]

brincar (vi)	играя	[igrája]
caçar (vi)	ловувам	[lovúvam]
hibernar (vi)	изпадам в зимен сън	[ispádam v zímen sən]
extinguir-se (vr)	измра	[izmrá]

223. Animais. Habitats

habitat (m)	среда (ж) на обитаване	[sredá na obitávane]
migração (f)	миграция (ж)	[migrátsija]
montanha (f)	планина (ж)	[planiná]

| recife (m) | риф (м) | [rif] |
| falésia (f) | скала (ж) | [skalá] |

floresta (f)	гора (ж)	[gorá]
selva (f)	джунгла (ж)	[dʒúngla]
savana (f)	савана (ж)	[savána]
tundra (f)	тундра (ж)	[túndra]

estepe (f)	степ (ж)	[step]
deserto (m)	пустиня (ж)	[pustínʲa]
oásis (m)	оазис (м)	[oázis]

mar (m)	море (с)	[moré]
lago (m)	езеро (с)	[ézero]
oceano (m)	океан (м)	[okeán]

pântano (m)	блато (с)	[bláto]
de água doce	сладководен	[slatkovóden]
lagoa (f)	изкуствен вир (м)	[iskústven vir]
rio (m)	река (ж)	[reká]

toca (f) do urso	бърлога (ж)	[bərlóga]
ninho (m)	гнездо (с)	[gnezdó]
buraco (m) de árvore	хралупа (ж)	[hralúpa]
toca (f)	дупка (ж)	[dúpka]
formigueiro (m)	мравуняк (м)	[mravúnʲak]

224. Cuidados com os animais

| jardim (m) zoológico | зоологическа градина (ж) | [zoologítʃeska gradína] |
| reserva (f) natural | резерват (м) | [rezervát] |

viveiro (m)	развъдник (м)	[razvédnik]
jaula (f) de ar livre	волиера (ж)	[voliéra]
jaula, gaiola (f)	клетка (ж)	[klétka]
casinha (f) de cão	кучешка колибка (ж)	[kútʃeʃka kolípka]

pombal (m)	гълъбарник (м)	[gələbárnik]
aquário (m)	аквариум (м)	[akvárium]
delfinário (m)	делфинариум (м)	[delfinárium]

criar (vt)	развъждам	[razvéʒdam]
ninhada (f)	потомство (с)	[potómstvo]
domesticar (vt)	опитомявам	[opitomʲávam]
adestrar (vt)	дресирам	[dresíram]

| ração (f) | храна (ж) | [hraná] |
| alimentar (vt) | храня | [hránʲa] |

loja (f) de animais	зоомагазин (м)	[zoomagazín]
açaime (m)	намордник (м)	[namórdnik]
coleira (f)	каишка (ж)	[kaíʃka]
nome (do animal)	име (с)	[íme]
pedigree (m)	родословие (с)	[rodoslóvie]

225. Animais. Diversos

alcateia (f)	глутница (ж)	[glútnitsa]
bando (pássaros)	ято (c)	[játo]
cardume (peixes)	пасаж (м)	[pasáʒ]
manada (cavalos)	табун (м)	[tabún]
macho (m)	самец (м)	[saméts]
fêmea (f)	самка (ж)	[sámka]
faminto	гладен	[gláden]
selvagem	див	[div]
perigoso	опасен	[opásen]

226. Cavalos

cavalo (m)	кон (м)	[kon]
raça (f)	порода (ж)	[poróda]
potro (m)	жребец (м)	[ʒrebéts]
égua (f)	кобила (ж)	[kobíla]
mustangue (m)	мустанг (м)	[mustáng]
pónei (m)	пони (c)	[póni]
cavalo (m) de tiro	товарен кон (м)	[továren kon]
crina (f)	грива (ж)	[gríva]
cauda (f)	опашка (ж)	[opáʃka]
casco (m)	копито (c)	[kopíto]
ferradura (f)	подкова (ж)	[potkóva]
ferrar (vt)	подкова	[potková]
ferreiro (m)	ковач (м)	[kovátʃ]
sela (f)	седло (c)	[sedló]
estribo (m)	стреме (c)	[stréme]
brida (f)	юзда (ж)	[juzdá]
rédeas (f pl)	поводи (м мн)	[póvodi]
chicote (m)	камшик (м)	[kamʃík]
cavaleiro (m)	ездач (м)	[ezdátʃ]
colocar sela	яхна	[jáhna]
montar no cavalo	седна в седло	[sédna f sedló]
galope (m)	галоп (м)	[galóp]
galopar (vi)	галопирам	[galopíram]
trote (m)	тръс (м)	[trəs]
a trote	в тръс	[f trəs]
ir a trote	скачам в тръс	[skátʃam f trəs]
cavalo (m) de corrida	състезателен кон (м)	[səstezátelen kon]
corridas (f pl)	конни надбягвания (c мн)	[kónni nadbʲágvanija]
estábulo (m)	обор (м)	[obór]

alimentar (vt)	храня	[hránʲa]
feno (m)	сено (c)	[senó]
dar água	поя	[pojá]
limpar (vt)	чистя	[ʧístʲa]

carroça (f)	каруца (ж)	[karútsa]
pastar (vi)	паса	[pasá]
relinchar (vi)	цвиля	[tsvílʲa]
dar um coice	ритна	[rítna]

Flora

227. Árvores

árvore (f)	дърво (c)	[dərvó]
decídua	широколистно	[ʃirokolístno]
conífera	иглолистно	[iglolístno]
perene	вечнозелено	[vetʃnozeléno]

macieira (f)	ябълка (ж)	[jábəlka]
pereira (f)	круша (ж)	[krúʃa]
cerejeira (f)	череша (ж)	[tʃeréʃa]
ginjeira (f)	вишна (ж)	[víʃna]
ameixeira (f)	слива (ж)	[slíva]

bétula (f)	бреза (ж)	[brezá]
carvalho (m)	дъб (м)	[dəp]
tília (f)	липа (ж)	[lipá]
choupo-tremedor (m)	трепетлика (ж)	[trepetlíka]
bordo (m)	клен (м)	[klen]
espruce-europeu (m)	ела (ж)	[elá]
pinheiro (m)	бор (м)	[bor]
alerce, lariço (m)	лиственица (ж)	[lístvenitsa]
abeto (m)	бяла ела (ж)	[bʲála elá]
cedro (m)	кедър (м)	[kédər]

choupo, álamo (m)	топола (ж)	[topóla]
tramazeira (f)	офика (ж)	[ofíka]
salgueiro (m)	върба (ж)	[vərbá]
amieiro (m)	елша (ж)	[elʃá]
faia (f)	бук (м)	[buk]
ulmeiro (m)	бряст (м)	[brʲast]
freixo (m)	ясен (м)	[jásen]
castanheiro (m)	кестен (м)	[késten]

magnólia (f)	магнолия (ж)	[magnólija]
palmeira (f)	палма (ж)	[pálma]
cipreste (m)	кипарис (м)	[kiparís]

mangue (m)	мангрово дърво (c)	[mangrovo dərvó]
embondeiro, baobá (m)	баобаб (м)	[baobáp]
eucalipto (m)	евкалипт (м)	[efkalípt]
sequoia (f)	секвоя (ж)	[sekvója]

228. Arbustos

| arbusto (m) | храст (м) | [hrast] |
| arbusto (m), moita (f) | храсталак (м) | [hrastalák] |

videira (f)	грозде (c)	[grózde]
vinhedo (m)	лозе (c)	[lóze]
framboeseira (f)	малина (ж)	[malína]
groselheira-preta (f)	черно френско грозде (c)	[tʃérno frénsko grózde]
groselheira-vermelha (f)	червено френско грозде (c)	[tʃervéno frénsko grózde]
groselheira (f) espinhosa	цариградско грозде (c)	[tsarigrátsko grózde]
acácia (f)	акация (ж)	[akátsija]
bérberis (f)	кисел трън (м)	[kísel trən]
jasmim (m)	жасмин (м)	[ʒasmín]
junípero (m)	хвойна, смрика (ж)	[hvójna], [smríka]
roseira (f)	розов храст (м)	[rózov hrast]
roseira (f) brava	шипка (ж)	[ʃípka]

229. Cogumelos

cogumelo (m)	гъба (ж)	[géba]
cogumelo (m) comestível	ядлива гъба (ж)	[jadlíva géba]
cogumelo (m) venenoso	отровна гъба (ж)	[otróvna géba]
chapéu (m)	шапка (ж)	[ʃápka]
pé, caule (m)	пънче (c)	[péntʃe]
cepe-de-bordéus (m)	манатарка (ж)	[manatárka]
boleto (m) áspero	червена брезовка (ж)	[tʃervéna brézofka]
boleto (m) castanho	брезова манатарка (ж)	[brézova manatárka]
cantarelo (m)	пачи крак (м)	[pátʃi krak]
rússula (f)	гълъбка (ж)	[géləpka]
morchela (f)	пумпалка (ж)	[púmpalka]
agário-das-moscas (m)	мухоморка (ж)	[muhomórka]
cicuta (f) verde	зелена мухоморка (ж)	[zeléna muhómorka]

230. Frutos. Bagas

fruta (f)	плод (м)	[plot]
frutas (f pl)	плодове (м мн)	[plodové]
maçã (f)	ябълка (ж)	[jábəlka]
pera (f)	круша (ж)	[krúʃa]
ameixa (f)	слива (ж)	[slíva]
morango (m)	ягода (ж)	[jágoda]
ginja (f)	вишна (ж)	[víʃna]
cereja (f)	череша (ж)	[tʃeréʃa]
uva (f)	грозде (c)	[grózde]
framboesa (f)	малина (ж)	[malína]
groselha (f) preta	черно френско грозде (c)	[tʃérno frénsko grózde]
groselha (f) vermelha	червено френско грозде (c)	[tʃervéno frénsko grózde]

| groselha (f) espinhosa | цариградско грозде (c) | [tsarigrátsko grózde] |
| oxicoco (m) | клюква (ж) | [klʲúkva] |

laranja (f)	портокал (м)	[portokál]
tangerina (f)	мандарина (ж)	[mandarína]
ananás (m)	ананас (м)	[ananás]
banana (f)	банан (м)	[banán]
tâmara (f)	фурма (ж)	[furmá]

limão (m)	лимон (м)	[limón]
damasco (m)	кайсия (ж)	[kajsíja]
pêssego (m)	праскова (ж)	[práskova]
kiwi (m)	киви (c)	[kívi]
toranja (f)	грейпфрут (м)	[gréjpfrut]

baga (f)	горски плод (м)	[górski plot]
bagas (f pl)	горски плодове (м мн)	[górski plodové]
arando (m) vermelho	червена боровинка (ж)	[tʃervéna borovínka]
morango-silvestre (m)	горска ягода (ж)	[górska jágoda]
mirtilo (m)	черна боровинка (ж)	[tʃérna borovínka]

231. Flores. Plantas

| flor (f) | цвете (c) | [tsvéte] |
| ramo (m) de flores | букет (м) | [bukét] |

rosa (f)	роза (ж)	[róza]
tulipa (f)	лале (c)	[lalé]
cravo (m)	карамфил (м)	[karamfíl]
gladíolo (m)	гладиола (ж)	[gladióla]

centáurea (f)	метличина (ж)	[metlitʃína]
campânula (f)	камбанка (ж)	[kambánka]
dente-de-leão (m)	глухарче (c)	[gluhártʃe]
camomila (f)	лайка (ж)	[lájka]

aloé (m)	алое (c)	[alóe]
cato (m)	кактус (м)	[káktus]
fícus (m)	фикус (м)	[fíkus]

lírio (m)	лилиум (м)	[lílium]
gerânio (m)	мушкато (c)	[muʃkáto]
jacinto (m)	зюмбюл (м)	[zʲúmbʲúl]

mimosa (f)	мимоза (ж)	[mimóza]
narciso (m)	нарцис (м)	[nartsís]
capuchinha (f)	латинка (ж)	[latínka]

orquídea (f)	орхидея (ж)	[orhidéja]
peónia (f)	божур (м)	[boʒúr]
violeta (f)	теменуга (ж)	[temenúga]

| amor-perfeito (m) | трицветна теменуга (ж) | [tritsvétna temenúga] |
| não-me-esqueças (m) | незабравка (ж) | [nezabráfka] |

margarida (f)	маргаритка (ж)	[margarítka]
papoula (f)	мак (м)	[mak]
cânhamo (m)	коноп (м)	[konóp]
hortelã (f)	мента (ж)	[ménta]

| lírio-do-vale (m) | момина сълза (ж) | [mómina səlzá] |
| campânula-branca (f) | кокиче (с) | [kokíʧe] |

urtiga (f)	коприва (ж)	[kopríva]
azeda (f)	киселец (м)	[kíselets]
nenúfar (m)	водна лилия (ж)	[vódna lílija]
feto (m), samambaia (f)	папрат (м)	[páprat]
líquen (m)	лишей (м)	[líʃej]

estufa (f)	оранжерия (ж)	[oranʒérija]
relvado (m)	тревна площ (ж)	[trévna ploʃt]
canteiro (m) de flores	цветна леха (ж)	[tsvétna lehá]

planta (f)	растение (с)	[rasténie]
erva (f)	трева (ж)	[trevá]
folha (f) de erva	тревичка (ж)	[trevíʧka]

folha (f)	лист (м)	[list]
pétala (f)	венчелистче (с)	[venʧelísttʃe]
talo (m)	стъбло (с)	[stəbló]
tubérculo (m)	грудка (ж)	[grútka]

| broto, rebento (m) | кълн (м) | [kəln] |
| espinho (m) | бодил (м) | [bodíl] |

florescer (vi)	цъфтя	[tsəftʲá]
murchar (vi)	увяхвам	[uvʲáhvam]
cheiro (m)	мирис (м)	[míris]
cortar (flores)	отрежа	[otréʒa]
colher (uma flor)	откъсна	[otkésna]

232. Cereais, grãos

grão (m)	зърно (с)	[zérno]
cereais (plantas)	житни култури (ж мн)	[ʒítni kultúri]
espiga (f)	клас (м)	[klas]

trigo (m)	пшеница (ж)	[pʃenítsa]
centeio (m)	ръж (ж)	[rəʒ]
aveia (f)	овес (м)	[ovés]
milho-miúdo (m)	просо (с)	[prosó]
cevada (f)	ечемик (м)	[etʃemík]

milho (m)	царевица (ж)	[tsárevitsa]
arroz (m)	ориз (м)	[oríz]
trigo-sarraceno (m)	елда (ж)	[élda]

| ervilha (f) | грах (м) | [grah] |
| feijão (m) | фасул (м) | [fasúl] |

soja (f)	соя (ж)	[sója]
lentilha (f)	леща (ж)	[léʃta]
fava (f)	боб (м)	[bop]

233. Vegetais. Verduras

| legumes (m pl) | зеленчуци (м мн) | [zelentʃútsi] |
| verduras (f pl) | зарзават (м) | [zarzavát] |

tomate (m)	домат (м)	[domát]
pepino (m)	краставица (ж)	[krástavitsa]
cenoura (f)	морков (м)	[mórkof]
batata (f)	картофи (мн)	[kartófi]
cebola (f)	лук (м)	[luk]
alho (m)	чесън (м)	[tʃésən]

couve (f)	зеле (с)	[zéle]
couve-flor (f)	карфиол (м)	[karfiól]
couve-de-bruxelas (f)	брюкселско зеле (с)	[brʲúkselsko zéle]
brócolos (m pl)	броколи (с)	[brókoli]

beterraba (f)	цвекло (с)	[tsveklʲó]
beringela (f)	патладжан (м)	[patladʒán]
curgete (f)	тиквичка (ж)	[tíkvitʃka]
abóbora (f)	тиква (ж)	[tíkva]
nabo (m)	ряпа (ж)	[rʲápa]

salsa (f)	магданоз (м)	[magdanóz]
funcho, endro (m)	копър (м)	[kópər]
alface (f)	салата (ж)	[saláta]
aipo (m)	целина (ж)	[tsélina]
espargo (m)	аспержа (ж)	[aspérʒa]
espinafre (m)	спанак (м)	[spanák]

ervilha (f)	грах (м)	[grah]
fava (f)	боб (м)	[bop]
milho (m)	царевица (ж)	[tsárevitsa]
feijão (m)	фасул (м)	[fasúl]

pimentão (m)	пипер (м)	[pipér]
rabanete (m)	репичка (ж)	[répitʃka]
alcachofra (f)	ангинар (м)	[anginár]

GEOGRAFIA REGIONAL

Países. Nacionalidades

234. Europa Ocidental

Europa (f)	Европа	[evrópa]
União (f) Europeia	Европейски Съюз (м)	[evropéjski səjúz]
europeu (m)	европеец (м)	[evropéets]
europeu	европейски	[evropéjski]
Áustria (f)	Австрия	[áfstrija]
austríaco (m)	австриец (м)	[afstríets]
austríaca (f)	австрийка (ж)	[afstríjka]
austríaco	австрийски	[afstríjski]
Grã-Bretanha (f)	Великобритания	[velikobritánija]
Inglaterra (f)	Англия	[ánglija]
inglês (m)	англичанин (м)	[anglitʃánin]
inglesa (f)	англичанка (ж)	[anglitʃánka]
inglês	английски	[anglíjski]
Bélgica (f)	Белгия	[bélgija]
belga (m)	белгиец (м)	[belgíets]
belga (f)	белгийка (ж)	[belgíjka]
belga	белгийски	[belgíjski]
Alemanha (f)	Германия	[germánija]
alemão (m)	германец (м)	[germánets]
alemã (f)	германка (ж)	[germánka]
alemão	немски	[némski]
Países (m pl) Baixos	Нидерландия	[niderlándija]
Holanda (f)	Холандия (ж)	[holándija]
holandês (m)	холандец (м)	[holándets]
holandesa (f)	холандка (ж)	[holántka]
holandês	холандски	[holántski]
Grécia (f)	Гърция	[gə́rtsija]
grego (m)	грък (м)	[grək]
grega (f)	гъркиня (ж)	[gərkínʲa]
grego	гръцки	[grétski]
Dinamarca (f)	Дания	[dánija]
dinamarquês (m)	датчанин (м)	[dattʃánin]
dinamarquesa (f)	датчанка (ж)	[dattʃánka]
dinamarquês	датски	[dátski]
Irlanda (f)	Ирландия	[irlándija]
irlandês (m)	ирландец (м)	[irlándets]

| irlandesa (f) | ирландка (ж) | [irlántka] |
| irlandês | ирландски | [irlántski] |

Islândia (f)	Исландия	[islándija]
islandês (m)	исландец (м)	[islándets]
islandesa (f)	исландка (ж)	[islántka]
islandês	исландски	[islántski]

Espanha (f)	Испания	[ispánija]
espanhol (m)	испанец (м)	[ispánets]
espanhola (f)	испанка (ж)	[ispánka]
espanhol	испански	[ispánski]

Itália (f)	Италия	[itálija]
italiano (m)	италианец (м)	[italiánets]
italiana (f)	италианка (ж)	[italiánka]
italiano	италиански	[italiánski]

Chipre (m)	Кипър	[kípər]
cipriota (m)	кипърец (м)	[kípərets]
cipriota (f)	кипърка (ж)	[kípərka]
cipriota	кипърски	[kípərski]

Malta (f)	Малта	[málta]
maltês (m)	малтиец (м)	[maltíets]
maltesa (f)	малтийка (ж)	[maltíjka]
maltês	малтийски	[maltíjski]

Noruega (f)	Норвегия	[norvégija]
norueguês (m)	норвежец (м)	[norvéʒets]
norueguesa (f)	норвежка (ж)	[norvéʃka]
norueguês	норвежки	[norvéʃki]

Portugal (m)	Португалия	[portugálija]
português (m)	португалец (м)	[portugálets]
portuguesa (f)	португалка (ж)	[portugálka]
português	португалски	[portugálski]

Finlândia (f)	Финландия	[finlándija]
finlandês (m)	финландец (м)	[finlándets]
finlandesa (f)	финландка (ж)	[finlántka]
finlandês	фински	[fínski]

França (f)	Франция	[frántsija]
francês (m)	французин (м)	[frantsúzin]
francesa (f)	французойка (ж)	[frantsuzójka]
francês	френски	[frénski]

Suécia (f)	Швеция	[ʃvétsija]
sueco (m)	швед (м)	[ʃvet]
sueca (f)	шведка (ж)	[ʃvétka]
sueco	шведски	[ʃvétski]

Suíça (f)	Швейцария	[ʃvejtsárija]
suíço (m)	швейцарец (м)	[ʃvejtsárets]
suíça (f)	швейцарка (ж)	[ʃvejtsárka]

suíço	швейцарски	[ʃvejtsárski]
Escócia (f)	Шотландия	[ʃotlándija]
escocês (m)	шотландец (м)	[ʃotlándets]
escocesa (f)	шотландка (ж)	[ʃotlántka]
escocês	шотландски	[ʃotlántski]

Vaticano (m)	Ватикана	[vatikána]
Liechtenstein (m)	Лихтенщайн	[líhtenʃtajn]
Luxemburgo (m)	Люксембург	[lʲúksemburg]
Mónaco (m)	Монако	[monáko]

235. Europa Central e de Leste

Albânia (f)	Албания	[albánija]
albanês (m)	албанец (м)	[albánets]
albanesa (f)	албанка (ж)	[albánka]
albanês	албански	[albánski]

Bulgária (f)	България	[bəlgárija]
búlgaro (m)	българин (м)	[bélgarin]
búlgara (f)	българка (ж)	[bélgarka]
búlgaro	български	[bélgarski]

Hungria (f)	Унгария	[ungárija]
húngaro (m)	унгарец (м)	[ungárets]
húngara (f)	унгарка (ж)	[ungárka]
húngaro	унгарски	[ungárski]

Letónia (f)	Латвия	[látvija]
letão (m)	латвиец (м)	[latvíets]
letã (f)	латвийка (ж)	[latvíjka]
letão	латвийски	[latvíjski]

Lituânia (f)	Литва	[lítva]
lituano (m)	литовец (м)	[litóvets]
lituana (f)	литовка (ж)	[litófka]
lituano	литовски	[litófski]

Polónia (f)	Полша	[pólʃa]
polaco (m)	поляк (м)	[polʲák]
polaca (f)	полякиня (ж)	[polʲakínʲa]
polaco	полски	[pólski]

Roménia (f)	Румъния	[ruménija]
romeno (m)	румънец (м)	[ruménets]
romena (f)	румънка (ж)	[ruménka]
romeno	румънски	[ruménski]

Sérvia (f)	Сърбия	[sérbija]
sérvio (m)	сърбин (м)	[sérbin]
sérvia (f)	сръбкиня (ж)	[srəpkínʲa]
sérvio	сръбски	[srépski]
Eslováquia (f)	Словакия	[slovákija]
eslovaco (m)	словак (м)	[slovák]

| eslovaca (f) | словачка (ж) | [slovátʃka] |
| eslovaco | словашки | [slováʃki] |

Croácia (f)	Хърватия	[hərvátija]
croata (m)	хърватин (м)	[hərvátin]
croata (f)	хърватка (ж)	[hərvátka]
croata	хърватски	[hərvátski]

República (f) Checa	Чехия	[tʃéhija]
checo (m)	чех (м)	[tʃeh]
checa (f)	чехкиня (ж)	[tʃehkínʲa]
checo	чешки	[tʃéʃki]

Estónia (f)	Естония	[estónija]
estónio (m)	естонец (м)	[estónets]
estónia (f)	естонка (ж)	[estónka]
estónio	естонски	[estónski]

Bósnia e Herzegovina (f)	Босна и Херцеговина	[bósna i hertsegóvina]
Macedónia (f)	Македония	[makedónija]
Eslovénia (f)	Словения	[slovénija]
Montenegro (m)	Черна гора	[tʃérna gorá]

236. Países da ex-URSS

Azerbaijão (m)	Азербайджан	[azerbajdʒán]
azeri (m)	азербайджанец (м)	[azerbajdʒánets]
azeri (f)	азербайджанка (ж)	[azerbajdʒánka]
azeri, azerbaijano	азербайджански	[azerbajdʒánski]

Arménia (f)	Армения	[arménija]
arménio (m)	арменец (м)	[arménets]
arménia (f)	арменка (ж)	[arménka]
arménio	арменски	[arménski]

Bielorrússia (f)	Беларус	[belarús]
bielorrusso (m)	беларусин (м)	[belarúsin]
bielorrussa (f)	беларускиня (ж)	[belaruskínʲa]
bielorrusso	беларуски	[belarúski]

Geórgia (f)	Грузия	[grúzija]
georgiano (m)	грузинец (м)	[gruzínets]
georgiana (f)	грузинка (ж)	[gruzínka]
georgiano	грузински	[gruzínski]

Cazaquistão (m)	Казахстан	[kazahstán]
cazaque (m)	казах (м)	[kazáh]
cazaque (f)	казашка (ж)	[kazáʃka]
cazaque	казахски	[kazáhski]

Quirguistão (m)	Киргизстан	[kirgistán]
quirguiz (m)	киргиз (м)	[kirgíz]
quirguiz (f)	киргизка (ж)	[kirgíska]
quirguiz	киргизки	[kirgíski]

Moldávia (f)	Молдова	[moldóva]
moldavo (m)	молдовец (м)	[moldóvets]
moldava (f)	молдовка (ж)	[moldófka]
moldavo	молдавски	[moldáfski]

Rússia (f)	Русия	[rusíja]
russo (m)	руснак (м)	[rusnák]
russa (f)	рускиня (ж)	[ruskínᴵa]
russo	руски	[rúski]

Tajiquistão (m)	Таджикистан	[tadʒikistán]
tajique (m)	таджик (м)	[tadʒík]
tajique (f)	таджикистанка (ж)	[tadʒikistánka]
tajique	таджикски	[tadʒíkski]

Turquemenistão (m)	Туркменистан	[turkmenistán]
turcomeno (m)	туркмен (м)	[turkmén]
turcomena (f)	туркменка (ж)	[turkménka]
turcomeno	туркменски	[turkménski]

Uzbequistão (f)	Узбекистан	[uzbekistán]
uzbeque (m)	узбек (м)	[uzbék]
uzbeque (f)	узбечка (ж)	[uzbéʧka]
uzbeque	узбекски	[uzbékski]

Ucrânia (f)	Украйна	[ukrájna]
ucraniano (m)	украинец (м)	[ukraínets]
ucraniana (f)	украинка (ж)	[ukraínka]
ucraniano	украински	[ukraínski]

237. Asia

| Ásia (f) | Азия | [ázija] |
| asiático | азиатски | [aziátski] |

Vietname (m)	Виетнам	[vietnám]
vietnamita (m)	виетнамец (м)	[vietnámets]
vietnamita (f)	виетнамка (ж)	[vietnámka]
vietnamita	виетнамски	[vietnámski]

Índia (f)	Индия	[índija]
indiano (m)	индиец (м)	[indíets]
indiana (f)	индийка (ж)	[indíjka]
indiano, hindu	индийски	[indíjski]

Israel (m)	Израел	[izráel]
israelita (m)	израилтянин (м)	[izrailtᴵánin]
israelita (f)	израилтянка (ж)	[izrailtᴵánka]
israelita	израелски	[izráelski]

judeu (m)	евреин (м)	[evréin]
judia (f)	еврейка (ж)	[evréjka]
judeu	еврейски	[evréjski]
China (f)	Китай	[kitáj]

chinês (m)	китаец (м)	[kitáets]
chinesa (f)	китайка (ж)	[kitájka]
chinês	китайски	[kitájski]

coreano (m)	кореец (м)	[koréets]
coreana (f)	корейка (ж)	[koréjka]
coreano	корейски	[koréjski]

Líbano (m)	Ливан	[liván]
libanês (m)	ливанец (м)	[livánets]
libanesa (f)	ливанка (ж)	[livánka]
libanês	ливански	[livánski]

Mongólia (f)	Монголия	[mongólija]
mongol (m)	монголец (м)	[mongólets]
mongol (f)	монголка (ж)	[mongólka]
mongol	монголски	[mongólski]

Malásia (f)	Малайзия	[malájzija]
malaio (m)	малайзиец (м)	[malajzíets]
malaia (f)	малайзийка (ж)	[malajzíjka]
malaio	малайски	[malájski]

Paquistão (m)	Пакистан	[pakistán]
paquistanês (m)	пакистанец (м)	[pakistánets]
paquistanesa (f)	пакистанка (ж)	[pakistánka]
paquistanês	пакистански	[pakistánski]

Arábia (f) Saudita	Саудитска Арабия	[saudítska arábija]
árabe (m)	арабин (м)	[arábin]
árabe (f)	арабка (ж)	[arápka]
árabe	арабски	[arápski]

Tailândia (f)	Тайланд	[tajlánt]
tailandês (m)	тайландец (м)	[tajlándets]
tailandesa (f)	тайландка (ж)	[tajlántka]
tailandês	тайландски	[tajlántski]

Taiwan (m)	Тайван	[tajván]
taiwanês (m)	тайванец (м)	[tajvánets]
taiwanesa (f)	тайванка (ж)	[tajvánka]
taiwanês	тайвански	[tajvánski]

Turquia (f)	Турция	[túrtsija]
turco (m)	турчин (м)	[túrtʃin]
turca (f)	туркиня (ж)	[turkínʲa]
turco	турски	[túrski]

Japão (m)	Япония	[japónija]
japonês (m)	японец (м)	[japónets]
japonesa (f)	японка (ж)	[japónka]
japonês	японски	[japónski]

Afeganistão (m)	Афганистан	[afganistán]
Bangladesh (m)	Бангладеш	[bangladéʃ]
Indonésia (f)	Индонезия	[indonézija]

Jordânia (f)	Йордания	[jordánija]
Iraque (m)	Ирак	[irák]
Irão (m)	Иран	[irán]
Camboja (f)	Камбоджа	[kambódʒa]
Kuwait (m)	Кувейт	[kuvéjt]

Laos (m)	Лаос	[laós]
Myanmar (m), Birmânia (f)	Мянма	[mʲánma]
Nepal (m)	Непал	[nepál]
Emirados Árabes Unidos	Обединени арабски емирства	[obedinéni arápski emírstva]

Síria (f)	Сирия	[sírija]
Palestina (f)	Палестинска автономия	[palestínska aftonómija]
Coreia do Sul (f)	Южна Корея	[júʒna koréja]
Coreia do Norte (f)	Северна Корея	[séverna koréja]

238. America do Norte

Estados Unidos da América	Съединени американски щати	[səedinéni amerikánski ʃtáti]
americano (m)	американец (м)	[amerikánets]
americana (f)	американка (ж)	[amerikánka]
americano	американски	[amerikánski]

Canadá (m)	Канада	[kanáda]
canadiano (m)	канадец (м)	[kanádets]
canadiana (f)	канадка (ж)	[kanátka]
canadiano	канадски	[kanátski]

México (m)	Мексико	[méksiko]
mexicano (m)	мексиканец (м)	[meksikánets]
mexicana (f)	мексиканка (ж)	[meksikánka]
mexicano	мексикански	[meksikánski]

239. America Centrale do Sul

Argentina (f)	Аржентина	[arʒentína]
argentino (m)	аржентинец (м)	[arʒentínets]
argentina (f)	аржентинка (ж)	[arʒentínka]
argentino	аржентински	[arʒentínski]

Brasil (m)	Бразилия	[brazílija]
brasileiro (m)	бразилец (м)	[brazílets]
brasileira (f)	бразилка (ж)	[brazílka]
brasileiro	бразилски	[brazílski]

Colômbia (f)	Колумбия	[kolúmbija]
colombiano (m)	колумбиец (м)	[kolumbíets]
colombiana (f)	колумбийка (ж)	[kolumbíjka]
colombiano	колумбийски	[kolumbíjski]
Cuba (f)	Куба	[kúba]

cubano (m)	кубинец (м)	[kubínets]
cubana (f)	кубинка (ж)	[kubínka]
cubano	кубински	[kubínski]

Chile (m)	Чили	[ʧíli]
chileno (m)	чилиец (м)	[ʧilíets]
chilena (f)	чилийка (ж)	[ʧilíjka]
chileno	чилийски	[ʧilíjski]

Bolívia (f)	Боливия	[bolívija]
Venezuela (f)	Венецуела	[venetsuéla]
Paraguai (m)	Парагвай	[paragváj]
Peru (m)	Перу	[perú]
Suriname (m)	Суринам	[surinám]
Uruguai (m)	Уругвай	[urugváj]
Equador (m)	Еквадор	[ekvadór]

Bahamas (f pl)	Бахамски острови	[bahámski óstrovi]
Haiti (m)	Хаити	[haíti]
República (f) Dominicana	Доминиканска република	[dominikánska repúblika]
Panamá (m)	Панама	[panáma]
Jamaica (f)	Ямайка	[jamájka]

240. Africa

Egito (m)	Египет	[egípet]
egípcio (m)	египтянин (м)	[egíptʲanin]
egípcia (f)	египтянка (ж)	[egíptʲanka]
egípcio	египетски	[egípetski]

Marrocos	Мароко	[maróko]
marroquino (m)	мароканец (м)	[marokánets]
marroquina (f)	мароканка (ж)	[marokánka]
marroquino	марокански	[marokánski]

Tunísia (f)	Тунис	[túnis]
tunisino (m)	тунисец (м)	[tunísets]
tunisina (f)	туниска (ж)	[tuníska]
tunisino	туниски	[tuníski]

Gana (f)	Гана	[gána]
Zanzibar (m)	Занзибар	[zanzibár]
Quénia (f)	Кения	[kénija]
Líbia (f)	Либия	[líbija]
Madagáscar (m)	Мадагаскар	[madagaskár]

Namíbia (f)	Намибия	[namíbija]
Senegal (m)	Сенегал	[senegál]
Tanzânia (f)	Танзания	[tanzánija]
África do Sul (f)	Южноафриканска република	[juʒno·afrikánska repúblika]
africano (m)	африканец (м)	[afrikánets]
africana (f)	африканка (ж)	[afrikánka]
africano	африкански	[afrikánski]

241. Australia. Oceania

Austrália (f)	Австралия	[afstrálija]
australiano (m)	австралиец (м)	[afstralíets]
australiana (f)	австралийка (ж)	[afstralíjka]
australiano	австралийски	[afstralíjski]
Nova Zelândia (f)	Нова Зеландия	[nóva zelándija]
neozelandês (m)	новозеландец (м)	[novozelándets]
neozelandesa (f)	новозеландка (ж)	[novozelántka]
neozelandês	новозеландски	[novozelántski]
Tasmânia (f)	Тасмания	[tasmánija]
Polinésia Francesa (f)	Френска Полинезия	[frénska polinézija]

242. Cidades

Amesterdão	Амстердам	[amsterdám]
Ancara	Анкара	[ánkara]
Atenas	Атина	[átina]
Bagdade	Багдад	[bagdád]
Banguecoque	Банкок	[bankók]
Barcelona	Барселона	[barselóna]
Beirute	Бейрут	[bejrút]
Berlim	Берлин	[berlín]
Bombaim	Мумбай	[mumbáj]
Bona	Бон	[bon]
Bordéus	Бордо	[bordó]
Bratislava	Братислава	[bratisláva]
Bruxelas	Брюксел	[brʲúksel]
Bucareste	Букурещ	[búkureʃt]
Budapeste	Будапеща	[budapéʃta]
Cairo	Кайро	[kájro]
Calcutá	Калкута	[kalkúta]
Chicago	Чикаго	[tʃikágo]
Cidade do México	Мексико	[méksiko]
Copenhaga	Копенхаген	[kopenhágen]
Dar es Salaam	Дар ес Салам	[dar es salám]
Deli	Делхи	[délhi]
Dubai	Дубай	[dubáj]
Dublin, Dublim	Дъблин	[déblin]
Düsseldorf	Дюселдорф	[dʲúseldorf]
Estocolmo	Стокхолм	[stokhólm]
Florença	Флоренция	[floréntsija]
Frankfurt	Франкфурт	[fránkfurt]
Genebra	Женева	[ʒenéva]
Haia	Хага	[hága]
Hamburgo	Хамбург	[hámburk]

| Hanói | Ханой | [hanój] |
| Havana | Хавана | [havána] |

Helsínquia	Хелзинки	[hélzinki]
Hiroshima	Хирошима	[hiroʃíma]
Hong Kong	Хонконг	[honkóng]
Istambul	Истанбул	[istanbúl]
Jerusalém	Ерусалим	[érusalim]
Kiev	Киев	[kíev]
Kuala Lumpur	Куала Лумпур	[kuála lumpúr]
Lisboa	Лисабон	[lisabón]
Londres	Лондон	[lóndon]
Los Angeles	Лос Анджелис	[los ándʒelis]
Lyon	Лион	[lión]

Madrid	Мадрид	[madrít]
Marselha	Марсилия	[marsílija]
Miami	Маями	[majámi]
Montreal	Монреал	[monreál]
Moscovo	Москва	[moskvá]
Munique	Мюнхен	[mʲúnhen]

Nairóbi	Найроби	[najróbi]
Nápoles	Неапол	[neápol]
Nisa	Ница	[nítsa]
Nova York	Ню Йорк	[nʲu jórk]

Oslo	Осло	[óslo]
Ottawa	Отава	[otáva]
Paris	Париж	[paríʒ]
Pequim	Пекин	[pekín]
Praga	Прага	[prága]

Rio de Janeiro	Рио де Жанейро	[río de ʒanéjro]
Roma	Рим	[rim]
São Petersburgo	Санкт Петербург	[sankt péterburk]
Seul	Сеул	[seúl]
Singapura	Сингапур	[singapúr]
Sydney	Сидни	[sídni]

Taipé	Тайпе	[tajpé]
Tóquio	Токио	[tókio]
Toronto	Торонто	[torónto]
Varsóvia	Варшава	[varʃáva]
Veneza	Венеция	[venétsija]
Viena	Виена	[viéna]

| Washington | Вашингтон | [váʃinkton] |
| Xangai | Шанхай | [ʃanháj] |

243. Política. Governo. Parte 1

| política (f) | политика (ж) | [politíka] |
| político | политически | [politítʃeski] |

político (m)	политик (м)	[politík]
estado (m)	държава (ж)	[dəržáva]
cidadão (m)	гражданин (м)	[gráždanin]
cidadania (f)	гражданство (с)	[gráždanstvo]

| brasão (m) de armas | национален герб (м) | [natsionálen gerp] |
| hino (m) nacional | държавен химн (м) | [dəržáven himn] |

governo (m)	правителство (с)	[pravítelstvo]
Chefe (m) de Estado	държавен глава (м)	[dəržáven glavá]
parlamento (m)	парламент (м)	[parlamént]
partido (m)	партия (ж)	[pártija]

| capitalismo (m) | капитализъм (м) | [kapitalízəm] |
| capitalista | капиталистически | [kapitalistítʃeski] |

| socialismo (m) | социализъм (м) | [sotsialízəm] |
| socialista | социалистически | [sotsialistítʃeski] |

comunismo (m)	комунизъм (м)	[komunízəm]
comunista	комунистически	[komunistítʃeski]
comunista (m)	комунист (м)	[komuníst]

democracia (f)	демокрация (ж)	[demokrátsija]
democrata (m)	демократ (м)	[demokrát]
democrático	демократически	[demokratítʃeski]
Partido (m) Democrático	демократическа партия (ж)	[demokratítʃeska pártija]

| liberal (m) | либерал (м) | [liberál] |
| liberal | либерален | [liberálen] |

| conservador (m) | консерватор (м) | [konservátor] |
| conservador | консервативен | [konservatíven] |

república (f)	република (ж)	[repúblika]
republicano (m)	републиканец (м)	[republikánets]
Partido (m) Republicano	републиканска партия (ж)	[republikánska pártija]

eleições (f pl)	избори (мн)	[ízbori]
eleger (vt)	избирам	[izbíram]
eleitor (m)	избирател (м)	[izbirátel]
campanha (f) eleitoral	избирателна кампания (ж)	[izbirátelna kampánija]

votação (f)	гласуване (с)	[glasúvane]
votar (vi)	гласувам	[glasúvam]
direito (m) de voto	право (с) на глас	[právo na glas]

candidato (m)	кандидат (м)	[kandidát]
candidatar-se (vi)	балотирам се	[balotíram se]
campanha (f)	кампания (ж)	[kampánija]

| da oposição | опозиционен | [opozitsiónen] |
| oposição (f) | опозиция (ж) | [opozítsija] |

| visita (f) | визита (ж) | [vizíta] |
| visita (f) oficial | официална визита (ж) | [ofitsiálna vizíta] |

internacional	международен (мн)	[meʒdunaróden]
negociações (f pl)	преговори (мн)	[prégovori]
negociar (vi)	водя преговори	[vódʲa prégovori]

244. Política. Governo. Parte 2

sociedade (f)	общество (с)	[obʃtestvó]
constituição (f)	конституция (ж)	[konstitútsija]
poder (ir para o ~)	власт (ж)	[vlast]
corrupção (f)	корупция (ж)	[korúptsija]

lei (f)	закон (м)	[zakón]
legal	законен	[zakónen]

justiça (f)	справедливост (ж)	[spravedlívost]
justo	справедлив	[spravedlív]

comité (m)	комитет (м)	[komitét]
projeto-lei (m)	законопроект (м)	[zakonoproékt]
orçamento (m)	бюджет (м)	[bʲudʒét]
política (f)	политика (ж)	[politíka]
reforma (f)	реформа (ж)	[refórma]
radical	радикален	[radikálen]

força (f)	сила (ж)	[síla]
poderoso	силен	[sílen]
partidário (m)	привърженик (м)	[privérʒenik]
influência (f)	влияние (с)	[vlijánie]

regime (m)	режим (м)	[reʒím]
conflito (m)	конфликт (м)	[konflíkt]
conspiração (f)	заговор (м)	[zágovor]
provocação (f)	провокация (ж)	[provokátsija]

derrubar (vt)	сваля	[svalʲá]
derrube (m), queda (f)	сваляне (с)	[sválʲane]
revolução (f)	революция (ж)	[revolʲútsija]

golpe (m) de Estado	преврат (м)	[prevrát]
golpe (m) militar	военен преврат (м)	[voénen prevrát]

crise (f)	криза (ж)	[kríza]
recessão (f) económica	икономически спад (м)	[ikonomítʃeski spat]
manifestante (m)	демонстрант (м)	[demonstránt]
manifestação (f)	демонстрация (ж)	[demonstrátsija]
lei (f) marcial	военно положение (с)	[voénno poloʒénie]
base (f) militar	база (ж)	[báza]

estabilidade (f)	стабилност (ж)	[stabílnost]
estável	стабилен	[stabílen]

exploração (f)	експлоатация (ж)	[eksploatátsija]
explorar (vt)	експлоатирам	[eksploatíram]
racismo (m)	расизъм (м)	[rasízəm]

racista (m)	расист (м)	[rasíst]
fascismo (m)	фашизъм (м)	[faʃízəm]
fascista (m)	фашист (м)	[faʃíst]

245. Países. Diversos

estrangeiro (m)	чужденец (м)	[ʧuʒdenéts]
estrangeiro	чуждестранен	[ʧuʒdestránen]
no estrangeiro	в чужбина	[v ʧuʒbína]

emigrante (m)	емигрант (м)	[emigránt]
emigração (f)	емиграция (ж)	[emigrátsija]
emigrar (vi)	емигрирам	[emigríram]

Ocidente (m)	Запад	[zápat]
Oriente (m)	Изток	[ístok]
Extremo Oriente (m)	Далечният Изток	[daléʧnijat ístok]
civilização (f)	цивилизация (ж)	[tsivilizátsija]
humanidade (f)	човечество (c)	[ʧovéʧestvo]
mundo (m)	свят (м)	[svʲat]
paz (f)	мир (м)	[mir]
mundial	световен	[svetóven]

pátria (f)	родина (ж)	[rodína]
povo (m)	народ (м)	[narót]
população (f)	население (c)	[naselénie]
gente (f)	хора (мн)	[hóra]
nação (f)	нация (ж)	[nátsija]
geração (f)	поколение (c)	[pokolénie]
território (m)	територия (ж)	[teritórija]
região (f)	регион (м)	[región]
estado (m)	щат (м)	[ʃtat]

tradição (f)	традиция (ж)	[tradítsija]
costume (m)	обичай (м)	[obiʧáj]
ecologia (f)	екология (ж)	[ekológija]

índio (m)	индианец (м)	[indiánets]
cigano (m)	циганин (м)	[tsíganin]
cigana (f)	циганка (ж)	[tsíganka]
cigano	цигански	[tsíganski]

império (m)	империя (ж)	[impérija]
colónia (f)	колония (ж)	[kolónija]
escravidão (f)	робство (c)	[rópstvo]
invasão (f)	нашествие (c)	[naʃéstvie]
fome (f)	глад (м)	[glat]

246. Grupos religiosos mais importantes. Confissões

| religião (f) | религия (ж) | [relígija] |
| religioso | религиозен | [religiózen] |

crença (f)	вяра (ж)	[vʲára]
crer (vt)	вярвам	[vʲárvam]
crente (m)	вярващ (м)	[vʲárvaʃt]

| ateísmo (m) | атеизъм (м) | [ateízəm] |
| ateu (m) | атеист (м) | [ateíst] |

cristianismo (m)	християнство (с)	[hristijánstvo]
cristão (m)	християнин (м)	[hristijánin]
cristão	християнски	[hristijánski]

catolicismo (m)	Католицизъм (м)	[katolitsízəm]
católico (m)	католик (м)	[katolík]
católico	католически	[katolítʃeski]

protestantismo (m)	протестантство (с)	[protestántstvo]
Igreja (f) Protestante	протестантска църква (ж)	[protestántska tsérkva]
protestante (m)	протестант (м)	[protestánt]

ortodoxia (f)	Православие (с)	[pravoslávie]
Igreja (f) Ortodoxa	Православна църква (ж)	[pravoslávna tsérkva]
ortodoxo (m)	православен	[pravosláven]

presbiterianismo (m)	Презвитерианство (с)	[prezviteriánstvo]
Igreja (f) Presbiteriana	Презвитерианска църква (ж)	[prezviteriánska tsérkva]
presbiteriano (m)	презвитерианец (м)	[prezviteriánets]

Igreja (f) Luterana	Лютеранска църква (ж)	[lʲuteránska tsérkva]
luterano (m)	лютеран (м)	[lʲuterán]
Igreja (f) Batista	Баптизъм (м)	[baptízəm]
batista (m)	баптист (м)	[baptíst]

| Igreja (f) Anglicana | Англиканска църква (ж) | [anglikánska tsérkva] |
| anglicano (m) | англиканец (м) | [anglikánets] |

| mormonismo (m) | мормонство (с) | [mormónstvo] |
| mórmon (m) | мормон (м) | [mormón] |

| Judaísmo (m) | Юдаизъм (м) | [judaízəm] |
| judeu (m) | юдей (м) | [judéj] |

| budismo (m) | Будизъм (м) | [budízəm] |
| budista (m) | будист (м) | [budíst] |

| hinduísmo (m) | Индуизъм (м) | [induízəm] |
| hindu (m) | индус (м) | [indús] |

Islão (m)	Ислям (м)	[islʲám]
muçulmano (m)	мюсюлманин (м)	[mʲusʲulmánin]
muçulmano	мюсюлмански	[mʲusʲulmánski]

Xiismo (m)	шиизъм (м)	[ʃiízəm]
xiita (m)	шиит (м)	[ʃiít]
sunismo (m)	сунизъм (м)	[sunízəm]
sunita (m)	сунит (м)	[sunít]

247. Religiões. Padres

| padre (m) | свещеник (м) | [sveʃténik] |
| Papa (m) | Папа Римски (м) | [pápa rímski] |

monge (m)	монах (м)	[monáh]
freira (f)	монахиня (ж)	[monahínʲa]
pastor (m)	пастор (м)	[pástor]

abade (m)	абат (м)	[abát]
vigário (m)	викарий (м)	[vikárij]
bispo (m)	епископ (м)	[episkóp]
cardeal (m)	кардинал (м)	[kardinál]

pregador (m)	проповедник (м)	[propovédnik]
sermão (m)	проповед (м)	[própovet]
paroquianos (pl)	енориаши (мн)	[enoriáʃi]

| crente (m) | вярващ (м) | [vʲárvaʃt] |
| ateu (m) | атеист (м) | [ateíst] |

248. Fé. Cristianismo. Islão

| Adão | Адам | [adám] |
| Eva | Ева | [éva] |

Deus (m)	Бог	[bok]
Senhor (m)	Господ	[góspot]
Todo Poderoso (m)	Всемогъщ	[fsemogéʃt]

pecado (m)	грях (м)	[grʲah]
pecar (vi)	греша	[greʃá]
pecador (m)	грешник (м)	[gréʃnik]
pecadora (f)	грешница (ж)	[gréʃnitsa]

| inferno (m) | ад (м) | [at] |
| paraíso (m) | рай (м) | [raj] |

| Jesus | Исус | [isús] |
| Jesus Cristo | Исус Христос | [isús hristós] |

Espírito (m) Santo	Светия Дух	[svetíja duh]
Salvador (m)	Спасител	[spasítel]
Virgem Maria (f)	Богородица	[bogoróditsa]

Diabo (m)	Дявол	[dʲávol]
diabólico	дяволски	[dʲávolski]
Satanás (m)	Сатана	[sataná]
satânico	сатанински	[satanínski]

anjo (m)	ангел (м)	[ángel]
anjo (m) da guarda	ангел-пазител (м)	[ángel-pazítel]
angélico	ангелски	[ángelski]

apóstolo (m)	апостол (м)	[apóstol]
arcanjo (m)	архангел (м)	[arhángel]
anticristo (m)	антихрист (м)	[antíhrist]
Igreja (f)	Църква (ж)	[tsérkva]
Bíblia (f)	библия (ж)	[bíblija]
bíblico	библейски	[bibléjski]
Velho Testamento (m)	Стария Завет (м)	[stárija zavét]
Novo Testamento (m)	Новия Завет (м)	[nóvija zavét]
Evangelho (m)	Евангелие (с)	[evángelie]
Sagradas Escrituras (f pl)	Свещено Писание (с)	[sveʃténo pisánie]
Céu (m)	Небе (с)	[nebé]
mandamento (m)	заповед (ж)	[zápovet]
profeta (m)	пророк (м)	[prorók]
profecia (f)	пророчество (с)	[prorótʃestvo]
Alá	Алах	[aláh]
Maomé	Мохамед	[mohamét]
Corão, Alcorão (m)	Коран	[korán]
mesquita (f)	джамия (ж)	[dʒamíja]
mulá (m)	молла (м)	[mollá]
oração (f)	молитва (ж)	[molítva]
rezar, orar (vi)	моля се	[mólʲa se]
peregrinação (f)	поклонничество (с)	[poklónnitʃestvo]
peregrino (m)	поклонник (м)	[poklónnik]
Meca (f)	Мека	[méka]
igreja (f)	църква (ж)	[tsérkva]
templo (m)	храм (м)	[hram]
catedral (f)	катедрала (ж)	[katedrála]
gótico	готически	[gotítʃeski]
sinagoga (f)	синагога (ж)	[sinagóga]
mesquita (f)	джамия (ж)	[dʒamíja]
capela (f)	параклис (м)	[paráklis]
abadia (f)	абатство (с)	[abátstvo]
convento (m)	манастир (м)	[manastír]
mosteiro (m)	манастир (м)	[manastír]
sino (m)	камбана (ж)	[kambána]
campanário (m)	камбанария (ж)	[kambanaríja]
repicar (vi)	бия	[bíja]
cruz (f)	кръст (м)	[krəst]
cúpula (f)	купол (м)	[kúpol]
ícone (m)	икона (ж)	[ikóna]
alma (f)	душа (ж)	[duʃá]
destino (m)	съдба (ж)	[sədbá]
mal (m)	зло (с)	[zlo]
bem (m)	добро (с)	[dobró]
vampiro (m)	вампир (м)	[vampír]

bruxa (f)	вещица (ж)	[véʃtitsa]
demónio (m)	демон (м)	[démon]
espírito (m)	дух (м)	[duh]

redenção (f)	изкупление (с)	[iskuplénie]
redimir (vt)	изкупя	[iskúpʲa]

missa (f)	служба (ж)	[slúʒba]
celebrar a missa	служа	[slúʒa]
confissão (f)	изповед (ж)	[íspovet]
confessar-se (vr)	изповядвам се	[ispovʲádvam se]

santo (m)	светец (м)	[svetéts]
sagrado	свещен	[sveʃtén]
água (f) benta	света вода (ж)	[svetá vodá]

ritual (m)	ритуал (м)	[rituál]
ritual	ритуален	[rituálen]
sacrifício (m)	жертвоприношение (с)	[ʒertvoprinoʃénie]

superstição (f)	суеверие (с)	[suevérie]
supersticioso	суеверен	[suevéren]
vida (f) depois da morte	задгробен живот (м)	[zadgróben ʒivót]
vida (f) eterna	вечен живот (м)	[vétʃen ʒivót]

TEMAS DIVERSOS

249. Várias palavras úteis

ajuda (f)	помощ (ж)	[pómoʃt]
barreira (f)	преграда (ж)	[pregráda]
base (f)	база (ж)	[báza]
categoria (f)	категория (ж)	[kategórija]
causa (f)	причина (ж)	[pritʃína]
coincidência (f)	съвпадение (с)	[səfpadénie]
coisa (f)	вещ (ж)	[veʃt]
começo (m)	начало (с)	[natʃálo]
cómodo (ex. poltrona ~a)	удобен	[udóben]
comparação (f)	сравнение (с)	[sravnénie]
compensação (f)	компенсация (ж)	[kompensátsija]
crescimento (m)	ръст (ж)	[rest]
desenvolvimento (m)	развитие (с)	[razvítie]
diferença (f)	различие (с)	[razlítʃie]
efeito (m)	ефект (м)	[efékt]
elemento (m)	елемент (м)	[elemént]
equilíbrio (m)	баланс (м)	[baláns]
erro (m)	грешка (ж)	[gréʃka]
esforço (m)	усилие (с)	[usílie]
estilo (m)	стил (м)	[stil]
exemplo (m)	пример (м)	[prímer]
facto (m)	факт (м)	[fakt]
fim (m)	край (м)	[kraj]
forma (f)	форма (ж)	[fórma]
frequente	чест	[tʃest]
fundo (ex. ~ verde)	фон (м)	[fon]
género (tipo)	вид (м)	[vit]
grau (m)	степен (ж)	[stépen]
ideal (m)	идеал (м)	[ideál]
labirinto (m)	лабиринт (м)	[labirínt]
modo (m)	начин (м)	[nátʃin]
momento (m)	момент (м)	[momént]
objeto (m)	обект (м)	[obékt]
obstáculo (m)	пречка (ж)	[prétʃka]
original (m)	оригинал (м)	[originál]
padrão	стандартен	[standárten]
padrão (m)	стандарт (м)	[standárt]
paragem (pausa)	почивка (ж)	[potʃífka]
parte (f)	част (ж)	[tʃast]

partícula (f)	частица (ж)	[tʃastítsa]
pausa (f)	пауза (ж)	[páuza]
posição (f)	позиция (ж)	[pozítsija]
princípio (m)	принцип (м)	[príntsip]
problema (m)	проблем (м)	[problém]
processo (m)	процес (м)	[protsés]
progresso (m)	прогрес (м)	[progrés]
propriedade (f)	свойство (с)	[svójstvo]
reação (f)	реакция (ж)	[reáktsija]
risco (m)	риск (м)	[risk]
ritmo (m)	темпо (с)	[témpo]
segredo (m)	тайна (ж)	[tájna]
série (f)	серия (ж)	[sérija]
sistema (m)	система (ж)	[sistéma]
situação (f)	ситуация (ж)	[situátsija]
solução (f)	решение (с)	[reʃénie]
tabela (f)	таблица (ж)	[táblitsa]
termo (ex. ~ técnico)	термин (м)	[términ]
tipo (m)	тип (м)	[tip]
urgente	срочен	[srótʃen]
urgentemente	срочно	[srótʃno]
utilidade (f)	полза (ж)	[pólza]
variante (f)	вариант (м)	[variánt]
variedade (f)	избор (м)	[ízbor]
verdade (f)	истина (ж)	[ístina]
vez (f)	ред (м)	[ret]
zona (f)	зона (ж)	[zóna]

250. Modificadores. Adjetivos. Parte 1

aberto	отворен	[otvóren]
afiado	остър	[óstər]
agradável	приятен	[prijáten]
agradecido	благодарен	[blagodáren]
alegre	весел	[vésel]
alto (ex. voz ~a)	силен	[sílen]
amargo	горчив	[gortʃív]
amplo	просторен	[prostóren]
antigo	древен	[dréven]
apertado (sapatos ~s)	тесен	[tésen]
arriscado	рискован	[riskóvan]
artificial	изкуствен	[iskústven]
azedo	кисел	[kísel]
baixo (voz ~a)	тих	[tih]
barato	евтин	[éftin]
belo	прекрасен	[prekrásen]

bom	добър	[dobér]
bondoso	добър	[dobér]
bonito	хубав	[húbav]
bronzeado	почернял	[potʃernʲál]
burro, estúpido	глупав	[glúpav]
calmo	спокоен	[spokóen]
cansado	изморен	[izmorén]
cansativo	изморителен	[izmorítelen]
carinhoso	грижлив	[griʒlív]
caro	скъп	[skəp]
cego	сляп	[slʲap]
central	централен	[tsentrálen]
cerrado (ex. nevoeiro ~)	гъст	[gəst]
cheio (ex. copo ~)	пълен	[pélen]
civil	граждански	[gráʒdanski]
clandestino	нелегален	[nelegálen]
claro	светъл	[svétəl]
claro (explicação ~a)	понятен	[ponʲáten]
compatível	съвместим	[səvmestím]
comum, normal	обикновен	[obiknovén]
congelado	замразен	[zamrazén]
conjunto	съвместен	[səvmésten]
considerável	значителен	[znatʃítelen]
contente	доволен	[dovólen]
contínuo	продължителен	[prodəʒítelen]
contrário (ex. o efeito ~)	противоположен	[protivopolóʒen]
correto (resposta ~a)	правилен	[právilen]
cru (não cozinhado)	суров	[suróf]
curto	къс	[kəs]
de curta duração	краткотраен	[kratkotráen]
de sol, ensolarado	слънчев	[slénʧev]
de trás	заден	[záden]
denso (fumo, etc.)	гъст	[gəst]
desanuviado	безоблачен	[bezóblatʃen]
descuidado	немарлив	[nemarlív]
diferente	различен	[razlíʧen]
difícil	труден	[trúden]
difícil, complexo	сложен	[slóʒen]
direito	десен	[désen]
distante	далечен	[dalétʃen]
diverso	различен, разни	[razlíʧen], [rázni]
doce (açucarado)	сладък	[sládək]
doce (água)	сладък	[sládək]
doente	болен	[bólen]
duro (material ~)	твърд	[tvərt]
educado	вежлив	[veʒlív]

encantador	мил	[mil]
enigmático	загадъчен	[zagádətʃen]

enorme	огромен	[ogrómen]
escuro (quarto ~)	тъмен	[tǿmen]
especial	специален	[spetsiálen]
esquerdo	ляв	[lʲav]
estrangeiro	чуждестранен	[ʧuʒdestránen]

estreito	тесен	[tésen]
exato	точен	[tótʃen]
excelente	отличен	[otlítʃen]
excessivo	прекален	[prekalén]

externo	външен	[vǿnʃen]
fácil	лесен	[lésen]
faminto	гладен	[gláden]
fechado	затворен	[zatvóren]
feliz	щастлив	[ʃtastlív]

fértil (terreno ~)	плодороден	[plodoróden]
forte (pessoa ~)	силен	[sílen]
fraco (luz ~a)	блед	[blet]
frágil	крехък	[kréhək]

fresco	прохладен	[prohláden]
fresco (pão ~)	пресен	[présen]
frio	студен	[studén]
gordo	мазен	[mázen]
gostoso	вкусен	[fkúsen]

grande	голям	[golʲám]
gratuito, grátis	безплатен	[bespláten]
grosso (camada ~a)	дебел	[debél]
hostil	враждебен	[vraʒdében]
húmido	влажен	[vláʒen]

251. Modificadores. Adjetivos. Parte 2

igual	еднакъв	[ednákəv]
imóvel	неподвижен	[nepodvíʒen]
importante	важен	[váʒen]
impossível	невъзможен	[nevəzmóʒen]
incompreensível	непонятен	[neponʲáten]

indigente	беден	[béden]
indispensável	необходим	[neobhodím]
inexperiente	неопитен	[neópiten]
infantil	детски	[détski]
ininterrupto	непрекъснат	[neprekǿsnat]

insignificante	незначителен	[neznaʧítelen]
inteiro (completo)	цял	[tsʲal]
inteligente	умен	[úmen]

| interno | вътрешен | [vǝtreʃen] |
| jovem | млад | [mlat] |

largo (caminho ~)	широк	[ʃirók]
legal	законен	[zakónen]
leve	лек	[lek]
limitado	ограничен	[ogranitʃén]
limpo	чист	[tʃist]

líquido	течен	[tétʃen]
liso	гладък	[gládǝk]
liso (superfície ~a)	равен	[ráven]
livre	свободен	[svobóden]
longo (ex. cabelos ~s)	дълъг	[délǝk]

maduro (ex. fruto ~)	зрял	[zrʲal]
magro	слаб	[slap]
magro (pessoa)	кльощав	[klʲóʃtaf]
mais próximo	най-близък	[naj-blízǝk]

mais recente	минал	[mínal]
mate, baço	матов	[mátov]
mau	лош	[loʃ]
meticuloso	акуратен	[akuráten]
míope	късоглед	[kǝsoglét]

mole	мек	[mek]
molhado	мокър	[mókǝr]
moreno	мургав	[múrgav]
morto	мъртъв	[mértǝv]
não difícil	лесен	[lésen]

não é clara	неясен	[nejásen]
não muito grande	неголям	[negolʲám]
natal (país ~)	роден	[róden]
necessário	нужен	[núʒen]
negativo	отрицателен	[otritsátelen]

nervoso	нервен	[nérven]
normal	нормален	[normálen]
novo	нов	[nov]
o mais importante	най-важен	[naj-váʒen]

obrigatório	обезателен	[obezátelen]
original	оригинален	[originálen]
passado	минал	[mínal]
pequeno	малък	[málǝk]
perigoso	опасен	[opásen]

permanente	постоянен	[postojánen]
perto	ближен	[blíʒen]
pesado	тежък	[téʒǝk]
pessoal	частен	[tʃásten]
plano (ex. ecrã ~ a)	плосък	[plósǝk]
pobre	беден	[béden]
pontual	пунктуален	[punktuálen]

possível	възможен	[vəzmóʒen]
pouco fundo	плитък	[plítək]
presente (ex. momento ~)	настоящ	[nastojáʃt]

prévio	предишен	[predíʃen]
primeiro (principal)	основен	[osnóven]
principal	главен	[gláven]
privado	частен	[ʧásten]
provável	вероятен	[verojáten]

próximo	близък	[blízək]
quente (cálido)	горещ	[goréʃt]
quente (morno)	топъл	[tópəl]
rápido	бърз	[bərz]
raro	рядък	[rʲádək]

remoto, longínquo	далечен	[daléʧen]
reto	прав	[prav]
salgado	солен	[solén]
satisfeito	удовлетворен	[udovletvorén]

seco	сух	[suh]
seguinte	следващ	[slédvaʃt]
seguro	безопасен	[bezopásen]
similar	приличащ	[prilíʧaʃt]
simples	лесен	[lésen]

soberbo	превъзходен	[prevəshóden]
social	обществен	[obʃtéstven]
sólido	стабилен	[stabílen]
sombrio	мрачен	[mráʧen]
sujo	мръсен	[mrésen]

superior	висш	[visʃ]
suplementar	допълнителен	[dopəlnítelen]
terno, afetuoso	нежен	[néʒen]
tranquilo	тих	[tih]
transparente	бистър	[bístər]

triste (pessoa)	тъжен	[tóʒen]
triste (um ar ~)	печален	[peʧálen]
último	последен	[posléden]
único	уникален	[unikálen]

usado	употребяван	[upotrebʲávan]
útil	пригоден	[prigóden]
vazio (meio ~)	празен	[prázen]
velho	стар	[star]
vizinho	съседен	[səséden]

500 VERBOS PRINCIPAIS

252. Verbos A-B

aborrecer-se (vr)	скучая	[skutʃája]
abraçar algm.	прегръщам	[pregréʃtam]
abrir (~ a janela)	отварям	[otvárˈam]
acalmar (vt)	успокоявам	[uspokojávam]
acariciar (vt)	галя	[gálˈa]
acenar (vt)	махам	[máham]
acender (~ uma fogueira)	запалвам	[zapálvam]
achar (vt)	смятам	[smˈátam]
acompanhar (vt)	придружавам	[pridruʒávam]
aconselhar (vt)	съветвам	[səvétvam]
acordar (despertar)	събуждам	[səbúʒdam]
acrescentar (vt)	добавям	[dobávˈam]
acusar (vt)	обвинявам	[obvinˈávam]
adestrar (vt)	дресирам	[dresíram]
adivinhar (vt)	отгатна	[otgátna]
admirar (vt)	възхищавам се	[vəshiʃtávam se]
advertir (vt)	предупреждавам	[predupreʒdávam]
afirmar (vt)	утвърждавам	[utvərʒdávam]
afogar-se (pessoa)	давя се	[dávˈa se]
afugentar (vt)	изгоня	[izgónˈa]
agir (vi)	действам	[déjstvam]
agitar, sacudir (objeto)	треса	[tresá]
agradecer (vt)	благодаря	[blagodarˈá]
ajudar (vt)	помагам	[pomágam]
alcançar (objetivos)	достигам	[dostígam]
alimentar (dar comida)	храня	[hránˈa]
almoçar (vi)	обядвам	[obˈádvam]
alugar (~ o barco, etc.)	наемам	[naémam]
alugar (~ um apartamento)	наемам	[naémam]
amar (pessoa)	обичам	[obítʃam]
amarrar (vt)	свързвам	[svérzvam]
ameaçar (vt)	заплашвам	[zapláʃvam]
amputar (vt)	ампутирам	[amputíram]
anotar (escrever)	отбележа	[otbeléʒa]
tomar nota	записвам	[zapísvam]
anular, cancelar (vt)	отменям	[otménˈam]
apagar (com apagador, etc.)	изтрия	[istríja]
apagar (um incêndio)	загасявам	[zagasˈávam]

apaixonar-se de …	влюбя се	[vlʲúbʲa se]
aparecer (vi)	появявам се	[pojavʲávam se]
aplaudir (vi)	аплодирам	[aplodíram]
apoiar (vt)	подкрепям	[potkrepʲám]
apontar para …	целя се	[tsélʲa se]

apresentar (alguém a alguém)	запознавам	[zapoznávam]
apresentar (Gostaria de ~)	представлявам	[pretstavlʲávam]
apressar (vt)	карам … да бърза	[káram … da bérza]
apressar-se (vr)	бързам	[bérzam]

aproximar-se (vr)	доближавам (се)	[dobliʒávam se]
aquecer (vt)	нагрявам	[nagrʲávam]
arrancar (vt)	откъсна	[otkésna]
arranhar (gato, etc.)	драскам	[dráskam]
arrepender-se (vr)	съжалявам	[səʒalʲávam]

arriscar (vt)	рискувам	[riskúvam]
arrumar, guardar (vt)	скривам	[skrívam]
arrumar, limpar (vt)	подреждам	[podréʒdam]
aspirar a …	стремя се	[stremʲá se]

assinar (vt)	подписвам	[potpísvam]
assistir (vt)	асистирам	[asistíram]
atacar (vt)	атакувам	[atakúvam]
atar (vt)	завързвам	[zavérzvam]
atirar (vi)	стрелям	[strélʲam]

atracar (vi)	акостирам	[akostíram]
aumentar (vi)	увеличавам се	[uvelitʃávam se]
aumentar (vt)	увеличавам	[uvelitʃávam]
avançar (sb. trabalhos, etc.)	напредвам	[naprédvam]

avistar (vt)	видя	[vídʲa]
baixar (guindaste)	спускам	[spúskam]
barbear-se (vr)	бръсна се	[brésna se]
basear-se em …	базирам се на …	[bazíram se na]

bastar (vi)	стигам	[stígam]
bater (espancar)	бия	[bíja]
bater (vi)	чукам (на врата)	[tʃúkam na vratá]
bater-se (vr)	бия се	[bíja se]

beber, tomar (vt)	пия	[píja]
brilhar (vi)	светя	[svétʲa]
brincar, jogar (crianças)	играя	[igrája]
buscar (vt)	търся	[térsʲa]

253. Verbos C-D

caçar (vi)	ловувам	[lovúvam]
calar-se (parar de falar)	замълча	[zaməltʃá]
calcular (vt)	броя	[brojá]

carregar (o caminhão)	натоварвам	[natovárvam]
carregar (uma arma)	зареждам	[zaréʒdam]
casar-se (vr)	женя се	[ʒénʲa se]
causar (vt)	да бъда причина	[da béda pritʃína]
cavar (vt)	ровя	[róvʲa]
ceder (não resistir)	отстъпвам	[otstépvam]

cegar, ofuscar (vt)	ослепявам	[oslepʲávam]
censurar (vt)	упреквам	[uprékvam]
cessar (vt)	прекратявам	[prekratʲávam]
chamar (~ por socorro)	викам	[víkam]

chamar (dizer em voz alta o nome)	повикам	[povíkam]
chegar (a algum lugar)	стигам	[stígam]
chegar (sb. comboio, etc.)	пристигам	[pristígam]
cheirar (tem o cheiro)	мириша	[miríʃa]

cheirar (uma flor)	мириша	[miríʃa]
chorar (vi)	плача	[plátʃa]
citar (vt)	цитирам	[tsitíram]
colher (flores)	късам	[késam]

combater (vi)	сражавам се	[sraʒávam se]
começar (vt)	започвам	[zapótʃvam]
comer (vt)	ям	[jam]
comparar (vt)	сравнявам	[sravnʲávam]
compensar (vt)	компенсирам	[kompensíram]

competir (vi)	конкурирам	[konkuríram]
complicar (vt)	усложнявам	[usloʒnʲávam]
compor (vt)	съчинявам	[setʃinʲávam]
comportar-se (vr)	държа се	[dərʒá se]
comprar (vt)	купувам	[kupúvam]

compreender (vt)	разбирам	[razbíram]
comprometer (vt)	компрометирам	[komprometíram]
concentrar-se (vr)	концентрирам се	[kontsentríram se]
concordar (dizer "sim")	съгласявам се	[səglasʲávam se]

condecorar (dar medalha)	наградя	[nagradʲá]
conduzir (~ o carro)	карам кола	[káram kolá]
confessar-se (criminoso)	признавам се	[priznávam se]
confiar (vt)	доверявам	[doverʲávam]

confundir (equivocar-se)	обърквам	[obérkvam]
conhecer (vt)	познавам	[poznávam]
conhecer-se (vr)	запознавам се	[zapoznávam se]
consertar (vt)	подреждам	[podréʒdam]

consultar ...	консултирам се с ...	[konsultíram se s]
contagiar-se com ...	заразя се	[zarazʲá se]
contar (vt)	разказвам	[raskázvam]
contar com ...	разчитам на ...	[rastʃítam na]
continuar (vt)	продължавам	[prodəlʒávam]
contratar (vt)	наемам	[naémam]

controlar (vt)	контролирам	[kontrolíram]
convencer (vt)	убеждавам	[ubeʒdávam]
convidar (vt)	каня	[kánʲa]
cooperar (vi)	сътруднича	[sɐtrúdnitʃa]
coordenar (vt)	координирам	[koordiníram]
corar (vi)	изчервявам се	[istʃervʲávam se]
correr (vi)	бягам	[bʲágam]
corrigir (vt)	поправям	[poprávʲam]
cortar (com um machado)	отсека	[otseká]
cortar (vt)	отрязвам	[otrʲázvam]
cozinhar (vt)	готвя	[gótvʲa]
crer (pensar)	вярвам	[vʲárvam]
criar (vt)	създам	[sɐzdám]
cultivar (vt)	отглеждам	[otgléʒdam]
cuspir (vi)	плюя	[plʲúja]
custar (vt)	струвам	[strúvam]
dar (vt)	давам	[dávam]
dar banho, lavar (vt)	къпя	[kɐpʲa]
datar (vi)	датирам се	[datíram se]
decidir (vt)	решавам	[reʃávam]
decorar (enfeitar)	украсявам	[ukrasʲávam]
dedicar (vt)	посвещавам	[posveʃtávam]
defender (vt)	защитавам	[zaʃtitávam]
defender-se (vr)	защищавам се	[zaʃtiʃtávam se]
deixar (~ a mulher)	изоставям	[ostávʲam]
deixar (esquecer)	забравям	[zabrávʲam]
deixar cair (vt)	изтървавам	[istɐrvávam]
denominar (vt)	наричам	[narítʃam]
denunciar (vt)	доноснича	[donósnitʃa]
depender de … (vi)	завися от …	[zavísʲa ot]
derramar (vt)	проливам	[prolívam]
desaparecer (vi)	изчезна	[istʃézna]
desatar (vt)	отвързвам	[otvérzvam]
desatracar (vi)	отплувам	[otplúvam]
descansar (um pouco)	почивам	[potʃívam]
descer (para baixo)	слизам	[slízam]
descobrir (novas terras)	откривам	[otkrívam]
descolar (avião)	излитам	[izlítam]
desculpar (vt)	извинявам	[izvinʲávam]
desculpar-se (vr)	извинявам се	[izvinʲávam se]
desejar (vt)	желая	[ʒelája]
desempenhar (vt)	играя	[igrája]
desligar (vt)	изключвам	[isklʲútʃvam]
desprezar (vt)	презирам	[prezíram]
destruir (documentos, etc.)	унищожавам	[uniʃtoʒávam]

dever (vi)	дължа	[dəʒá]
devolver (vt)	върна обратно	[vǝrna obrátno]
direcionar (vt)	направлявам	[napravlʲávam]
dirigir (~ uma empresa)	ръководя	[rǝkovódʲa]
dirigir-se	обръщам се	[obréʃtam se]
(a um auditório, etc.)		
discutir (notícias, etc.)	обсъждам	[obséʒdam]

distribuir (folhetos, etc.)	разпространявам	[rasprostranʲávam]
distribuir (vt)	раздам	[razdám]
divertir (vt)	забавлявам	[zabávlʲavam]
divertir-se (vr)	веселя се	[veselʲá se]

dividir (mat.)	деля	[delʲá]
dizer (vt)	кажа	[káʒa]
dobrar (vt)	удвоявам	[udvojávam]
duvidar (vt)	съмнявам се	[səmnʲávam se]

254. Verbos E-J

elaborar (uma lista)	съставям	[səstávʲam]
elevar-se acima de ...	възвисявам се	[vəzvisʲávam se]
eliminar (um obstáculo)	отстранявам	[otstranʲávam]
embrulhar (com papel)	опаковам	[opakóvam]

emergir (submarino)	изплувам	[isplúvam]
emitir (vt)	разпространявам	[rasprostranʲávam]
empreender (vt)	предприемам	[pretpriémam]
empurrar (vt)	блъскам	[bléskam]
encabeçar (vt)	оглавявам	[oglavʲávam]

encher (~ a garrafa, etc.)	напълвам	[napélvam]
encontrar (achar)	намирам	[namíram]
enganar (vt)	лъжа	[léʒa]
ensinar (vt)	обучавам	[obutʃávam]

entrar (na sala, etc.)	влизам	[vlízam]
enviar (uma carta)	изпращам	[ispráʃtam]
equipar (vt)	оборудвам	[oborúdvam]
errar (vi)	греша	[greʃá]

escolher (vt)	избирам	[izbíram]
esconder (vt)	крия	[kríja]
escrever (vt)	пиша	[píʃa]
escutar (vt)	слушам	[slúʃam]

escutar atrás da porta	подслушвам	[potslúʃvam]
esmagar (um inseto, etc.)	смачкам	[smátʃkam]
esperar (contar com)	очаквам	[otʃákvam]
esperar (o autocarro, etc.)	чакам	[tʃákam]
esperar (ter esperança)	надявам се	[nadʲávam se]

| espreitar (vi) | надниквам | [nadníkvam] |
| esquecer (vt) | забравям | [zabrávʲam] |

estar	лежа	[leʒá]
estar convencido	убеждавам се	[ubeʒdávam se]
estar deitado	лежа	[leʒá]
estar perplexo	недоумявам	[nedoumʲávam]
estar sentado	седя	[sedʲá]

estremecer (vi)	трепвам	[trépvam]
estudar (vt)	изучавам	[izuʧávam]
evitar (vt)	избягвам	[izbʲágvam]
examinar (vt)	разглеждам	[razglédam]
exigir (vt)	изисквам	[izískvam]

existir (vi)	съществувам	[səʃtestvúvam]
explicar (vt)	обяснявам	[obʲasnʲávam]
expressar (vt)	изразявам	[izrazʲávam]
expulsar (vt)	изключвам	[isklʲúʧvam]
facilitar (vt)	облекча	[oblekʧá]

falar com ...	говоря с ...	[govórʲa s]
faltar a ...	пропускам	[propúskam]
fascinar (vt)	очаровам	[oʧaróvam]
fatigar (vt)	уморявам	[umorʲávam]

fazer (vt)	правя	[právʲa]
fazer lembrar	напомням	[napómnʲam]
fazer piadas	шегувам се	[ʃegúvam se]
fechar (vt)	затварям	[zatvárʲam]
felicitar (dar os parabéns)	поздравявам	[pozdravʲávam]

ficar cansado	уморявам се	[umorʲávam se]
ficar em silêncio	мълча	[məlʧá]
ficar pensativo	замисля се	[zamíslʲa se]
forçar (vt)	принуждавам	[prinuʒdávam]

formar (vt)	образовам	[obrazóvam]
fotografar (vt)	снимам	[snímam]
gabar-se (vr)	хваля се	[hválʲa se]
garantir (vt)	гарантирам	[garantíram]

gostar (apreciar)	харесвам	[harésvam]
gostar (vt)	обичам	[obíʧam]
gritar (vi)	викам	[víkam]
guardar (cartas, etc.)	съхранявам	[səhranʲávam]

guerrear (vt)	воювам	[vojúvam]
herdar (vt)	наследявам	[nasledʲávam]
iluminar (vt)	осветявам	[osvetʲávam]
imaginar (vt)	представям си	[pretstávʲam si]

imitar (vt)	имитирам	[imitíram]
implorar (vt)	умолявам	[umolʲávam]
importar (vt)	внасям	[vnásʲam]
indicar (orientar)	посочвам	[posóʧvam]

indignar-se (vr)	възмущавам се	[vəzmuʃtávam se]
infetar, contagiar (vt)	заразявам	[zarazʲávam]

influenciar (vt)	влияя	[vlijája]
informar (fazer saber)	съобщавам	[səobʃtávam]
informar (vt)	информирам	[informíram]
informar-se (~ sobre)	научавам	[nautʃávam]
inscrever (na lista)	вписвам	[fpísvam]
inserir (vt)	слагам	[slágam]
insinuar (vt)	намеквам	[namékvam]
insistir (vi)	настоявам	[nastojávam]
inspirar (vt)	въодушевявам	[vəoduʃevʲávam]
instruir (vt)	инструктирам	[instruktíram]
insultar (vt)	оскърбявам	[oskərbʲávam]
interessar (vt)	интересувам	[interesúvam]
interessar-se (vr)	интересувам се	[interesúvam se]
intervir (vi)	намесвам се	[namésvam se]
invejar (vt)	завиждам	[zavíʒdam]
inventar (vt)	изобретявам	[izobretʲávam]
ir (a pé)	вървя	[vərvʲá]
ir (de carro, etc.)	пътувам	[pətúvam]
ir nadar	къпя се	[képʲa se]
ir para a cama	лягам да спя	[lʲágam da spʲa]
irritar (vt)	дразня	[dráznʲa]
irritar-se (vr)	дразня се	[dráznʲa se]
isolar (vt)	изолирам	[izolíram]
jantar (vi)	вечерям	[vetʃérʲam]
jogar, atirar (vt)	хвърлям	[hvérlʲam]
juntar, unir (vt)	обединявам	[obedinʲávam]
juntar-se a …	присъединявам се	[prisəedinʲávam se]

255. Verbos L-P

lançar (novo projeto)	пускам, стартирам	[púskam], [startíram]
lavar (vt)	мия	[míja]
lavar a roupa	пера	[perá]
lavar-se (vr)	мия се	[míja se]
lembrar (vt)	помня	[pómnʲa]
ler (vt)	чета	[tʃeta]
levantar-se (vr)	ставам	[stávam]
levar (ex. leva isso daqui)	отнасям	[otnásʲam]
libertar (cidade, etc.)	освобождавам	[osvoboʒdávam]
ligar (o radio, etc.)	включвам	[fklʲútʃvam]
limitar (vt)	ограничавам	[ogranitʃávam]
limpar (eliminar sujeira)	обелвам	[obélvam]
limpar (vt)	пречиствам	[potʃístvam]
lisonjear (vt)	подмазвам се	[podmázvam se]
livrar-se de …	избавям се от …	[izbávʲam se ot]

lutar (combater)	боря се	[bórʲa se]
lutar (desp.)	боря се	[bórʲa se]

marcar (com lápis, etc.)	отбелязвам	[otbelʲázvam]
matar (vt)	убивам	[ubívam]
memorizar (vt)	запомням	[zapómnʲam]
mencionar (vt)	споменавам	[spomenávam]

mentir (vi)	лъжа	[lɤʒa]
merecer (vt)	заслужавам	[zasluʒávam]
mergulhar (vi)	гмуркам се	[gmúrkam se]
misturar (combinar)	смесвам	[smésvam]
morar (vt)	живея	[ʒivéja]

mostrar (vt)	показвам	[pokázvam]
mover (arredar)	премествам	[preméstvam]
mudar (modificar)	сменям	[smɛ́nʲam]
multiplicar (vt)	умножавам	[umnoʒávam]

nadar (vi)	плувам	[plúvam]
negar (vt)	отричам	[otrítʃam]
negociar (vi)	водя преговори	[vódʲa prégovori]
nomear (função)	назначавам	[naznatʃávam]

obedecer (vt)	подчинявам се	[podtʃinʲávam se]
objetar (vt)	възразявам	[vɤzrazʲávam]
observar (vt)	наблюдавам	[nablʲudávam]
ofender (vt)	обиждам	[obíʒdam]
olhar (vt)	гледам	[glédam]

omitir (vt)	пропускам	[propúskam]
ordenar (mil.)	заповядвам	[zapovʲádvam]
organizar (evento, etc.)	организирам	[organizíram]
ousar (vt)	осмелявам се	[osmelʲávam se]

ouvir (vt)	чувам	[tʃúvam]
pagar (vt)	плащам	[pláʃtam]
parar (para descansar)	спирам се	[spíram se]
parecer-se (vr)	приличам	[prilítʃam]
participar (vi)	участвам	[utʃástvam]

partir (~ para o estrangeiro)	заминавам	[zaminávam]
passar (vt)	минавам	[minávam]
passar a ferro	гладя	[gládʲa]
pecar (vi)	греша	[greʃá]

pedir (comida)	поръчвам	[porɤ́tʃvam]
pedir (um favor, etc.)	моля	[mólʲa]
pegar (tomar com a mão)	ловя	[lovʲá]
pegar (tomar)	взимам	[vzímam]
pendurar (cortinas, etc.)	закачам	[zakátʃam]

penetrar (vt)	прониквам	[proníkvam]
pensar (vt)	мисля	[míslʲa]
pentear-se (vr)	сресвам се	[srésvam se]
perceber (ver)	забелязвам	[zabelʲázvam]

perder (o guarda-chuva, etc.)	губя	[gúbʲa]
perdoar (vt)	прощавам	[proʃtávam]
deixar (permitir)	позволявам	[pozvolʲávam]
permitir (vt)	разрешавам	[razreʃávam]
pertencer (vt)	принадлежа	[prinadleʒá]

perturbar (vt)	безпокоя	[bespokojá]
pesar (ter o peso)	тежа	[teʒá]
pescar (vt)	ловя риба	[lovʲá ríba]
planear (vt)	планирам	[planíram]

poder (vi)	мога	[móga]
pôr (posicionar)	нареждам	[naréʒdam]
colocar (vt)	слагам	[slágam]
possuir (vt)	владея	[vladéja]

predominar (vi, vt)	преобладавам	[preobladávam]
preferir (vt)	предпочитам	[pretpoʧítam]
preocupar (vt)	безпокоя	[bespokojá]
preocupar-se (vr)	безпокоя се	[bespokojá se]

preocupar-se (vr)	вълнувам се	[vəlnúvam se]
preparar (vt)	подготвя	[podgótvʲa]
preservar (ex. ~ a paz)	съхранявам	[səhranʲávam]
prever (vt)	предвиждам	[predvíʒdam]

privar (vt)	лишавам	[liʃávam]
proibir (vt)	забранявам	[zabranʲávam]
projetar, criar (vt)	проектирам	[proektíram]
prometer (vt)	обещавам	[obeʃtávam]

pronunciar (vt)	произнасям	[proiznásʲam]
propor (vt)	предлагам	[predlágam]
proteger (a natureza)	опазвам	[opázvam]
protestar (vi)	протестирам	[protestíram]
provar (~ a teoria, etc.)	доказвам	[dokázvam]

provocar (vt)	провокирам	[provokíram]
publicitar (vt)	рекламирам	[reklamíram]
punir, castigar (vt)	наказвам	[nakázvam]
puxar (vt)	дърпам	[dérpam]

quebrar (vt)	чупя	[ʧúpʲa]
queimar (vt)	изгарям	[izgárʲam]
queixar-se (vr)	оплаквам се	[oplákvam se]
querer (desejar)	искам	[ískam]

256. Verbos Q-Z

rachar-se (vr)	напуквам се	[napúkvam se]
realizar (vt)	осъществявам	[oseʃtestvʲávam]
recomendar (vt)	съветвам	[səvétvam]
reconhecer (identificar)	опознавам	[opoznávam]
reconhecer (o erro)	признавам	[priznávam]

recordar, lembrar (vt)	спомням	[spómnʲam]
recuperar-se (vr)	оздравявам	[ozdravʲávam]
recusar (vt)	отказвам	[otkázvam]

reduzir (vt)	намалявам	[namalʲávam]
refazer (vt)	преправям	[preprávʲam]
reforçar (vt)	укрепвам	[ukrépvam]
refrear (vt)	удържам	[udérʒam]

regar (plantas)	поливам	[polívam]
remover (~ uma mancha)	премахвам	[premáhvam]
reparar (vt)	поправям	[poprávʲam]
repetir (dizer outra vez)	повтарям	[poftárʲam]

reportar (vt)	докладвам	[dokládvam]
repreender (vt)	ругая	[rugája]
reservar (~ um quarto)	резервирам	[rezervíram]
resolver (o conflito)	уреждам	[uréʒdam]
resolver (um problema)	реша	[reʃá]

respirar (vi)	дишам	[díʃam]
responder (vt)	отговарям	[otgovárʲam]
rezar, orar (vi)	моля се	[mólʲa se]
rir (vi)	смея се	[sméja se]

romper-se (corda, etc.)	скъсам се	[skésam se]
roubar (vt)	крада	[kradá]
saber (vt)	знам	[znam]
sair (~ de casa)	излизам	[izlízam]

sair (livro)	излизам	[izlízam]
salvar (vt)	спасявам	[spasʲávam]
satisfazer (vt)	удовлетворявам	[udovletvorʲávam]
saudar (vt)	приветствувам	[privétstvuvam]

secar (vt)	суша	[suʃá]
seguir ...	вървя след ...	[varvʲá slet]
selecionar (vt)	избера	[izberá]
semear (vt)	сея	[séja]

sentar-se (vr)	сядам	[sʲádam]
sentenciar (vt)	осъждам	[oséʒdam]
sentir (~ perigo)	чувствам	[tʃúfstvam]

ser diferente	отличавам се	[otlitʃávam se]
ser indispensável	трябвам	[trʲábvam]
ser necessário	трябвам	[trʲábvam]
ser preservado	запазвам се	[zapázvam se]

ser, estar	съм, бъда	[səm], [béda]
servir (restaurant, etc.)	обслужвам	[obslúʒvam]
servir (roupa)	подхождам	[podhóʒdam]
significar (palavra, etc.)	знача	[znátʃa]

significar (vt)	означавам	[oznatʃávam]
simplificar (vt)	опрощавам	[oproʃtávam]

| sobrestimar (vt) | надценявам | [nattsen'ávam] |
| sofrer (vt) | страдам | [strádam] |

sonhar (vi)	сънувам	[sənúvam]
sonhar (vt)	мечтая	[metʃtája]
soprar (vi)	надувам	[nadúvam]
sorrir (vi)	усмихвам се	[usmíhvam se]

subestimar (vt)	недооценявам	[nedootsen'ávam]
sublinhar (vt)	подчертая	[podtʃertája]
sujar-se (vr)	изцапам се	[istsápam se]
supor (vt)	предполагам	[pretpolágam]
suportar (as dores)	търпя	[tərp'á]

surpreender (vt)	удивлявам	[udivl'ávam]
surpreender-se (vr)	учудвам се	[utʃúdvam se]
suspeitar (vt)	подозирам	[podozíram]
suspirar (vi)	въздъхна	[vəzdéhna]

fazer uma tentativa	опитам се	[opítam se]
tentar (vt)	опитвам се	[opítvam se]
ter (vt)	имам	[ímam]
ter medo	страхувам се	[strahúvam se]

terminar (vt)	приключвам	[prikl'útʃvam]
tirar (vt)	свалям	[svál'am]
tirar cópias	размножавам	[razmnoʒávam]
tirar uma conclusão	правя заключение	[práv'a zakl'utʃénie]

tocar (com as mãos)	докосвам се	[dokósvam se]
tomar emprestado	взимам на заем	[vzímam na záem]
tomar o pequeno-almoço	закусвам	[zakúsvam]
tornar-se (ex. ~ conhecido)	ставам	[stávam]

trabalhar (vi)	работя	[rabót'a]
traduzir (vt)	превеждам	[prevéʒdam]
transformar (vt)	трансформирам	[transformíram]
tratar (a doença)	лекувам	[lekúvam]
trazer (vt)	докарвам	[dokárvam]

treinar (pessoa)	тренирам	[treníram]
treinar-se (vr)	тренирам се	[treníram se]
tremer (de frio)	треперя	[trepér'a]
trocar (vt)	разменям си	[razmén'am si]

trocar, mudar (vt)	сменям	[smén'am]
usar (uma palavra, etc.)	употребявам	[upotreb'ávam]
utilizar (vt)	ползвам	[pólzvam]
vacinar (vt)	ваксинирам	[vaksiníram]
vender (vt)	продавам	[prodávam]

verter (encher)	наливам	[nalívam]
vingar (vt)	отмъщавам	[otməʃtávam]
virar (ex. ~ à direita)	завивам	[zavívam]
virar (pedra, etc.)	обърна	[obérna]
virar as costas	обръщам се	[obréʃtam se]

viver (vi)	живея	[ʒivéja]
voar (vi)	летя	[letʲá]
voltar (vi)	завръщам се	[zavréʃtam se]
votar (vi)	гласувам	[glasúvam]
zangar (vt)	сърдя	[sérdʲa]
zangar-se com …	сърдя се на …	[sérdʲa se na]
zombar (vt)	присмивам се	[prismívam se]